敬文讲坛讲演录

王伦

第二辑

安徽师范大学图书馆◎编
方青◎执行主编

安徽师范大学出版社
·芜湖·

图书在版编目(CIP)数据

敬文讲坛讲演录.第二辑/安徽师范大学图书馆编.
—芜湖:安徽师范大学出版社,2016.12(2017.9重印)
ISBN 978-7-5676-2548-8

Ⅰ.①敬… Ⅱ.①安… Ⅲ.①社会科学-文集
Ⅳ.①C53

中国版本图书馆CIP数据核字(2016)第147858号

敬文讲坛讲演录·第二辑　　安徽师范大学图书馆　编

责任编辑:胡志恒
装帧设计:丁奕奕
出版发行:安徽师范大学出版社
芜湖市九华南路189号安徽师范大学花津校区
网　　址:http://www.ahnupress.com/
发 行 部:0553-3883578　5910327　5910310(传真)
印　　刷:虎彩印艺股份有限公司
版　　次:2016年12月第1版
2017年9月第2次印刷
规　　格:700 mm ×1000 mm　1/16
印　　张:18.75　　彩　　插:10
字　　数:309千
书　　号:ISBN 978-7-5676-2548-8
定　　价:72.00元

敬文讲坛现场

敬文讲坛现场

-演讲者简介-

第1讲　阮成武

阮成武，安徽师范大学教育科学学院教授、博士生导师，安徽省学术和技术带头人，安徽省教师教育协同创新中心执行主任，教育部“国培计划”专家库首批专家，安徽省人民政府学位委员会委员。主要研究领域为教育基本理论、教育政策分析、教师教育与教师发展、初等教育学等，主持国家社科基金、教育部等项目数十项，获“安徽省教学名师”称号，享受国务院特殊津贴。

第2讲　郭淑新

郭淑新，安徽师范大学政治学院教授、博士生导师，安徽省学术和技术带头人，安徽师范大学国学研究所所长，安徽省朱子研究会副会长，中国哲学史学会理事。主持、参与国家社科基金重点项目、教育部人文社科重大研究项目、司法部国家法治与法学理论研究项目等20余项，出版著作8部，发表学术论文70余篇，成果多次被《中国人民大学报刊复印资料》《中国哲学年鉴》《光明日报·文摘报》等转载，获安徽师范大学“卓越教学贡献奖”。

第3讲　孙德玉

孙德玉，安徽师范大学教育科学学院教授，安徽省教育学会教育史研究会副理事长，中国教育学会教育史分会理事，全国首批家庭教育讲师团成员。主要研究领域为中国教育发展史，基础教育改革，家庭教育等，主持、参与国家社科基金和省部级课题多项，主撰和主编著作多部，在《华东师范大学学报》（教科版）、《中国高教研究》、《孔孟月刊》（台湾）等刊物上发表论文40余篇，获“全国家庭教育优秀园丁”“安徽省家庭教育十佳先进工作者”等多项荣誉。

第4讲　詹绪左

詹绪左，安徽师范大学文学院教授、博士生导师，主要研究领域为汉语史、近代汉语词汇、汉字与中国文化等。主持国家社科基金重大项目和省部级重点项目多项，出版《中国古代测字术》《汉字与中国文化》等著作8部，在《古汉语研究》《红楼梦学刊》《语言学论丛》等刊物发表学术论文40余篇，获曾宪梓全国教育基金会教师奖三等奖，《释“恭楷”》一文获安徽省语言学会优秀成果一等奖。

第5讲 王先明

王先明，南开大学历史学院教授、博士生导师，中国史学会理事、中国义和团研究会副会长，中国社会史学会常务理事，国务院学科评议组成员，国家重大招标课题首席专家。主要研究领域为中国近代社会史、乡村史，主持国家社科基金项目、教育部重点基地项目多项，获教育部社会科学优秀成果二等奖、国家级优秀教学成果二等奖、教育部全国“百名优秀青年教师奖”“全国优秀教师奖”等奖项。

第6讲 李 敏

李敏，安徽师范大学文学院教授，安徽师范大学关心下一代工作委员会顾问、校关工委和芜湖市报告团成员，复旦大学总校友会名誉理事和芜湖校友会名誉会长。从事教育工作长达 60 多年，退休后仍一直孜孜不倦地关心大学生青年的成长，20 多年来，共为党员、教职工和学生义务做报告近千场。

第7讲　郭敬明

郭敬明，青春文学领军人、知名青年作家、上海最世文化发展有限公司董事长、《最小说》杂志主编。高中时期以“第四维”为笔名在网站榕树下发表文章。2002年出版第一部作品《爱与痛的边缘》，2003年因玄幻小说《幻城》而被人们熟知和关注，2004年，郭敬明成立“岛”工作室，开始主编《岛》系列杂志。此后陆续出版小说《1995—2005夏至未至》《悲伤逆流成河》《小时代》“三部曲”、散文集《愿风裁尘》。自编自导的同名电影《小时代》获第16届上海国际电影节中国新片“最佳新人导演”奖。

第8讲　王先俊

王先俊，安徽师范大学政治学院教授、博士生导师，皖南医学院党委书记，全国中华人民共和国史学会理事、省社科联副主席，省马克思主义学会会长。主要从事党史研究，主持国家社科基金项目、教育部人文社科项目、安徽省哲学社会科学重点项目等10余项，在《马克思主义研究》《中共党史研究》等刊物发表论文100余篇，出版著作和教材20余部，获安徽省哲学社会科学优秀成果一、二等奖，安徽省优秀教学成果一、二、三等奖，享受国务院特殊津贴。

第9讲　吴怀祺

吴怀祺，北京师范大学史学研究所教授、博士生导师，曾任全国史学理论研究会理事。主要从事中国史学史研究，承担教育部人文社科重大项目、一般项目多项，出版学术著作 10 余部，其中《宋代史学思想史》获全国优秀古籍著作二等奖，10 卷本《中国史学思想通史》获第八届华东地区古籍优秀图书奖特等奖，多篇成果被《新华文摘》转载。

第10讲　庄华峰

庄华峰，安徽师范大学历史与社会学院教授、博士生导师，安徽省学术与技术带头人，中国当代青年书法家。主要研究领域为中国社会史、长江下游开发与生态环境变迁等，主持国家级、省部级科研项目 10 余项，在《中国史研究》《民族研究》《光明日报》等刊物上发表学术论文 50 余篇，出版著作（独著或合著）10 部，其中《中国社会生活史》（独著）获安徽省第七届社会科学优秀成果著作一等奖、华东地区大学出版社第七届学术专著一等奖，获“安徽省教学名师”称号，享受国务院特殊津贴。

第11讲　马陵合

马陵合，安徽师范大学经济管理学院教授、博士生导师，安徽省学术与技术带头人。主要研究领域为中国近现代经济史、社会史，主持省部级科研项目多项，出版、参编著作4部，发表论文近60篇，其中多篇被人大复印资料全文转载，成果《清末民初铁路外债观研究》获安徽省社科优秀成果三等奖。

第12讲　万尚庆

万尚庆，安徽师范大学法学院教授、硕士生导师，安徽省法学会行政法学研究会副总干事长。主持和参与省级课题6项，发表论文10余篇，主编《中华人民共和国社会保险法导读》。获评安徽师范大学优秀党员、安徽师范大学学科建设重要岗位教师，安徽师范大学教学“优秀一等奖”。

第13讲　欧阳跃峰

欧阳跃峰，安徽师范大学历史与社会学院教授、博士生导师，安徽省历史学会常务理事、安徽省李鸿章研究会理事、安徽省刘铭传研究会理事。主要研究领域为中国近代史，主持国家社科基金和省部级项目10余项，出版著作20部，在《近代史研究》《史学史研究》等刊物发表论文百余篇。获“安徽省跨世纪人才”“安徽省优秀教师”等称号。

第14讲　臧　宏

臧宏，安徽师范大学政治学院教授，曾任全国中国哲学史学会理事、安徽省中国哲学史研究会会长等职务。主要研究领域为中国哲学史和文化哲学，主编和撰写一部教材、数部专著，在《哲学研究》《新华文摘》等刊物上发表论文70余篇。获全国普通高等学校优秀教学成果奖国家级二等奖、全国高等师范院校曾宪梓教师奖三等奖和安徽省社会科学优秀成果奖一等奖、安徽省哲学社会科学优秀成果一等奖。退休后加入安徽师范大学关心下一代委员会，一直致力于关注学生的教育、成长问题。

第15讲　王世华

王世华，安徽师范大学历史与社会学院教授、博士生导师，曾任安徽师范大学副校长，安徽省政府参事、安徽省历史学会会长，现任安徽省徽学学会会长。主要研究领域为明清史，尤致力于明清徽商研究，主持国家社科基金重大项目、一般项目和省部级项目多项，出版专著10余部，主编图书8部，在《历史研究》《光明日报》等刊物发表论文60余篇，论文《明清徽商是长三角兴起的重要力量》获安徽省人文社会科学研究优秀成果一等奖，享受国务院特殊津贴。

第16讲　瞿林东

瞿林东，北京师范大学历史学院资深教授、博士生导师，北京师范大学史学理论与史学史研究中心主任，兼任中国史学会理事、中华炎黄文化研究会理事、中国史学会史学理论分会副会长、教育部普通高等学校人文社会科学咨询委员会委员等职。主要研究领域为史学理论与史学史，在中国史学史领域成果丰硕，著作《唐代史学论稿》《中国史学史纲》先后获得北京市哲学社会科学优秀成果二等奖。

第17讲　俞晓红

俞晓红，安徽师范大学文学院教授、副院长，中国红学会常务理事，安徽省近代文学研究会、比较文学学会、艺术鉴赏学会常务理事。主要研究领域为明清文学，在中西小说比较、《红楼梦》研究等方面有所建树，出版《红楼梦意象的文化阐释》等专著，获安徽省优秀教学成果一等奖、安徽省三八红旗手、全国优秀知识女性、江城十佳风采女性等称号。

第18讲　伍旭中

伍旭中，安徽师范大学经济管理学院教授，中国青年政治经济学学者年会学术委员、安徽省产业经济学会理事。主要研究领域为政治经济学、产权经济学、三农问题等，主持各级各类项目多项，参与各级课题多项，出版专著1部，参编教材2部，发表学术论文数十篇。获安徽省普通高校青年教师教学基本功大赛一等奖、安徽省“教学名师”等称号。

第19讲　华学诚

华学诚，北京语言大学教授、博士生导师，人文学院院长、汉语古文献研究所所长，中国古典文献学博士点学科带头人。主要研究领域为汉语史、古代语言学文献等，主持国家级、省部级项目多项，出版学术著作多部，发表论文 70 余篇。先后获得各级各类优秀科研成果奖近 20 项，多次获得省部级以上奖项。

第20讲　杨柏岭

杨柏岭，安徽师范大学新闻与传播学院教授、执行院长、博士生导师，安徽省学术和技术带头人，中国古代文学理论研究会理事、中国词学研究学会常务理事。主要研究领域为中国美学、词学研究、中国文艺与文化，主持国家社科基金、教育部人文社科基金等国家级、省部级项目多项，出版著作 7 部，发表学术论文 90 余篇，其中《唐宋词审美文化阐释》入选第二届“三个一百”原创图书出版工程人文社科类优秀图书，获“2007—2008 年安徽省社会科学文学艺术出版优秀成果”二等奖、“第五届夏承焘词学奖”二等奖等。

第21讲　孙国正

孙国正，安徽师范大学数学计算机科学学院教授，安徽省数学会副理事长、全国数学教育研究会常务理事。主要研究领域为基础数学和学科教学论（数学），主持省教育厅重点教研项目1项，主编、参编《高等数学》《微积分》《线性代数》等教材7部，在《数学学报》《数学杂志》《Differential and Integral Equations》等国内外期刊上发表论文20余篇。获省级教学成果一等奖（主要参加者），安徽省教育系统师德先进个人、安徽省教学名师、安徽师范大学教学名师等荣誉称号。

第22讲　徐德明

徐德明，安徽师范大学文学院教授、博士生导师，中国现代文学研究会理事，中国老舍研究会副会长。主要研究领域为中国现当代通俗文学（小说），主持国家社科基金等项目多项，在《文学评论》《中国现代文学研究丛刊》等刊物发表学术论文数十篇，出版专著3部，副主编教材3部，数次获得江苏省政府哲学社会科学优秀成果奖，第四届“牡丹奖”（国家奖）曲艺理论奖，第二届“紫金山文学奖”评论奖等。

第23讲　刘和文

刘和文，安徽师范大学图书馆研究馆员，安徽省学术和技术带头人后备人选，安徽省古籍保护工作专家委员会委员。主要研究领域为传播学、文献学和古代文学，主持国家社科基金等各类项目16项，参与省级以上项目多项。在《中国出版》《图书馆杂志》等期刊发表论文近30篇，出版专著5部。

第24讲　詹福瑞

詹福瑞，北京师范大学、南开大学等校博士生导师，原国家图书馆党委书记、常务副馆长，国务院学位委员会中文学科评审组成员，国家哲学社会科学基金规划与评审组成员，中国古代文学理论学会副会长，中国李白研究会副会长。主持国家社科基金项目“魏晋南北朝文化思潮与文人集团、文学流派研究”、教育部“九五”社科项目“魏晋文化思潮与文学的转型”等研究工作。在《文学评论》《文艺研究》等刊物发表论文70余篇，成果获国家图书奖2项、教育部二等奖1项、河北省社科一等奖和二等奖各1项。

第25讲　刘兴诗

刘兴诗，地质学教授、史前考古学研究员、果树古生态环境学研究员，知名科普作家，新中国建立后第一代科幻作家，世界科幻作家协会第一批中国会员之一，曾任中国地质作家协会副主席。出版图书100余种，主编30余套丛书或选集，发表各类作品共1800余篇，列入390多个选集，获国际、国内各大奖项89次，科普作品《讲给孩子的中国大自然》荣获2011年度国家科技进步奖二等奖，13部作品先后连续8届入选新闻出版总署推荐百部图书。

第26讲　侯建新

侯建新，天津师范大学教授、博士生导师，历史文化学院院长、欧洲文明研究院院长，国务院学位委员会历史学科评议组成员，中国世界古代中世纪史学会会长。主要研究领域为英国及欧洲经济社会史、史学理论，主持国家社科基金重大项目、一般项目等数十项，出版作品与教材多部，在《历史研究》《世界历史》等刊物发表论文百余篇，获全国先进工作者、全国优秀教师、国家有突出贡献专家等称号；成果获全国高等学校第四届人文社会科学研究优秀成果二等奖。

第27讲　吴　浩

吴浩，中国改革开放初期第一代旅游人，先后任安徽省中国国际旅行社、安徽海外旅行总公司、安徽省旅游集团总经理，安徽省旅游局副局长。现为中国社会科学院旅游研究中心特约研究员、安徽省旅游局巡视员、安徽大学和安徽师范大学兼职教授。主要研究历史文化旅游资源的开发营销，参与策划开发西递宏村、《史记》和《三国志》古遗址、皖江黄金水道等著名旅游资源，发表学术论文数十篇。

第28讲　董子竹

董子竹，知名文化学者，曾任西安市戏剧研究所副所长、西安市作家协会副主席、全国喜剧美学研究会常委、全国说唱艺术研究会理事，1995 年任江西九江江矶寺住持、江西佛学院客座教授，1998 年后还俗著书并兼企业文化咨询，著有《老子我说》《论语正裁》《圣经(旧约)东方解》《圣经(新约)东方解》《与企业家聊国学》《中国人必修国学》《论语真智慧》等作品。

第29讲　徐建华

徐建华，南开大学商学院教授、博士生导师，第七届、第八届中国图书馆学会学术研究委员会图书馆史专业委员会委员，中国图书馆学会经典阅读推广委员会副主任、图书馆学著作编辑出版专业委员会委员，教育部高等学校出版专业教学指导委员会委员。主要研究领域为现代图书馆管理、出版管理和中国古典文献学、佛学等。主持国家级和省部级项目 20 余项，出版专著近 20 部，发表学术论文近百篇。成果《中国藏书楼》获 2001 年第五届国家图书奖提名奖，《现代图书馆管理》2004 年获中国图书馆学会第二届图书馆学情报学学术成果奖、著作三等奖。

第30讲　彭华民

彭华民，南京大学社会学院教授、博士生导师，社会学院副院长、中日社会福利中心主任，中国社会福利研究专业委员会常务副理事长、中国社会工作教育协会副秘书长，教育部重大课题攻关项目和教育部马克思主义教材工程首席专家。主持国家社会科学基金重点项目 2 项，完成多个国际合作研究项目，出版《社会福利思想与制度丛书》等著作多部，在《社会学研究》等刊物发表论文 100 余篇，曾获江苏省五一巾帼标兵称号、民政部首届专业优秀社会工作服务项目一等奖等多个奖项。

第31讲　卜宪群

卜宪群，中国社会科学院历史研究所所长、研究员、博士生导师，中国社会科学院文史哲学部史学专业技术资格评委会委员，中国秦汉史研究会副会长兼秘书长，国家社科基金评审委员会委员，中国社会科学院简帛研究中心主任。主要研究领域为秦汉史、简帛学，出版《中国魏晋南北朝教育史》《秦汉官僚制度》等学术专著多部，在《历史研究》等刊物发表论文百余篇。

第32讲　陈　琳

陈琳，美术学专业博士，安徽师范大学美术学院教授、硕士生导师。主要研究领域为视觉文化、美术理论与批评等，在《文艺研究》等学术期刊发表论文近20篇，主持、参与各级科研项目近10项，出版专著、教材2部。

第33讲　王子今

王子今，中国人民大学国学院教授、博士生导师、国务院学位委员会第六届学科评议组历史学组成员，国家社会科学基金学科评审组专家，中国文物保护基金会第四届专家委员会委员，中国秦汉史研究会会长。主要研究领域为秦汉史，发表学术论文500余篇，出版学术专著30余部，合著《中国历史》教材获国家级教学成果奖一等奖，学术专著《秦汉时期生态环境研究》被评为“2007年度全国文博考古十佳图书”、《秦汉交通史稿》获国家社会科学基金项目优秀成果三等奖。

第34讲　王习胜

王习胜，安徽师范大学政治学院教授、博士生导师，安徽省学术与技术带头人后备人选，中国逻辑学会理事，全国辩证逻辑专业委员会常务委员、副秘书长，安徽省马克思主义学会、伦理学会常务理事。主要研究领域为悖论、辩证法、意识形态和思想分析。在《马克思主义研究》等刊物发表学术论文90余篇，出版《泛悖论与科学理论创新机制研究》等著作8部，主持国家社会科学基金重点项目、教育部人文社科规划项目等10项，参与国家级项目3项。

第35讲 慎金花

慎金花，管理学博士，同济大学图书馆馆长、研究馆员、硕士生导师；中国索引学会常务理事，上海市图书馆学会常务理事，上海市情报学会理事，ICONDA（国际建筑文献数据库）管理委员会委员；主持各类科研项目7项，撰写、主编或参编著作4部，发表论文20余篇。

第36讲 胡阿祥

胡阿祥，“百家讲坛”主讲人之一，南京大学教授、博士生导师，中国魏晋南北朝史学会副会长、中国唐代文学学会韩愈研究会常务副会长、江苏省六朝史研究会会长等，主要研究领域为中国中古历史与文学、中国历史人文地理、地名学与行政区划、南京地方史，出版著作30余部，发表论文200余篇，主持多项国家社科基金和江苏省社科基金项目，获江苏省优秀社科成果一等奖、江苏省高校人文社科成果二等奖、江苏省高校一类优秀课程奖、“谭其骧禹贡基金优秀青年论著奖”论文一等奖等。

序一

秋风起，丹桂飘香，又是一年橙黄橘绿。转眼间，朱敬文教育基金会与安徽师范大学结缘已有十三个年头了。

朱敬文，一位名扬四海、誉满华夏的商界巨贾；一位胸怀祖国、情系桑梓的拳拳赤子；一位履仁崇义、泽荫神州的民族楷模。朱敬文先生幼年家境贫寒，饱受失学之苦，凭着勤勉努力，事业终有成就。他从18岁起开始捐资助学，从点滴做起，乐教善施，至80岁时又设立了“朱敬文教育基金会”。先生用火热的赤子忠诚在我们心中树起了一座不朽的丰碑，留下了伟大的敬文精神。那么，什么是敬文精神呢？敬文精神是一种自强不息、开拓进取的精神。先生少年辍学，流落沪上。生活的艰涩没有阻滞他跋涉的步伐，经历十几年的艰苦创业，他的意志，在残酷和无情中更加坚强；他的思想，在抉择和承受中更加成熟。敬文精神是一种艰苦朴素、勤俭修身的精神。先生追求财富，不是为了满足私欲，而是要得到一种行善的工具。先生移居香港后，淡泊金钱，仍然保持着俭朴的生活方式。敬文精神是一种泽教育英、奉献社会的精神。先生稍有成就后，便立志帮助清贫、优秀的青少年争取求学机会。敬文精神是一种爱才惜才、崇教尊学的精神。在先生看来，人才不但要有才，更要有德。他提出凡是被资助的人，在学成后要回馈父母、回馈社会、回馈人民。这是大爱之心的传递，更是爱国之情的传递。敬文精神是一种爱国报国、匹夫有责的精神。先生深知国家的繁荣离不开高素质的人才。抗战时期，目睹大批儿童失学，他毅然腾出平房，购置旧桌椅长凳，招聘教师，办起了敬文义务小学，并亲自担任校长，多次动员失学儿童免费入学，倾注毕生心血和精力，为国储才。先生的壮举是自己教育强国、教育救国理想的伟大实践，又是促进贫困学子教育自强、教育自救的有效途径。敬文精神还是一种持之以恒、一以贯之的精神。先生泽教育英，为清贫学子垦殖出一片绿荫，开辟了一条成才之道，这并非一时之举、一朝之行，而是一以贯之，几十年如一日，终生如此。朱敬文先生用慷慨之行告诉人们什么是金钱的价值，用热忱之心启示人们什么才是真正的富有。再多的诗篇，讲不完先生报国的壮举；再多的文字，记不下先生赤子的忠诚。

1998年，经我校原化学系主任吴家良教授和朱敬文教育基金会大陆代表、苏州大学原校长陈克潜教授的积极引荐和大力帮助，并承蒙朱敬文教育基金会的关心与厚爱，我校荣幸地成为江苏省之外唯一一所设立“朱敬文奖助学金”的高校。十余年来，在朱恩馀先生、谢玲玲女士、蒋宁熙先生、朱婵英女士及朱敬文教育基金会其他成员的直接支持下，在陈克潜教授和陆忠娥教授等众多友人的关心下，朱敬文奖助学金目前已成为我校接受社会捐助影响最大、年受助金额最多、获奖受助面最广的奖助学金，为我校奖优助困、培养人才作出了卓越贡献。受助十余年来，我校广大师生员工无不为朱老先生家族爱国助教、泽荫神州的高尚情怀所感动，他们在敬文精神的感召下，刻苦学习，奋发成才，建功立业，回报社会，以自己的实际行动酬答朱敬文先生和朱敬文教育基金会的厚爱与关怀，践行和宣传着朱敬文教育基金会“为国储材，自助助人”的宗旨。

2000年，朱敬文教育基金会在得知我校新校区建设急需资金时，又向我校慷慨捐赠1 000万元巨资，资助我校新校区图书馆建设。2007年，一座现代化的敬文图书馆在我校风景秀丽的花津校区落成。该馆运用徽派建筑的理念进行设计，同时融入现代建筑的设计风格，既巍峨典雅，又亮丽堂皇，成为我校的标志性建筑。馆内布局合理，设备一流，功能齐全，环境舒适，是我省目前最大、设施最为先进的图书馆。开馆以来，敬文图书馆坚持“以人为本，创新服务”的办馆理念，秉承敬文精神，至诚服务，和谐发展，不断提升服务水平，成为广大教师治学的重要平台和青年学生健康成长的精神家园。

为了深切缅怀朱敬文先生“为国储材，自助助人”的伟大义举，弘扬朱敬文先生“立德尚义，泽被后学”的崇高精神，教育广大学生勤奋简朴、刻苦学习、心怀感恩、回馈社会，2009年4月，学校决定以纪念朱敬文奖助学金在我校设立十周年及敬文图书馆开馆两周年为契机，设立“敬文讲坛”，通过邀请校内外知名专家学者定期举办讲座，构建专家与学生交流的平台，弘扬敬文精神，传播学术文化，提高学生素养，打造智慧人生。到目前为止，敬文讲坛已举办了36讲。讲坛贴近学生实际、贴近传统文化、贴近社会热点，体现了“理论性与实用性统一、权威性与创新性统一、专业性与通识性统一、学术性与通俗性统一”的特点，受到了广大同学的一致好评。非常感谢做客敬文讲坛的专家学者，他们牺牲了自己宝贵的时间，精心选题，充分准备，以深厚的学术功底、丰富的人生阅历、深刻的思想深度，给同学们带来了一场场精彩的文化盛宴，对大家充分认识社会，不断提高综合素养，树立正确的人生观、价值观和世界观，产生了积极作用。这也是朱敬文先生“为国储材，自助助人”精神的充分体现。为了使更多的人受益，图书馆准备将敬文讲坛的前二十余讲讲座的文稿结集出版。这是一件好事。希望敬文讲坛继续努力，越办越好，成为我校校园文化建设的一个重要“品牌”。

是为序。

安徽师范大学党委书记　顾家山

2011年10月26日

序二

为纪念朱敬文先生“为国储才，自助助人”的懿行善举，弘扬其“立德尚义，泽被后学”的崇高精神，安徽师范大学于2009年设立了“敬文讲坛”，讲坛坚持以“弘扬敬文精神，传播学术文化”为宗旨，以“提高学生人文素养，提升校园文化品位”为目标，广邀学界大师、业界精英开坛设讲，迄今共举办93场次，敬文讲坛业已成为享誉全校师生的文化品牌，成为莘莘学子对话大师、开拓视野的文化地标。

传承敬文精神，传播学术成果。近年来，学校图书馆于2012年第5讲开始（总第44讲）对每期讲坛全程录像，制作成视频资料（迄今共录制50讲），自主建设“数字敬文”特色视频数据库，并于2014年10月向读者开放。同时，他们还系统地整理了2009—2010年度“敬文讲坛”讲演稿，遴选了22篇合辑为《敬文讲坛讲演录·第一辑》于2013年4月出版。第一辑出版后，深受读者欢迎，讲坛内容的数字化，数字内容的可视化，流态知识的固态化使其在传播“敬文精神”、彰显师大文化方面发挥了重要作用。

“观乎人文，以化成天下。”“敬文讲坛”以传播学术文化为己任，在提升学生素养、丰富校园文化、活跃学术氛围等方面展示出独特的魅力，在推进校园文化建设，浓厚学术风气方面发挥了重要作用。它既是开启学生视野的一扇窗口，也是推进学术交流的一个平台，更是营造文化坐标的一座基石。着力推进人文素养：无论是学界名师还是业界精英，侃侃而谈中饱含的是对大学生切实的人生指导、深厚的文化熏陶、广泛的学术引领，倾心聆听的则是独到深刻的观点和见解，感同身受的则是他们平凡又伟大的学术人生。积极搭建学术平台：“敬文讲坛”提供了学者与大学生心灵相遇和对话的空间，主讲人睿智的解读、平等的对话、亲切的互动给予师大学子无限的文化滋养，大学生们则从不同主题的学术讲座中获得思想启迪、开拓知识视野、培育学术兴趣、激发学术热情、夯实学术功底。深入开展文化建设：文化传承创新是高校的职责使命。大学图书馆作为知识的殿堂、精神的高地、文化的地标，发挥着独一无二的资源优势、技术优势、服务优势和空间优势，依托于此的“敬文讲坛”弘扬传统文化，聚焦社会时事，关注学生成长，引导校园舆论，引领校园风尚，给予师大学子无限的文化滋养。

这一本讲演录，正是收录了36篇2011年至2013年讲演文稿，内容丰富、涵盖面广、时代感强，具有很强的指导意义，突出地表现在以下四个方面。

弘扬传统文化。中华文化博大精深、源远流长，浩浩如烟海，荡荡如长江，传统文化这条长廊，有太多值得我们驻足流连的地方。主讲名家如数家珍，娓娓道来。如《敬畏与智慧：〈道德经〉的启示》讲述了老子和《道德经》、敬畏与自然的关系、“敬畏之心”与“尊道贵德”、《道德经》的启示等4个方面的内容，强调对自然法则的“敬畏”，对规律的尊重，彰显的则是人生“大智慧”；《莫言·中国·世界——文学与文化的理解及错位》，从莫言、中国、世界三个维度对莫言作品和获得诺贝尔文学奖进行了解读；《论以中华文化为底蕴的新文明》阐述了中华文化是实践性的，提出“中华文化蕴含着蓬勃生机，新文明的文化基因主要蕴含于中华文化”；《胡阿祥讲国学》则诠释了国学的博大精深，剖析了中华文化是国学孕育的土壤。

关注大学生成长。《本科生如何固本：大学本科与生涯发展》从社会定位、知识定位、生涯定位、教育定位等四个方面解读了本科教育之本，以及如何抓住根本，强基固本，激励大学生正确全面地认识自己；《孔子的教师观及其现代价值——今天我们怎样当教师》阐述了孔子诲人不倦、言传身教、克己内省、教学相长、因材施教、温故知新等教师观，让师大学子对于教师品质和教学观念有了进一步的认识和体悟；郭敬明则以《我的创作人生》为题畅谈了自己的创作经历，阐释成长之道，从而使大学生对偶像及文学的热爱变得更加理性、现实；《论经典的耐读性》则认为，经典是思想的策源地、灵魂的栖息地，是关于人、人性、人生的探索，在这个喧嚣浮躁的社会，更值得我们去关注。

讲述革命历史。《回忆战斗岁月，述怀革命春秋》诠释了主讲者李敏作为一名优秀的共产党员的信念、责任与大爱，在中国共产党成立90周年的辉煌时刻，讲述了自己在革命年代的亲身经历，一段段峥嵘岁月的传奇故事、一曲曲动人心弦的革命凯歌、一次次出生入死的苦难历练，展现了这位年届九旬党员的人生追求，也鞭策了莘莘学子；《中国共产党创建的几个问题》从中国共产党创建的历史起点和逻辑起点出发，围绕中国共产党成立的历史必然性，以大量翔实的历史事实，严谨的逻辑思维，周密的语言组织，前沿的学术动态，客观的历史评价，引经据典，史论结合，深刻论述了中国共产党产生的社会历史背景和重大历史意义，详细分析了中国共产党产生的阶级基础、思想基础和组织基础，阐述了“五四”运动和中国革命的关系，明确提出了中国共产党的产生是近代中国革命发展的必然要求，是马克思主义与中国工人运动相结合的产物，是中国社会历史发展的必然趋势。

直击社会热点。紧扣时代潮流是讲坛主题内容的一大特色。《太极学说与和谐社会的构建》揭示了太极学说是以诚为本的和谐思维，表达的是整体的平衡，认为构建和谐社会是历史的要求、时代的需要，可以从太极学说中汲取精髓，在改革发展的关键时期把中国特色社会主义伟大事业推向更好的未来；《稳中求进：全球视野下中国经济发展的道路选择》讲述世界经济发展的趋势、中国经济发展面临的挑战与机遇以及中国经济发展道路选择等内容，深入剖析了中国经济发展的相关问题；《大数据时代下的图书资料服务》从Google利用搜索关键词预测美国禽流感的散布这一利用大数据的经典案例入手，介绍了大数据的定义、特征及其与传统数据的区别，阐述了大数据时代信息服务的新挑战。

“敬文讲坛”举办的一系列讲座，使师大学子享受到一场场学术的盛宴，在对话大师、交流成长的过程中砥砺了研学品质，开拓了思维视野，深化了学习成效。

皖江流日月，文化传古今。在美丽的夜晚或怡人的午后，敬文讲坛总是如期而至，成为全校师生向往的精神殿堂。它，如同一位长者，不疾不徐地向我们讲述她的故事；如同一位智者，以醍醐灌顶的成效指点迷津；如同一位使者，引领万千学子迈入知识的殿堂。回首敬文讲坛，每一期都是文化的饕餮盛宴，每一期都是学术的思想交锋，每一期都是涤荡心灵的港湾。

我相信，这本敬文讲坛的辑录将更加有力地深化讲坛的育人成效！我也期待学校各部门各单位以增强文化自信的天然使命，在推进全员育人的工程中发挥更大的作用。

安徽师范大学副校长　朱家存

2016年12月10日

目　录

安徽师范大学教育科学学院　阮成武

第1讲

本科生如何固本：大学本科与生涯发展

讲演时间　二〇一一年三月三日

当下社会，“本”是一个十分炙手的热词，如“本命年”、“抄本大甩卖”、“专升本”、“以人为本”等，而随着“大学生”概念复杂化、大众化的同时，又进一步将“本科”二字稀释化了，社会对于本科生的认同与接受也变得复杂起来。

如今，本科生进校有几大热门现象，如考证热、考研热、考公务员热、打工热等。那么，本科生与专科生、二学历本科生、研究生、农民工究竟有什么质的不同呢？本科生的核心竞争力和比较优势究竟是什么呢？本科之本是什么呢？本科生如何彰显本科优势，为生涯发展“强基固本”呢？带着这些问题，我们来探究一下本科生到底该如何固本，以及大学本科与生涯发展。

“本”是基本，是根本，是本位、本原、本然。我国“本科”一词，最早见于1912年民国政府教育部颁布的《大学令》："大学预科生修业期满，试验合格，授以毕业证书，升入本科。"

《教育大词典》：本科教育是高等教育的中级层次，属联合国教科文组织《国际教育标准分类》第三级第一阶段（授予大学第一级学位或同等学历证书）教育，与专科教育、研究生教育构成高等教育内部的三个层次，是高等教育的主干部分。

我们理解本科教育之本以及如何抓住根本，强基固本，要从四个方面并从其相互的结合点和关系上来考察加以定位："本科"的社会定位，"本科"的生涯定位，"本科"的知识定位，"本科"的教育定位。

一、从本科教育与社会经济发展的关系看

（一）市场的转型对本科生分配的影响

在计划经济模式下，用人单位按计划接收毕业生分配。1952年，采用苏联高等学校的专业目录，按专业培养专门人才；1953年215种专业增长到1961年740种专业，1963年专业调整为432种，1982到1987年修订，由1343种专业减为621种。这样，高校专业、本科人才数量和规格与去向都是"被"计划了，人只有按照已掌握的本科阶段的课程和知识，来解决岗位上问题——以不变应不变，本科基本成为一种"老本"，够管一辈子，啃老本就行了。

在专科和研究生教育不发达而相关人才又迫切需要的情况下，本科教育出现两种倾向——专科化或研究生化。

1992年，我国开始向市场经济转型，社会资源走向了市场配置，打破了部门、行业之间的界限，仅靠某一方面的专业知识和技能不能适应人才市场需要；双向选择、自主择业的就业制度，使人才市场竞争更加激烈，学生必须具有较宽的知识面、多方面能力才能适应市场多样化需要。市场经济是一种"主体性经济"，要求大学教育必须主体化，培养具有高度主体性（独立性、主动性、创造性）的人才。

概括起来说，计划经济是以已知解决已知，以知识为本，重视基本知识的掌握，人与人因知识而被分化，人才是一个固化的统一标准；市场经济转轨国家，是用已知解决未知注重学生基本知识应用能力；而成熟市场经济国家则是以未知对未知，重视意外情况对知识的

应用，注重以人为本（多样性、个性化、选择性、创造性），人人都可成功，人才标准是多样的，而且不是永恒的。人不可能是以不变应不变、以不变应万变，而应当是以变应变。用人单位对人才的要求是高素质、多能力、通用型，而不一定是专业对口的。

（二）本科之“本”应是全面素质的培养

经济制度的转变使得社会对人才的需要也开始由计划配置转向市场配置，而大学生择业取向也多元化、自主化了。学校并不确切知道学生毕业以后要干什么，学生在学校所学不一定就是为了岗位所直接应用的。这就使得本科生的就业由过去对口型走上适应型、多样性。

为此，1993年7月，国家教委《普通高等学校学科门类和专业目录》设504种专业。1998年7月教育部公布的专业目录，分设哲学、经济学、法学、教育学、文学、历史学、理学、工学、农学、医学、管理学11个学科门类，专业249种。同时在培养目标和课程开设上，更加重视加强基础、增强适应性；教学计划则拓宽专业面，按大类培养，增强适应性，注意全面素质的培养。

在此之下，本科之“本”不再是固化的学科知识，而应该形成具有宽泛知识基础、广泛适应能力、获取知识和更新知识的能力、不断适应变化的创造能力。

二、从本科教育与知识发展的关系看

（一）本科之“本”应具有适应性和创造力

知识是高等教育的逻辑起点，高等学校的教学过程既是一个认识过程，也是以此提高大学生各方面素质的过程。前者是教师通过一定教学手段将加工整理的知识传授给受教育者，实质是知识的整理和传播过程；后者表现为大学生在教师指导下将一定的知识转化为内在素质的过程，即知识内化过程。

随着新科技革命的兴起，大学所整理、传播、转化的知识出现新的特点：

人类创造的知识呈指数性增加，知识增加1倍，19世纪需要50年，现在只需3~5年，同时，知识陈旧周期缩短；科技发展一方面继续分化，一方面又高度综合，在分化和综合中不断产生交叉学科、边缘学科和横向学科；科学技术转化成生产力的速度越来越快。

人类知识总量增加、更新速度的加快，本科教育不可能像过去那样把所有知识都传授给学生，只能有选择地传授一些基础性强和一些共性基础知识以及本学科较为前沿的知识和理论；而且，选择的基础知识和理论必须为本科生后续学习（包括进入研究生阶段学习和直接进入社会各领域后的继续学习）服务，打下好的基础。

为了适应科技发展的要求，本科之本越来越注重宽厚的知识基础、融会贯通的能力；同时，要学会学习，具有不断更新知识结构的能力。

本科之“本”，由原先精通一科的“专门家”，转向重视综合素质，强调自然科学、技术科学与人文社会科学的集成与综合。实现这种基础性的综合，为本科生进入研究生阶段和直接进入社会各领域后继续学习、服务，打下良好基础。在这种知识的集成与综合基础上，增强自己在知识经济中的适应性和创造性。

（二）21世纪教育的四大支柱

联合国教科文组织提出的21世纪教育的四大支柱是学会认知、学会做事、学会共同生活和学会生存。

1. 学会认知

掌握认知的方法（授人以渔）；

学会认知，才能够有尊严地生活；

终身与科学为伴的习惯与素养。

2. 学会做事

学会在不同的环境中工作；

能够应付各种事情，包括意想不到的事情；

一生都在不断做事和不断学习中度过。

3. 学会共同生活（共存）

倡导“地球村”概念；

有认识自己和理解他人反应的素养；

有为实现共同目标而努力的意愿。

4. 学会生存

提高生存质量的前提是人的全面发展；

全面发展的人应具有独立自主、富有批判精神的思想意识；

会生存的人应该具有判断能力。

三、从本科教育与人的发展的关系看

本科教育与人的生涯发展关系是以高考志愿选择、填报和录取为关键点的。尽管我们如今已经不能改变自己的志愿了，那我们现在应该做什么呢?

首先我们要做好未来几年的生涯发展规划目标和路线，将总目标确定下来；其次将总目标的实现分为三个方面，分别是目标取向、机会取向和能力取向。目标取向即自己的人生目标分析，我想做什么，比如我的价值、理想、成就动机、兴趣等。机会取向就是关于挑战与机会分析，我能做些什么，比如就业环境、自身条件、社会环境、发展趋势等方面。能力取向便是对自己的优劣势分析，我是一个怎样的人，比如我的智力、技能、情商和性格等。

案例：我的职业生涯之路

我的本科学习及职业生涯已跨过了30年，大致分为三个时期：

1980—1984年，安徽师范大学教育系本科学习；

1984—1999年，六安师范学校任教；

1988年，任教研组长；

1993年，任教育科学研究室主任；

1995年，破格晋升高级讲师；

1996年，任副校长，安徽省中等师范教育学中心组组长；

1999—2001年，六安师专任教，任校长助理；

2001—2002年，皖西学院任教，任教务处副处长，北京师大访问学者；

2002—2004年，辞去行政职务，研究学术；

2004—2005年，任校本科评建办公室副主任；

2006—2007年，任教育系主任，晋升教授；

2007—2008年，再次辞去行政职务，研究学术；被安徽师范大学“双十人才”引进，攻读博士学位；

2008年12月，任教育科学学院副院长；

2009年，兼任安徽师范大学高等教育研究所副所长；

从这个个人案例中可以看出我的职业发展道路，我的专业之路、事业之路、人生之路都是螺旋式递进。

由此看出，本科教育与人的发展之间的关系密不可分，一条贯穿始终的红线、纤索是教育学的本科之本。那便是一种踏实的精神，一种求索的动力，一种成功的基因，一种生命的家园……

四、从本科教育与教育体系的发展看

在《国家中长期教育改革和发展规划纲要（2010—2020年）》中列示了我国教育体系发展包括两大体系、八大板块（5+1+2），包括学前教育、义务教育、高中阶段教育、职业教育、高等教育、继续教育、民族教育、特殊教育。

从世界来看，大学生人口（大专以上）超过5000万的只有中国和美国。到2020年，中国大专以上人口达到1.95亿，就使中国成为唯一一个大专以上人口超过1亿的大国。那么，在这一教育体系中，本科教育究竟是一种什么样的教育？本科之“本”是什么？

观点一：本科教育是高等基础性教育

本科教育在高等教育中处于基础性层次。

当前本科生培养标准正在发生重大变化，更强调“比较系统”与“基本”素质，并为高等教育法所肯定。

本科教育的人才培养目标在于面向基层与实际工作第一线，培养的不是高级专门人才，而是未来高级专门人才的毛坯。

观点二：专业教育——本科教育另外一种形式

即“专门职业的教育”，不同于一般“普通性职业”，如秘书、售货员、司机、修鞋匠等，而是经过特殊的教育或训练掌握了业经证实的认识（科学或高深的知识），具有一定的基础理论的特殊技能，从事具体的专业性服务工作的职业，如医生、律师、建筑师、牧师、会计师等。

观点三：本科高职——技术应用型本科教育

虽然我国目前高等职业教育应该以高等专科为主，但本科教育也应该存在职业教育，培养“技术应用型”人才。高等职业教育是一种教育类型而不是一种教育层次，未必限定在专科层次。这种观点认为，本科教育应当与培养应用型人才的目标一致。这种侧重技术开发与应用型人才的教育，被联合国教科文组织定义为“技术教育”。本科教育层次“技术教育”培养“技术工程师”或“技术师”，而中等和高等教育初级阶段层次的“技术教育”培养“技术员”。

我国大陆250多所本科院校举办高职教育，清华大学、华东理工大学、上海交通大学、厦门大学等大学都办了本科高职。特别是新建地方本科院校，很多应定位于高层次的职业技术教育。新建院校都不能与研究型大学以及老的本科院校相比，不能走一般本科院校的老路，需要在办学定位和办学方向上进行创新，他们就定位于应用型本科教育。这种应用型本科教育实质上也就是高层次的职业技术教育。

安徽师范大学政治学院　郭淑新

第2讲

敬畏与智慧：《道德经》的启示

讲演时间　二〇一一年三月十七日

“敬畏”既是一种情感、态度，亦是一种信念、德性，更是一种博大的智慧。何谓“智慧”?这无疑是一个见仁见智的问题。在中国哲学之父老子看来，真正的智慧应该是“三去”：“将欲取天下而为之，吾见其不得已。天下神器，不可为也，不可执也。为者败之，执者失之。是以圣人无为，故无败；无执，故无失。故物或行或随，或嘘或吹；或强或羸，或载或隳。是以圣人去甚，去奢，去泰。”（《道德经》第二十九章）老子认为，“天下”体现的是自然法则，人们不可以主观妄为，不可以强行占有。主观妄为必然失败，强行占有必然丧失。因此，智者应遵循自然法则，因势利导，顺水推舟，戒除那些偏执迷惑、骄奢淫逸的观念和行为。于是，老子警示人们：不要太自信、乐观、专制、独断。认识宇宙、体证天道，应该具有戒慎恐惧之心。《道德经》中倡扬的“去甚，去奢，去泰”，强调的是对自然法则的“敬畏”，彰显的是人生大“智慧”。

二

中国古人把天视为父母，将自己看作是天所养育的子民，对“天”充满了敬畏之情。在此基础上，哲人们抽象出了“天道”的观念，认为天道是天的法则，也是世间万物的法则，亦是人道的依据。因此，古往今来的圣贤大都穷尽毕生心血试图去破译“天道”的密码，老子就是这众多智者中的一位。他发现“道”或“天道”是宇宙万物的本原：“道生一，一生二，二生三，三生万物”（《道德经》第四十二章）。为了论证“道”的本原性、至上性或超越性，老子十分明智且创造性地赋予了“道”以“超言绝象”之特质。

所谓“超言”，即“道可道，非常道”（《道德经》第一章），“道之出口，淡乎其无味”（《道德经》第三十五章）。“道”只能体悟而不可言传，一旦说出，就已经不是那个“非常道”了，于是就“淡乎其无味”了。因而对“道”的理解，就不像对其他“对象性”的具体存在物那样，可以用知识去认识、用理性去把握，而是“为学日益，为道日损”（《道德经》第四十八章）。“为道日损”即是“涤除玄览”，排除主观臆断，把心灵打扫揩拭得像一面明镜，这样才能真正地体悟“道”、把握“道”。

所谓“绝象”，即“大象无形”。老子明言：道“视之不见……听之不闻……搏之不得……是谓无状之状，无物之象”（《道德经》第十四章）。如此“深不可识，微妙玄通”的“道”绝非可见、可闻、可搏之“具象”之物，而是“绝象”之道。把握“绝象”之道，就绝不同于把握“有形”之具象之物，因为“道”不是一个具体的认识对象，知识、理性、语言在道面前，都丧失了其特有的功用。

正是由于“道”所独具有的这种“超言”、“绝象”之特征，才成就了它作为创生万物本原的性质，使其成为至高无上的造化之根——“天下母”。正如后来汉代的贾谊所言：“道者无形，平和而神。”（《新书·道德说》）所谓“道者无形”，意即“道者，其本者谓之虚。”（《新书·道术》）此“虚”，即“无形”、“唯大”、“绝象”。所谓“平和而神”，意即“道”是万物之“神”，是宇宙万物自然而然之大化之“神”。如此神圣之“道”，自然会使人产生敬畏之情。

老子试图用具有本原性、至上性或超越性特征的“道”，去消解人们对传统的有意志的人格神的崇拜，从而确立对至上的造化之根——“道”的信仰与敬畏。老子主张，“以道莅天下，其鬼不神；非其鬼不神，其鬼不伤人”（《道德经》第六十章）。在老子看来，即使是天帝鬼神的属性，也是由“道”赋予的。能超越世俗的羁绊，而“长生久视”（《道德经》第五十九章）的得道之人，才能够“以其不争，故天下莫能与之争”（《道德经》第六十六章），并成为“死之不亡者”（《道德经》第三十三章）。如此神圣的“道”，自然会使人在对其敬畏的同时又极力去探求它、体证它，以期得到智慧的启迪。

二

《道德经》曰：“域中有四大，而人居其一焉。人法地，地法天，天法道，道法自然”（第二十五章）。在老子看来，“道”的本性是“自然而然”，人类应保持谦卑和敬畏之心，任何的自我膨胀、自我放大，都将妨碍虚心静气地倾听天籁之声、顺应自然之大化。敬畏自然无为的天地之性，就应该尽可能不主观人为地去干预自然，“以辅万物之自然，而不敢为”（《道德经》第六十四章）。“不敢为”，意味着对“道”、对自然万物有敬畏之心，不敢随意乱为。

老子认为，道是天地万物的宗祖，天地万物都从道那里获取自己的本性与存在的依据，因此，天地万物的本性与道是一致的，其存在、运行都以道的法则为规范。而道的法则是自然。正如王弼所注：“道不违自然，方得其性。法自然者，在方而法方，在圆而法圆，于自然无所违也。”（《老子注》第二十五章）宋吕惠卿曰：“道则自本自根，未有天地，自古以固存，而以无法为法者也。无法也者，自然而已，故曰道法自然。”（陆希声：《道德真经传》卷二）也就是说，“道法自然”并不意味着在“道”之上还有一个主宰，而只是强调“道”的本性是自然，道本身亦是遵循自然而然的法则运行，从而突出了道的自然无为的天性。

既然万物的总根源是“道”，总法则是“自然”，那么，万物皆须遵循自然法则行事便是毋庸置疑的。道是天、地、人的宗祖，宗祖效法自然，天地人亦须效法自然。有鉴于此，“法自然”、“宗无为”就成为《道德经》的宗旨和核心，也成为理解天人关系的枢纽。

天人关系问题是中国古代哲学探讨的主要论题之一。殷代以“敬命”为天人关系的核心，西周以“敬德”为天人关系的宗旨；孔子以“知天命”、“畏天命”为天人关系的枢要，而老子则以“法自然”、“宗无为”为天人关系的根本。老子以“自然”、“无为”来解决天人关系的内在张力，在中国思想史上无疑是深刻的、极具原创性的。如果说孔子的“知天命”还是偏重于把天人关系作为一种类似于对象性的东西来加以沉思与敬畏的话，那么老子的“道法自然”，则第一次以“自然无为”之道把天人关系融贯起来。自然无为是人类真正应该效法天地之道的根本，也是“天人合一”的真谛所在。

“无为”是“道”的本性。“大道汜兮，其可左右。万物恃之以生而不辞，功成而不有，衣养万物而不为主。”（《道德经》第三十四章）虽然“道”在客观上生养万物，但却不去支配万物、主宰万物。老子认为：“以道佐人主者，不以兵强天下。其事好还。师之所处，荆棘生焉。大军之后，必有凶年。善有果而已，不敢以取强，果而勿矜，果而勿伐，果而勿骄，果而不得已，果而勿强。物壮则老，是谓不道，不道早已。”（《道德经》第三十章）

“道”虽无为，却又无所不为。“道常无为而无不为”。“侯王若能守之，万物将自化。化而欲作，吾将镇之以无名之朴。镇之以无名之朴，夫将不欲。不欲以静，天下将自正。”（《道德经》第三十七章）老子强调“道常无为”与“道法自然”是相辅相成的：“道常无为”是“道法自然”的必然结论，而“道常无为而无不为”又是法自然、宗无为的必然结果，因为顺应自然之大化，“不欲以静”，必定能够成就“天下”之“自正”。

《道德经》明示：“我有三宝，持而保之。一曰慈，二曰俭，三曰不敢为天下先。慈，故能勇；俭，故能广；不敢为天下先，故能成器长。”（《道德经》第六十七章）进而说：“用兵有言：‘吾不敢为主，而为客；不敢进寸，而退尺。’是谓行无行；攘无臂；扔无敌；执无兵。祸莫大于轻敌，轻敌几丧吾宝。故抗兵相若，哀者胜矣。”（《道德经》第六十九章）在此，老子的“三宝”彰显了“去甚，去奢，去泰”的睿智，其“不敢为主”、“不敢进寸”的“用兵有言”，显露了对自然无为之道的敬畏。

三

老子认为，世俗之人总是十分看重身外的宠辱毁誉，有的甚至将其看得比生命还要宝贵。因此，老子提倡“贵身”——重视自己的身体、生命和人格，轻视荣辱之类的身外之物。《道德经》曰：“宠辱若惊，贵大患若身。何谓宠辱若惊？宠为下，得之若惊，失之若惊，是谓宠辱若惊。何谓贵大患若身？吾所以有大患者，为吾有身，及吾无身，吾有何患？故贵以身为天下，若可寄天下；爱以身为天下，若可托天下。”（《道德经》第十三章）在老子看来，人之所以有大患，是因为有身体存在——有生老病死之“肉体”之患。既然大患来自人的身体，那么防止大患就应该“贵身”。老子认为，以贵身的态度对待天下的人，才可以把天下交托给他。因为只有这样的人，才可能不因为荣辱毁誉而使“身”受到损害——轻身、弃身、忘身，因而才可以担当天下之大任。

“身”作为人的生命赖以存在的载体，必须在适当的环境和条件下才能生存，因此，人要“贵身”就必然“有大患”，“患”生命载体（“身”）得以存在的环境和条件是否适合“身”存的要求。在此意义上说，人们要贵身，就必须在保身、敬身、畏身的同时，重视、敬畏与人类生存和发展息息相关的自然生态环境和社会生存环境。

真正拥有智慧的人类应该是“忧天”、“敬天”和“畏天”的。在这一点上，老子的思想也有现代同道者。生命伦理学家阿尔贝特·史怀泽在其《敬畏生命》一书中认为：生命的意愿是生存。在人的生命意识中，存有对毁灭和痛苦的惧怕、对生存和快乐的渴望；而人的周遭围绕着同样的生命意识，因此，人类在自身演化的征途上，必须爱护、“敬畏”其他生命，同自然万物保持亲近、和谐，而不是对抗、扞格。之所以要敬畏一切生命，是因为生命之间存在着普遍联系。人的存在有赖于其他生命和整个世界的和谐。“敬畏”感是人类在自然面前表现出来的一种神圣的道德情感。只有维持人与自然的有机和谐与生态平衡，才能尽到人类与宇宙万物共生共荣的伦理职责，尽显人类的生存智慧。

当代核物理学家兼散文作家詹克明在其散文《裸猿·道德篇》

中，以其犀利的笔触、辩证的分析，逻辑地论说了保护生态环境与人类自我保存的真实关系。他认为，我国煤炭资源发现于汉代，石油资源发现于宋代。而对天地存有敬畏之心的古人，明知这两种物质的用途却没有大力开采。汉代人称煤为“劫灰”，推测它是由树木等生物遭“劫”后生成的，是无法再生的祖产，因而“不敢”进行挖掘。宋人认为可以燃烧的石油是大地的血液，由于对天地的敬畏而“不敢”为地球“放血”（不否认当时存在开采技术限制等原因）。而现代人明知煤与石油是近50亿年才形成的宝贵资源，却打算在几百年中挥霍殆尽，这无疑是竭泽而渔的行为。

人类无度的享受欲与占有欲，是造成人类与自然不能和谐相处的根本原因。在某种意义上说，“敬畏”感对于根治人性贪欲的无限膨胀，具有一定的震慑作用。对宇宙的虔诚，对自然的敬畏，有助于发掘《道德经》中关于人与自然和谐相处的睿智，从而引导人类理智地“去甚，去奢，去泰”，以亲近自然、敬畏自然、伦理地对待自然，不再让自然用发怒惩戒的方式警告人类，从而也使老子的“大患”得以释然。人们在是非善恶面前，在面临重大抉择时，必须要有敬畏之心，缺失了敬畏之心，也必将受到惩治。

至此，可以对《道德经》关于“吾所以有大患者，为吾有身”之警句作一新的注解：“大患”来自对“身”的敬畏，来自对“身”之所处之“自然”、“社会”之环境的忧虑。

四

人们之所以要敬畏道，乃因为“道”是这个世界的“宗主”，而更重要的原因则在于道本身所显示出的“玄德”。“道生之，德畜之，物形之，势成之。是以万物莫不尊道而贵德。道之尊，德之贵，夫莫之命而常自然……生而不有，为而不恃，长而不宰。是谓玄德。”（《道德经》第五十一章）道之“玄德”，就体现在蓄养万物、无为而无不为的过程中。人类只有“尊道而贵德”，自觉地按照天道之“绝对命令”——自然法则行事，才能体道得道，才能自觉地把“人道”与“天道”加以贯通。

人类之所以要“尊道而贵德”，是因为道与德是相互融通的，“德”来自“道”，而“道”又体现为“德”。“德”蓄养万物，其实就是“法自然”、“宗无为”，让万物“自然生长”。“希言自然。故飘风不终朝，骤雨不终日。孰为此者?天地。天地尚不能久，而况于人乎?故从事于道者，同于道；德者，同于德；失者，同于失。同于道者，道亦乐得之；同于德者，德亦乐得之；同于失者，失亦乐得之。信不足焉，有不信焉。”（《道德经》第二十三章）尊道贵德，“道”“德”也乐于与其相通。“道”具有奖善抑恶、损余补缺的天职：“高者抑之，下者举之，有余者损之，不足者补之。天之道，损有余而补不足”（《道德经》第七十七章）。对道的这种神圣天职的敬畏，既有助于遏制人类贪婪的弱点，亦有利于人类社会的公平、和谐。

老子对人类要弄小聪明极为反感，“是以圣人之治，虚其心、实其腹、弱其志、强其骨。常使民无知无欲，使夫智者不敢为也”（《道德经》第三章），并主张：“古之善为道者，非以明民，将以愚民。民之难治，以其智多。故以智治国者，国之贼；不以智治国，国之福。知此两者，亦稽式。常知稽式，是谓玄德。玄德深矣，远矣，与物反矣，然则乃至大顺”（《道德经》第六十五章）。体道得道的国君，深知无为而治的玄妙。其管理模式越顺应自然，就越顺乎民意，就越能达至无为而无所不治的效果。所以老子将顺乎自然的大德称之为“玄德”。

真正的智者所拥有的品格，是对万物存在的认可与顺应：“上善若水，水善利万物而不争，处众人之所恶，故几于道。居善地，心善渊，与善仁，言善信，政善治，事善能，动善时。夫唯不争，故无尤”（《道德经》第八章）；“江海所以能为百谷王者，以其善下之，故能为百谷王。是以圣人欲上民，必以言下之，欲先民，必以身后之。是以圣人处上而民不重，处前而民不害。是以天下乐推而不厌。不以其无争与?故天下莫能与争”（《道德经》第六十六章）。老子以水和海为例来寓意智者所拥有的大家风范和精神气象，认为拥有容纳百川的宽阔胸襟，处处以敬畏之心尊道贵德，才能乐人之吉、愍人之苦、周人之急、救人之穷，从而与大道同心，与天地同德。

人类发展史表明：每当历史的脚步将要迈入新的征程之时，“在途中”的人们往往会对曾经走过的“路”进行反思、检省，以便能够重新确定行进的目标和方向。我们今天研究《道德经》，就是要发掘我们民族的精神资源和智慧遗产，为了明天和未来。

安徽师范大学教育科学学院　孙德玉

第3讲

孔子的教师观及其现代价值

——今天我们怎样当教师

讲演时间　二〇一一年三月三十一日

一、热爱学生，忠于教职

孔子说：“爱之，能勿劳乎？忠焉，能勿诲乎？”意思是说爱学生，自己能不为他们任劳任怨吗？忠于教育这个事业，自己能不谆谆教导吗？这种精神正是他作为一名优秀教师的优良品质的具体反映。他不仅是这么说的，也正是这么做的。

孔子三十岁开始授徒讲学，一直到他七十二岁离开人世，为了教育事业，真可谓鞠躬尽瘁、死而后已。事实上，教育事业就是爱的事业，没有爱就没有教育。

二、学而不厌，诲人不倦

学而不厌，诲人不倦，这里包括两个方面：一是对自己，为了教育好学生，老师应该不断学习，努力提高业务水平，活到老学到老(终身学习，一泓流动的清泉，爱自己)；二是对学生，不仅要不知疲倦地为他们工作，而且还要毫无保留地把自己的全部知识传授给学生，做到“无私、无隐”。他曾对学生说：“吾无隐乎尔，吾无行而不与二三子者，是丘也。”

另外，教师不仅自己不倦，更为重要的是要使学生不倦，正如《学记》所指出的：“善教者使人继其志。”

三、言传身教，知行统一

孔子强调教师应严格要求自己，处处以身作则。他说：“其身正，不令而行；其身不正，虽令不从。”又说：“不能正其身，如正人何?”

在道德践履过程中，如何做到身体力行呢？第一，“慎言敏行”。第二，“言必信，行必果”。第三，从教者要“率身正行”。

四、立志乐道，志存高远

首先，强调立志的重要性。即所谓“志于道”，成为弘道扬道的仁人志士。

其次，强调正确处理远大理想与眼前利益的关系。他要求士君子必须做到“见得思义”，“谋道不谋食”，“忧道不忧贫”。他明确指出：“君子喻于义，小人喻于利”。“不义而富且贵，于我如浮云。”

最后，要坚持长期艰苦磨练，持之以恒，要有百折不挠的精神和坚忍不拔的毅力，做到“磨而不磷，涅而不缁”，“岁寒然后知松柏之后凋也”。

五、克己内省，改过迁善

道德修养贵在自觉，道德教育贵在培养人的道德自觉性，一切道德行为都是成于内而形于外的自觉行动。因此，这是自我教育的重要方法。首先，他强调严以责已，宽以待人，即所谓“躬自厚而薄责于人”，“反求诸己”，“不尤人”；其次，要善于自我省察，做到“吾日三省吾身”；再次，自我克制，要克制一切私欲、贪念和非礼行为的产生，做到视、听、言、动皆中礼。做到“非礼勿视，非礼勿听，非礼勿言，非礼勿动”。

六、后生可畏，教学相长

孔子十分重视年轻一代的成长发展，并寄予后生很大的希望。他说：“后生可畏，焉知来者之不如今也?”孔子主张师生关系要有一个共同的基础，那就是在真理面前完全平等。他有一句名言：“当仁，不让于师”。他教导学生在“仁”面前不分师生，一律平等，学生不要因位卑或年龄小而谦让老师。

同时他还反对学生对老师的盲目服从，不赞成“对吾言无所不悦”的态度。无怪乎孟子曾盛赞孔子说：“以德服人者，中心悦而诚服也，如七十子之服孔子也。”

七、因材施教，启发诱导

因材施教是孔子获得教育成功的最重要的因素。孔子的主要做法有：第一，深入了解学生，掌握他们的特点；“柴也愚，参也鲁，师也辟，由也喭。”第二，针对学生的特点，采取因人而异的教学方法；第三，扬长长善，解偏救弊。

他把启发式教学表述为：“不愤不启，不悱不发。”方法：第一，掌握学生“愤”、“悱”的心理状态，“当其时”而教；第二，教学要循序渐进，“当其可”而授；第三，温故而知新；第四，教师要“罕譬而喻”、“言近旨远”；第五，存疑问难，使无疑者有疑，使有疑者无疑。

八、学思结合，温故知新

他既重学，又重思，强调学思结合，知智统一。“学而不思则罔，思而不学则殆，”深刻说明学与思的辩证关系。学是思的基础，为思提供感性认识；思是学的深化，使感性认识上升为理性认识。具体要做到以下几点：第一，要博学好问，善于存疑问难，反对做“饱食终日”的思想懒汉；第二，力戒“意、必、固、我”；第三，善于运用提问法、谈话法、讨论法等方法进行启发式教学；第四，由博返约，以约驭博，做到博约结合。

所谓“温故”，就是对所任教的学科内容清清楚楚、了如指掌；所谓“知新”，就是既掌握该学科最新的研究成果和研究动态，又有自己的新见解、新思路。

安徽师范大学文学院　詹绪左

第4讲

汉字与中国文化

讲演时间　二〇一一年四月十四日

在近两小时的讲座中，詹绪左教授详细、生动地向大家阐述了汉字与中国文化的联系。詹绪左教授指出，在世界各种文字体系中，汉字是极富魅力、极有特色的一种。对一个汉字的解剖可以帮助我们了解一个文化质点，以点带面；再诉诸一组汉字的考察，即从微观入手，则可以透视一个较宏观的意义系统。据此，詹教授指出，通过对具有相同偏旁字族的形义分析，就能使我们更加深入地了解汉字中所蕴含的丰富的文化信息，从而获得更系统的中国传统文化知识。这对帮助我们启迪智慧，开拓思维，都具有重要参考价值。接着，詹教授通过对“文”、“字”等汉字形、声、义的分析，向大家诠释了这些汉字的艺术特性及其所蕴含的中国文化。最后，詹教授还向大家推荐了一些学习中国文字文化的经典著作，如《汉字大观》、《汉字文化综考》等。

附：

汉字的文化功能①

和我们朝夕相伴，此刻正在我们笔下流淌的汉字是一些不平凡的符号，几千年来，它不但充当世世代代人们文化交际的媒体，在漫长的中国文化传统的建构中也起着巨大的作用，汉字可以说是汉民族心灵中的第二道长城。汉字的文化功能至少体现在以下几个方面：传播功能、确证功能、镜象功能和表现功能。以下让我们逐一论之。

一、传播功能

任何文字都是为了满足交流实用之需而创造的。它一方面是文化的载体，反映人们思维认识、物质生产的水平；另一方面它又是文化传播的媒介，在社会文化大系统中扮演十分重要的角色。文字作为口头语言的书面体现者，在时空两位中都极富传播力度，是文化交流和文化整合不可缺少的工具。对于文字的这种特性，我国在很早就有比较明确的认识：

扬雄《法言·问神》：

弥纶天地之事，记久明远，著古昔之㫚㫚，传千里之忞忞者，莫若书。

唐张怀瓘《书断》上：

书者，如也，舒也，著也，记也，著明万事，记往知来，名言诸无，宰制群有，何幽不贯，何往不经，实可谓事简而应博，岂人力哉！

清陈澧《东塾读书记》卷十一：

① 作者：詹绪左，朱良志。原载《天津师大学报》（社会科学版）1994年第1期。

声不能传于异地，留于何时，于是书之为文字。文字者，所以为意与声之迹也。

在他们看来，文字与言语相比，具有“迹”、“画”的特征，是语言的记录符号，即所谓“言之文”也。在传播上，文字可以跨越时空的栅栏，古者曙曙，千里忞忞，异地异时，均能依文字而获得传播交流。真可谓“开篇玩古，则千载共明；削简传今，则万里对面”（庚肩吾《书品》）。同时，文字又是人的文化世界的一种反映，它弥纶天地，著明万物，名言诸无，宰制群有，突出体现了汉民族对文字人文性的强调。

应当指出，中国人在认识文字的一般传播功能之外，还赋予它另外一种传播功能，这可称为定向传播功能。中国人认为，文化的创造是为了教化。《易·贲·彖传》：“观乎人文，以化成天下。”这是汉语“文化”一词的最早语源。“文”与“化”是密不可分的，“文化”之涵义即是“以文教化”，“文”是体，“化”是用，于此体现中国文化的伦理型特征。《说文》叙称，文字是“经艺之本，王政之始”，是“前人所以垂后，后人所以识古”的凭借，也是统治者“宣教明化于王者朝廷”的工具。许慎治文字，就是为了“解谬误，晓学者，达神旨”，以服务于“宣教明化”之目的。

汉字对内能起到教化的功能，对外却能起到渗透作用，历史上某些不同的文化区域、文化结构在汉字的作用下产生了同化的倾向。法国汉学家莱恩·汪德尔麦什(Leon Vander-meersch)曾提出“汉文化圈”的概念，以此和印度教文化圈、伊斯兰教文化圈、基督教文化圈相区别。他指出，其他文化圈均是因宗教原因凝结而成的，汉文化圈形成则主要是在共同的语言文字基础上形成的，汉字充当了内在的精神动力。

汉字是一种独特的语言符号系统，作为一种文化载体，它对人们的思维方式、价值观念产生深远影响，具有巨大的凝聚力和渗透力。从表面上看，当它为别的民族借用时，便传播了汉文化的观念；就其深层来说，它还输入了华夏民族特有的文化心理内容。在历史上，汉字先后输入越南、朝鲜、日本等国，并被直接或间接地改造成这些国家的官方书面语言，从而对他们的民族思维性格产生不同程度的影响。如美国日本问题专家埃·赖肖尔在谈日本文化时说：“日本人非常

清楚，他们的文字、词汇、艺术和许多传统的价值观念都来源于中国，中国是他们的希腊、罗马。”（《日本人》）

在我国各少数民族中，汉字在促进各民族之间的文化整合中发挥了难以估量的作用，许多民族文字的创立受到了汉字的启发，如契丹文、女真字、西夏文、壮族方块字、彝文等，或在汉字基础上直接增减笔画、变更字形，或酌用汉字创造原则另创新字，或借用汉字为注音标码。汉字挟带着汉文化给予这些少数民族的固有文化以一定的影响。

二、确证功能

汉字的文化确证功能处于隐在的层面，不太为人注意，但这种功能却在中国文化的发展过程中留下深深的印迹。所谓确证功能，就是以文字来证明文化，这在世界上其他民族中并不多见，但在我国却非常普遍。在中国文化发展的浩浩长河中，汉字能被用来证明一个朝代统治的合法，能够给人们思想行为提供某种规范，甚至被认为具有预卜凶吉、除妖祛病的功能。汉字常常不是仅仅作为文字符号来看待，同时还被视作挟带着某种观念的神秘符码。

第一，攫取权力的手段。文字在获取权力、巩固统治方面具有重要的辅助作用。在中国这样一个长期的封建国家中，君王享受着至高无上的权力，天下之大，莫非王土，庶民之众，莫非王臣。文字也不例外，秦始皇依权改字、武则天恃权造字就是显例。统治者利用文字去传播教化，也利用文字来证明其统治的合法性。我们看对一个“王”字的解释。东汉纬书称孔子云：“一贯三为王。”董仲舒张大其辞云：“古之造文者，三画而连其中谓之王。三画者，天地与人也；而连其中者，通其道也，取天地与人之中以为贯而参通之，非王者孰能当是？”这便告诉人们王可上通天地，下尽人伦，代天地立言，为人类造福。古人又有“无土不王”的说法，许多人认为这个意思本来汉字中就具有。《史记·秦楚之际月表序》：“故愤发其所为为天下雄，安在无土不王？”《白虎通》亦云：“圣人无土不王。”因王字可拆为一和土，一为天，土为地，天下之土，莫非我有，故而王也。有人还将王释为“王者，往也”，《说文》：“王，天下所归往也。”通过声训的方法，说明君王统治人民的合法性，将君王的牧民独断，说成是天意所钟，民所乐归。但反而言之，民“不往”则不能为王，即使居其位，也会命短寿竭，故《大戴礼》卢辩注云：“王之之谓王，去之之谓亡。”“王”“亡”音通，通过音义互通现象将这种深刻的道理寓于其中。

在中国古代，统治者通过文字确证自己地位的努力，还表现在夺取皇权的过程中。帝王登基，常常被说成是受天之命。臣子上表，推人为王，多援纬以为说。其中利用汉字所作的纬说又最多。如中国历史上第一个特重谶纬的皇帝王莽，就十分重视字纬。他说劉邦的“劉”不好：“夫劉之为字，卯金刀也，正月刚卯，金刀之利，皆不得行。”认为卯金刀均主杀伐刚硬，必致危败。后世君主，多受王莽启发，如曹丕当政前，人们为他编了一套谶语：“日载东（组成“曹”字），绝火光。不和一（组成“丕”字），天下王。”《梁书·沈约传》记载沈约曾对萧衍说：“天文之事，表世运之征，永元以来，尤为彰著。谶云：‘行中水，作天子。’此又历然在记，天心不可违，人情不可失。”这种情况还延及年号用字等方面。

第二，价值判断的依据。人们常说：“人言为信”、“田力为男”、“女在室内为安”，说这话时，就不只是把文字当语言符号来看，而是把它当作蕴涵着某种道德观念的符号，人们于不自觉中已把这些符号当作判定是非的标准，汉字俨然成为价值判断的依据。

自春秋以来的两千多年历史中，许多汉字被硬性附加上既定的道德内容，而且层层累积，许多汉字成为粘带着观念意义的道德符号，文字的所谓“教化”功能往往是通过这种途径实现的。我们可通过一个例子来说明：

正，《说文》：“是也，从止一。”正何以谓“止一”，桂馥《说文义证》释云：“从止者，大学在止于至善。”这便把《大学》开章的纲领思想“大学之道，在明明德，在新民，在止于至善”的内容附着于其中。《说文》又云：“古文正从二。二，古上字。”桂馥发挥道：“天道无私，是以恒正。”他的意思是说，二为上，上为天，天道在上，惟德错补，是至善至美的体现，故日正；而宋徐锴云：“守一以正也。”他据人立论，意为：人要守中处一，独守大道，不可更移，是谓正也。仍是儒家那一套训条。从反面言之，人不能正道而行，将会招致危败，故《左传》云：“文反正为乏。”乏是正的反字，正为通，不正为乏，正反相联，泰极否来。正还被作为国家政治的准则，孔子说：“政者，正也。”刘熙《释名》说得更清楚：“政，正也，下所取正也。”从老百姓这一面说明为政以正的重要性。《周礼·夏官序》注还把政教的功能也说出来了："政，所以正不正者也。"孟子将正和征联系起来。征，战也，但在孟子看来，其中又蕴含着非战争的意念。《滕文公上》云："征之为言正也，各欲正己也，焉用战！"通过征、正的联系，纳入儒家的"正心"观念。上列诸释，都是建立在汉字形音基础上的，人们接触了这个文字，总要或多或少地接受其中附带的观念，这教化作用亦就实现了。

汉字帮助确立了人伦秩序，为了推演儒家的人伦观念，古往今来人们总喜欢乞灵于汉字。如君，《说文》释云："君，尊也。从尹，发号故从口。"臣，《说文》又云："牵也，事君也，象屈服之形。"再如女，《白虎通·嫁娶》利用声训释云："女者，如也，从如人也。在家从父母，既嫁从夫，夫殁从子。"《大戴礼·本命篇》云："女者，如也。子者，孳也。女子者，言如男子之教而长其义理者也。故谓之妇人。妇人，伏于人也。"这些穿凿附会的根本用心，就是把文字当作确证某种道德观念的符号。

第三，引发思想的媒体。大多数人都知道"止戈为武"这句话，《左传·宣公十二年》："夫文，止戈为武。……夫武，禁暴、戢兵、保大、定功、安民、丰财者也。"武从止从戈，止是人足的象形字，足有二义，一是行走，一是停止。战争和反对战争之思想均可从字形中窥出。《汉书·武五子传》："仓颉作书，止戈为武，圣人以武禁暴整乱止息兵戈，非以为残而兴纵之也。"这又从武中引出以战争消灭战争的思想。由此可见，汉字还具有引发人们思想智慧的作用。

中国人有一种训诂的癖好，通过咀嚼文字来引发思想、表达思想是一习见的形式。两汉以来，浸染日深，一字之解，动辄数千字，解经是为了阐发某种思想，而有关汉字的诠释又为此种思想提供了证明，正所谓"文字明而训诂明，训诂明而经学明"。

这里我们可以通过人们对待翻译过来的佛经文字的态度来看。"智慧"一词本是梵文（prajňa）的汉译，又译为"般若"。而《云笈七签》则谓："智者，日中之星也。慧者宜以生，生为急也，故慧字有两'生'并而共乘一'急'象。"在字形分拆中，将中国人对智慧的瞬间妙悟和敏捷把握的特点附于其中。

在民俗中，汉字也成为启迪人们智慧的重要工具。咬文嚼字为大多数中国人所乐为。如在中国的幽默形式中，咬文嚼字的幽默最多。

文字和人朝夕相伴，幽默往往是人们在最常见的东西中发现出不平凡来，汉字由此成为最受欢迎的逗乐解颐的工具。据说著名科学家竺可桢初任浙江大学校长，到任时师生举行联欢会，节目有“校长训话十分钟”一项，竺可桢觉得联欢会上训话十分扫兴，于是解“训话”之“训”曰：“训字从言从川，信口开河也。”师生大笑。这不仅起到逗乐的作用，而且也是一种智慧的体现。字谜、对联也是在汉字的基础上形成的。字谜是民间比较流行的娱乐形式。汉字能制谜，这与汉字可分可拆的特点有关，同时也反映了中国人对汉字尊崇的态度。字谜活动的长期风行，又反转来培养了人们对汉字的喜爱。在猜谜中，一般人确实觉得汉字奥秘无穷，现实人生的体验可以在汉字中得到证验，自我的智慧常常在字的引发下产生出来。与字谜相比，对联是更富智慧的活动，对对子成了古代人习得知识、显示智慧的重要途径之一。

第四，支撑性灵的工具。中国是一个宗教观念淡漠的国度，但信神信鬼、相信命运在民间还是比较普遍的。人生活在世界上，总有种种欲望、希望、失望，有痛苦、沉沦，每每遇到心灵不平衡时，总是希冀平衡、乞求神灵、祖先，重视祭祀是维持这种平衡的重要方式，而汉字由于被视为神所创造，其中蕴涵着难以言喻的玄机妙理，也成为维持性灵平衡的工具。测字这一广为流传的民俗形式，也是在汉字的独特形体以及人们对汉字的独特态度基础上产生的，汉字被视为具有预测命运的功能。而民间流传的字谶、字梦等则是测字的进一步推展。符箓则更被认为具有实在的功能，将写有迂曲回环的汉字的符烧成纸灰和水吞下，据说可以治好疾病；将符贴在床前门上，又可保佑平安，符成为祛妖除邪的工具。人世一切的痛苦创伤往往在“鬼画符”的荫庇下恢复了宁静和安康。在上述民俗形式中，汉字提供的确证作用是一种神的确证。

三、镜象功能

从文化语言学的角度看，语言文字本身就是一种文化，文化是语言文字的底座，而语言文字又是文化的忠实体现者。

世界上各民族文字均凝结着一定的文化信息，汉字中蕴涵的文化信息更远非其他文字可以侔比，它不仅在时间维度上表现出超稳定的延续，可以从当今追溯至荒荒远古，几千年来人们共同使用这一密码本，又使其文化内涵愈加丰富；而且它还是世界上至今唯一还在使用的象形文字系统，虽然大多数字已失去其象形的外貌，但在本质上还保留着早期文字的许多特征，而且愈古其特征愈明显，汉字这种重视“象”的感性形式更易于摄入文化信息。在静态形体中汩汩流淌着民族文化心理的潜流，映照着历史演进的浩浩雄姿，祖呈着先人智慧的灵光异彩，在其深层的文化积淀中，既可折射出政治、道德、宗教、艺术等多种文化外在因素，亦能反映出不同时代人们的文化心理，它自身宛若一颗颗历史的活化石，细加玩味，即可从静态的形体走入古人动态的文化意识圈中去。

我国古代一直贯串着以字证史推迹名物的传统，小学家每每喜用文字去厘测社会之演进、人文之构置，《说文解字》中就充斥着以字探讨社会文化的内容。至近代，则有阮元、吴大澂、孙诒让、程树德等，以字证史，以字推证民俗。随着甲骨文的出土，此风更帜，罗振玉、王国维、郭沫若等都是这方面的大家，取得了举世瞩目的成就。在海外汉学界，也盛行着从文字入手来考镜古史乃至中国人的心理特征的风气，如在法国，就形成了汉学研究的语源学派。

汉字的文化镜象功能体现在文化研究的各个方面，如从汉字的发展来看文化变迁。田，今作为田地之称，然在商代，一般并不作此意，而作狩猎讲，所谓“田猎”。商代牧业就很发达，田字不是后来的禾黍粟麦的田，而是供刍牧狩猎的田。如卜辞记载:

> 土方牧我田十人。(《菁华》2)
> 舌方亦牧我西鄙田。(《菁华》1)

田中栽的是刍牧之物，丰草蓬蓬，因而可诱野兽而至，从而易于狩猎，故狩猎称田猎，卜辞中“田于某地”甚多，《周易》尚有“田有禽”、“田获三狐”等记载。随着农业的发展，改造了大批的荒地，变牧地为谷地，最后田取得了主要作为农田的意义。

从偏旁部首的演化也可探测文化变迁的痕迹。唐兰先生说，汉字偏旁“可以指示我们古代社会的进化。因为畜牧事业的发达，所以牛、羊、马、犬、豕等部的文字特别多。因为农业的发达，所以有草、木、禾、来等部。因为由石器时代变为铜器时代，所以有玉、石、金等部。因为思想进步，所以有言、心等部。我们假如去探讨每一部的内容，恰等于近代的一本专门辞典”①。如甲骨文中从心之字甚少，而至金文则剧增，如爱、慕、忌、恶、忠、愉、憨、惟等，直接触及人的心理深层，这显然是文化演进的产物。

从汉字中我们可以看出古人的生产方式和生活习尚。如辱从辰从寸，辰乃蜃之本字，象蜃蛤之形，寸即手，合之表示手持磨锐之蜃去芸除秽草。推而言之，薅、蓐等字字义也是表示手持蚌壳或磨制的蜃器除草，甲骨文农字从辰从草（或从木），说明以蜃去农耕，为当时农家主事。《淮南子·氾论》中就记有：“古者剡耜而耕，摩蜃而耨。”我国素有以农立国、俗尚起早的习惯，从这组字中也可窥出一点消息。如时辰的辰借蜃为字，这种假借说明中国的农业文化特征，农耕以时又贵时，故而泛化为普通的时间观念。晨，甲骨文像两手持蜃之形，表示早晨的意义，也隐隐透出先人贵早起的习惯，如段玉裁“晨”下注云：“圣人以文字教天下之勤”。晨的这一意义与“人早为卓”②的观念恰有互见之妙。

从汉字中，我们还能看出古人的认识水平和思维特点。现代人都知道虹是大气中的一种光的现象，古人却认为是状似虫的怪物。卜辞有云：“其□㞢设虹于西。”（前7·7·1）“昃亦㞢设，㞢出虹自北饮于河。”（缀存35）《说文》：“虹，螮蝀也，状似虫，从虫工声。”《山海经·海外东经》：“虹蝀在其北，各有两首。”《汉书·燕王旦传》：“是时天雨，虹下属宫中，饮井水，水泉竭。”从语源上看，虹从工声，亦取横而长之意，正如杠（床前横木）、扛（横关对举）、釭（壁中横带）从工声亦表意一样。有趣的是，虹又称蝶蝀，而螮之从带正缘于其形似带的特点。虹或作蚺，蚺之从申，亦如螮之从带。这里突现的正是先人具象、类比的思维特征。

汉字俨然成为中国文化的一面镜子，从中可以窥见中国文化的各个方面，从一个文化质点到一个文化结丛乃至一个整体模式，都可以从中寻出它的蛛丝马迹。汉字为我们了解中国文化的传统打开了一扇重要的窗户。

四、表现功能

①唐兰：《古文字学导论》，齐鲁书社1981年版，第122–123页。

②杨树达：《积微居小学述林》，上海古籍出版社2007年版，第51页。

所谓表现功能，是说汉字的形体具有激越人们情感和表现情感的功能，这是汉字独具的魅力。

汉字是一些原始的符号，原始得犹如化石一般，但千古以来无数人却在它古朴稚拙的形式中流连、吟玩，唤起了美妙的情感，启发了创造热情。诗人刘湛秋曾说："它们可不是僵硬的符号，而是有着独特性格的精灵。……这些有影无形的图画，这些横竖勾勒的奇妙组合，同人的气质多么相近。他们在瞬间走进想象，然后又从想象中流出，只在记忆中留下无穷的回味。这是一些多么可爱的小精灵呵!"①在这里汉字已不是语言符号，而成了和人们情感相通的独特形式。许多外国艺术家在接触汉字中也有类似的感受。据说大导演爱森斯坦创立"蒙太奇"手法就是受到了汉字的启发，他将汉字的两个或两个以上"意象"并置构成一个整体来显示意念的方法移入到电影表现中。美国诗人E·庞德创造意象派，也多受到汉字的影响。汉字这一神奇魅力的根源主要在其形体。我们可以从两个方面来看它的形体特点。

首先，汉字是在象形母体中孳生出来的。汉字先称"文"，后称"字"，许慎说:"文者，物象之本"；"字者，言孳乳而浸多也"。象形是其本，而大量的文字是从象形基础胎生而出的。这种判断基本符合文字发展的事实。在许慎所说的四种造字方法中，象形自不待言，指事是象形基础上于某一点加以强调，会意是通过两个或两个以上象形符号组合来表示意念，形声字所包含的两个部分（义符和声符）也都是象形符号，汉字的注音符号远不像英文等一样只是抽象代码。

当然，汉字在发展过程中有不少渐渐失去了原先的象形特征，但并没发生质的改变。宗白华曾说过："中国字，是象形的。有象形的基础，这一点就有艺术性。原来是象形的，后来中国文字渐渐地越来越抽象。……但是，骨子里头，还保留着这种精神。"②唐兰也认为，汉字的历史发展并没改变它原有的特征。

汉字以象形为基础的特点，使它密切了和外在现实社会的关系。许多汉字来源于对自然的模仿，其形体成为外在世界的凝固形式，人们接触汉字往往像来到自然之中一样，唤起人超出于语言符号的体验。同时，汉字形体凝结着造字者和后代阐释者的许多现实经验，人们在汉字形体中常常能和自己的生活经验联系起来。袁晓园先生曾经

①刘湛秋：《我爱你，中国的汉字》，载《人民日报》1988年12月18日。

②宗白华：《美学漫话》，长江文艺出版社2008年版，第168页。

谈过一个在纽约42层公寓里停电的故事，在这次24小时停电过程中，她一人呆在公寓里，没有灯，没有吃的，更没有水，她突然想到"活"字，生命的"活"，生活的"活"。她说："假如出一个题目用一个字来表示生命不可离开水的话，我想没有一个人想到用'水'作义标来表示，美国人也不知道这样做，就在漆黑的屋子里，我感到了我们祖先的智慧。"[①]也许古人造"活"字，根本就没有活命的意思，但这并不能说明以上这种感受是不真实的。这说明汉字可以刺激人们生命体验。而汉字隶化以后脱离象形又不离象形的特点，更容易产生一种形式张力，驱使人们去复现其有意味的世界。

汉字形体具有表现功能的第二个原因，是因为汉字形体可以转化为一种"生命语言"，即表现生命、表现情感的符号。

拼音文字一般有几十个字母，字母多由圆圈、曲线、直线和斜线构成，一个字母自身没有多少形体变化，只有字母与字母组合成不同单词的变化，因此拼音文字的形体发展受到了限制。汉字的情况却不同，有多少个汉字就有多少个形态，汉字向以形态的丰富性和复杂性著称于世，大多数汉字可分为三级构置：（1）笔画；（2）由笔画构成的偏旁；（3）由偏旁组合成的字。汉字可以说是以笔画为基础的形体，形体分析一直能延及笔画这一元件，这与拼音文字迥然异趣。

书法艺术可以说是直接得汉字形体之便而创造起来的，即是把汉字本来优美的形式加以优美地表现出来，这是汉字对人类艺术的绝大贡献。汉字能从书写符号上升到书写艺术主要源于其线的魅力。从造型心理学角度看，大自然并不存在线条，线条是人对世界的一种抽象，是一种心理的形式，它具有潜在的艺术表现力。汉字以线为主的奇妙组合形式决定其可以成为审美对象。书法将汉字线的世界进行彻底的开掘。汉字线条变化是组合中的变化，字形有各种不同的组合形式，但组成这一形式的线条却是确定的。书法则通过墨的干湿浓淡和线条运动的疾徐涩畅等配合，将汉字线条的外部变化变为内部变化，如横在汉字中一种书体只有一种写法，但在书艺中却具有无限多样的变化形式，和每个书家的气质情绪深相韵和。我们知道线条具有很强的表现力，汉字由于线条内部很少变化，而不能曲尽其妙，书法赋予线无限多样的变化，从而能够表现丰富细微的生命情感，将具有潜在艺术气质的汉字变成真正的艺术品。

①袁晓园：《论中国传统文化》，三联书店1986年版，第395页。

汉字这种潜在艺术表现力还直接影响中国绘画艺术、篆刻艺术等。在绘画艺术中，汉字符码常常搅动画家的锦心绣肠，它扩大绘画形式的内在张力，强化绘画中线的地位，并影响中国画的内在精神。古代艺术家常以汉字为绘画的滥觞。明宋濂在《画原》中说："况六书首之以象形，象形乃绘事之权舆。"中国画以强调线而著称，被西人称为线条至上主义。线条地位的突出来自于书画同源的影响，而在其根源上则感染与汉字以线为主的精神。在另外一方面，在中西现代派艺术中，还出现从汉字这一古老符号中吸取灵感的现象，汉字的精神气元阳在现代绘画中得到了形象的展露，汉字成了致意远古、沟融当今、抒发自我的重要媒介。20世纪80年代，中国的许多画家从汉字中汲取营养，创作了许多极富创意的作品，成为现代美学新潮的重要组成部分，从中也可看出汉字的潜在表现能力。

南开大学历史学院　王先明

第5讲

从风潮到传统：辛亥革命与革命话语的时代性转折

讲演时间　二〇一一年四月二十五日

20世纪以来的“革命话语”呈现出繁复和多变的面相。辛亥革命之后，革命话语已经深入到人们的日常生活之中，几乎事无巨细均要纳入“革命”之范围。当新时代“革命传统”蔚然成风后，革命话语由此渐成普泛化流行语，革命的现代价值与意义却淹没在社会大众的集体行为和政治取向的惯习之中，革命逐渐沦落为造反、起义、暴动甚至权力、利益之攘夺的另一种表述。“革命”话语几乎主导了一切社会生活，而革命的真义却被普泛化的“革命”话语所消解。

一、“文字收功日”：革命成为风潮

“中国之革命发轫于甲午以后，盛于庚子，而成于辛亥，卒颠覆君政。”确切地说，真正意义上的近代革命应该始于辛亥革命，它不仅奠造了推翻帝制的历史成就，而且也开创了中国革命历史的新纪元。从“话语”层面而言，我们则又不难发现，在20世纪以来的中国历史进程中，确实还没有任何话语能比“革命”这一话语更广泛、更久远，更那么刻骨铭心地影响或制约着人们的生存状态和心态。

进入20世纪的中国历史，一开始张扬出的旗帜就是“革命”。在新世纪的第一年（1901年），《国民报》第1期发表的《二十世纪之中国》文章就揭示了“革命”言说，号召“种吾民革命之种子，养吾民独立之精神，而可一言以蔽之曰：民权而已。”预言20世纪乃革命之世纪！“天下之是非有定乎，革命之起也，孰不谓之为大逆不道，彼倡之者，岂预知将来之必户祝之、户祷之也。”庚辛之际，中国历史进入一个新的转折点。此后，革命话语逐步推演为时代性话语，它使得19世纪人们相率乐道的“师夷”和“自强”话语开始失去主导价值，如梁启超所谓：“近数年来中国之言论，复杂不可殚数。若革命论者，可谓其最有力之种也已矣。”

“革命”是中国百余年来使用频率最高的词语之一，已然构成标领时代的中心话语，不仅仅是革命党人的言说如此，即使是属于保皇党的康有为，也很难对革命“话语”直接发难。

革命言说浸润于社会生活的各个层面，最终聚合为席卷整个社会的风潮，实得力于近代书刊报纸的传媒推动。当光绪三十年左右，革命空气，已经弥漫全国。一般热忱国家民族的志士，多趋向革命新潮，直接间接的去活动，共同唤醒国人，推翻清朝专制的君主政府。于是各省市多有学会或刊物从事联络与宣传。当时的上海成了留日学生行前的主要出发地和回国后的重要居住地，成为国内翻译和出版日本书籍的主要地区和革命派在国内的最大宣传中心。

当时，年轻的革命党人曾有预言：“文字收功日，全球革命潮”。这个预言很快得以实现，“自由花发春何处，革命风潮卷地来”[①]。

革命话语以其极为广泛的意义和多样化的释义流布于社会大众之中，在逐步超越革命党人的理论范畴，并最终突破了“革命”与“保皇”论争的立场后，迅速推演为一种社会风潮。

首先，即使在当时的中小学讲堂上，革命言论也广而传之。其次，革命话语在清政府的官员乃至皇室宗亲中，也有一定程度上的认

①丁初我：《女子家庭革命说》，《女子世界》1904年第4期。

同。最后，革命已经作为一个“公共话语”而存在。

某种意义上而言，清政府之崩溃并不完全在于革命起义力量之强壮，而是被从风靡的“革命话语”即“全球革命潮”所淹没。直到20年代末，人们仍然对于如风如潮的“革命话语”有一种心向往之的感受。

二、“同志仍须努力”：革命蔚为传统

辛亥革命在极短的时间里完成了以共和民国而替代皇帝专制的制度更迭，这一事实本身就宣示并强化了孙中山关于革命的时代价值的认定：革命乃“世界潮流，浩浩荡荡，顺之者昌，逆之者亡”。辛亥革命之后，革命话语发生了历史性转折——不再体现为一种引领时代的风潮，而演变为一种社会性的景从或心理崇奉。

辛亥革命之后，革命之价值和意义逐步氤氲为人们生活中的主导性选择，并由此成为一种新的传统——即以革命传统取代了旧时代的伦理传统。革命话语演变成为社会公认的价值取向，一直到1924年国民革命（亦称大革命）运动的兴起，革命几乎席卷了整个社会阶层。这个时期革命成为时代风尚，也成为人们价值评判的唯一尺度，尤其是当历史的建构也被“革命话语”主导后，它几乎就成为整个时代或全民族的价值取向了。

正是这种无处不在又无时不在的“革命传统”的潜移默化，造成“国中文治派，无展布余地，有志者从事文字革命”，“种后打倒北洋军阀之因。”革命之成为传统，它的影响及其作用就不再体现为学理之解说或思想之论辩（如辛亥革命前革命与保皇之论争），而成为弥漫于整个社会的一种不约而同的自觉或不自觉的取向。

民国时期，随着历史的前行，一个明显的趋向即是将“革命”的历史追溯一而再再而三地向前推移，形成“层累”建构的中国革命史。其后，更晚出的革命史不仅将“中国革命”的起源归结为基督教的传播。及至后来，更有以“革命传统”来观照整个中国历史的：“革命之在中国发生，已是二千余年以前的事了。”当曾经的“风潮”或思想被转变为“传统”之后，革命无论从话语还是行为上而言，就成为不断的、持续的，甚至是习惯的选择。辛亥革命及其以后的二次革命或推倒袁世凯的“再造共和”的持续的“革命”，即使取得功效，也只

不过是“革命时代”甚或“革命历史”的一个阶段，诚如鲁迅所体认的那样：以上的所谓“革命成功”，“是指暂时的事而言；其实是‘革命尚未成功的’。革命无止境……”因此，“不断革命”或“继续革命”就成为这个时代“革命话语”的新的特征：“但革命是求进化，革命是无时间性的。今天所谓‘新’者，明天即变做‘旧’；今天合于时势，明天即不合于环境的要求；其所要迭次起来革命者……革命即是造成时势，时势来要求革命；所以革命与时势乃互相为因果。世界无尽时，即革命也无已时，所以革命是无时间性的。”

三、普泛化：革命话语与日常生活

20世纪20年代，面对已经成为口头禅的“革命话语”，人们不免产生疑惑：“革命如果为赶时髦的，革命如果为求快意的，这革命还有什么意义呢？”但是，“革命传统” 又体现为人人追逐的“时髦”，这种社会现象的悖论恰恰又是历史逻辑的展开。1928年2月2日上海《中央日报》开辟“摩登”专栏，发表《摩登宣言》，以Modern（即“现代”）为旗号，称颂国民党是“摩登革命精神之产物”，同时进之以箴言，说如果国民党“能以国民之痛痒为痛痒”，就称得上“摩登”，否则“腐化恶化，自速其亡”，那就是“不摩登”。

辛亥革命之后，各种关于革命的生意如旗帜、书籍、明信片、剪发用品等多如牛毛，遍地开花。这些生意也以直接或隐秘的方式进入了城市民众的日常生活。“革命话语”普泛于生活的各个场景，这在鲁迅笔下也有形象而生动的描写：（为欢迎国民革命军的军官）“人民代表群集车站欢迎，手执国旗，嘴喊口号”，被社会舆论渲染为“革命空气，非常浓厚”。人们的整个生活都被“革命”所笼罩，生活中的革命和革命的生活几乎无可分离。暴动的农民不仅给地主戴高帽游街，也不仅杀死他们的猪，吃光他们的粮食，而且也要躺在地主小姐的牙床上滚一滚。革命不是请客吃饭，而是乡村的一个节日。

其次，与旧时代截然不同的景象更鲜明地体现在年轻女性群体中。革命化的女性更加引人注目，她们身穿制服，宣称男女平等，宣传放足、剪发和年轻人有权自主婚姻，组织起妇女协会。这些事实表明，是强烈的革命情感使她们如此行事。

最后文学生活中更是充满了革命话语。20年代末的文学表述中，

“革命”被赋予特定的含义，正是在这样的历史语境中出现了“革命文学”的论争。1928年初，由太阳社的钱杏村、蒋光慈创办了《太阳月刊》，其《卷头语》开篇即号召：“弟兄们！向太阳，向着光明走！……我们相信黑夜终有黎明的时候，正义也将终不屈服于恶魔手。……倘若我们是勇敢的，那我们也要如太阳一样，将我们的光辉照遍全宇宙！”列奥·李在《中国作家的浪漫一代》中说到郁达夫的发现：“一种革命职业的出现，可能只是因为微不足道的情欲，它的培育与一位温柔纯洁的女子的爱无法分开。那种情欲如果扩展开来，其热情足以烧毁暴君的宫殿，其强烈足以摧毁巴士底狱。”

文学之外的学术领域也同样充斥着“革命话语”。如“文字革命论”的提出：“总之，方块字是反现代、反科学、反民众、反世界的大怪物，要使中国成为现代的、科学的、民众的、世界的中国，绝对地首先把方块字废除。”

四、比较与反思：被遮蔽了的“革命”

20世纪的“革命”话语在纷乱歧变中形成了自己特定的演变轨迹，而辛亥革命则是其时代性转变的历史节点。

一个显见的历史性转变是，辛亥革命之前，正是孙中山通过对“革命”的近代释义，将其与造反、起义、光复和暴动等传统话语相区别。然而，辛亥革命之后，当新时代“革命传统”蔚然成风后，革命话语由此渐成普泛化流行语；革命的现代价值与意义却淹没在社会大众的集体行为和政治取向的惯习之中，革命逐渐沦落为造反、起义、暴动甚至权力、利益之攘夺的另一种表述。

在近代革命话语与传统造反话语兴替交错的历史演进过程中，蕴含其中的时代价值与意义呈现出明显的提升和沦落的两种趋向，而这种时代性分界则是辛亥革命。面对日呈流俗的“革命”与造反（以及正义、暴动等）的浑然难别，近代革命的真义或本义终被消解或遮蔽。

当革命成为传统并弥漫于整个社会生活，革命话语成为人人可用，却又时时可变的评判工具后，历史的悖论与现实生活的矛盾、冲突就更加令人困惑不解。

“革命”与反革命的标线，完全以“自我”而设定，如“哪一个是真正的国民革命”，“哪一个是反革命？”且不说国共两党之间的对峙与角力，就是国民党内部也是纷纭多变。

何谓革命？又何谓反革命？“革命，反革命，不革命，”目睹了借助于革命与反革命话语而上演的一出出极端而庸常的活报剧，精于梳理复杂世象的鲁迅，也难免困惑不解：“革命的被杀于反革命的，反革命的被杀于革命的。不革命的或当作革命的而被杀于反革命的，或当作反革命的而被杀于革命的。或并不当作什么而被杀于革命的或反革命的。”

20世纪之初，革命话语一经出现即带有与生俱来的普泛性特征，这在当时执舆论之牛耳的梁启超关于“革命”的释义中就有着经典性的解说：“凡群治中一切万事万物莫不有焉。”因此，“则宗教有宗教之革命，道德有道德之革命，学术有学术之革命，文学有文学之革命，风俗有风俗之革命，产业有产业之革命。”对于当时革命话语的普适性问题，梁启超也有深切之感受：“即今日中国新学小生之恒言，固有所谓经学革命，史学革命，文界革命，诗界革命，典界革命，小说界革命，音乐界革命，文字革命等种种名词矣。”

在一个人人思变的时代里，将一切变动之现象或历史均纳入“革命”话语之中，使革命一词成为人人得而言之，人人得而用之的话语，确曾助推了革命话语或革命思潮的风行。不几年，“文字收功日，全球革命潮”的大势已成，未始不与此密切相关。它以历史的喜剧而成就了革命本身。辛亥革命后，社会现实仍然促动着历史的大潮沿着“二次革命”，“再造共和”、北伐革命……乃至各种各样“继续革命”的轨迹前行。历史运行的惯性将“革命”——曾经引领时代的思潮，转变为无须论辩的传统（革命思潮时代，尚有保皇与革命之论争），以至于所有站在时代潮头或试图站在时代潮头的社会集团和政治力量，几乎都无例外地以“革命”话语来构建自己的时代合理性和合法性：无论权争、党争，甚至经济利益的锱铢较量，却都无不以“革命”的名义进行。从而，在20世纪形成的独特的“革命传统”，就变成超越历史上久以存在的“伦理传统”，成为一个世纪性的话语。“革命”话语几乎主导了一切社会生活；而革命（尤其是近代革命的）的真义却被普泛化的“革命”话语所遮蔽。这是历史的悲剧！当然，为悲剧而付出的代价却长久而深远！

革命，尤其是近代革命本来只是近代历史的产物，它既有着真实的历史内容，也有着学理上可以把握和界定的意涵与边界，并不是历史上的一切造反、起义、暴动均可归结为革命。孙中山以及辛亥革命之所以赢得划时代的地位与意义，正在于它从根本上完成了从传统造反（起义）向近代革命的历史性转折，抽离了“要其一贯之精神，则为自由、平等、博爱”的时代价值，又何言革命，尤其是近代革命。对此，梁漱溟有着真切的认识。他说：“以一新构造代旧构造，以一新秩序代旧秩序”来说，“辛亥一役应承认其为革命。它并且是中国封建解体后唯一之革命。”

革命并非日常生活的常态，同时，日常生活轨迹亦不能与革命运动始终重合。对此，留给我们尚待思考的问题和历史的建构或许还很多，需再做深入研究。

安徽师范大学文学院 李敏

第6讲

回忆战斗岁月，述怀革命春秋

——纪念中国共产党成立90周年

讲演时间 二〇一一年五月十二日

李敏老师现今已年近九旬，但仍思维敏捷，精神矍铄，同时又不失风趣幽默。他以一句“Good evening everyone”开场，拉近了与台下同学们的距离。在两个多小时的讲座中，李老生动形象地讲述了自己在革命年代的亲身经历：小学时“九一八”事变爆发，中学时抗日战争全面爆发。面对山河沦陷的惨烈景象，尤其是当家乡山东烟台被日本军队侵占后，不愿做个“顺民”的李敏同千万青年学子一样，怀着满腔抗日救国的热情继续求学，立志救国。从山东到四川，没有交通工具，他们只能徒步翻山越岭；没有像样的住宿和伙食，只能在饥一餐饱一餐中和同伴们相互扶持。几年间，流亡学生们想方设法突破了重重封锁线，辗转千里终于来到了陪都重庆，李敏考入了当时迁移到大后方的复旦大学。在为数不多的几座保存下来的高校中，读书氛围在淮海战役支前司令部研究新民主主义，后又参与到战俘的再教育中。

新中国成立后，各地开始兴办学校，培养人才，为新中国的成立做准备。李敏先后在华东大学皖北分校、皖北师范学院工作过。1954年，李敏来到当时的国立安徽大学，也就是现在安徽师范大学的前身，在政治处宣教科任教，教授中国革命史。

来到师大后，李老将自己的一切无条件地奉献给了师大。粉笔无言写春秋，桃李不言自成蹊。几十年来，李老教过的学生不计其数，可谓桃李遍天下。不仅是教书育人，在李老的师大岁月中，还有一件事不可不提：

1975年，重病中的周恩来总理批准了国家辞书编纂规划，要求十年内编写160种中外文字词典。1976年春，任务下达，名列规划首位的《中华大字典》交于“五省一市”（山东、浙江、江苏、安徽、福建和上海市）进行编写。这部高标准的词典反映了新中国成立以来中国各方各面取得的伟大成就和汉语研究的最新成果，工程浩大。在当时没有电脑及相关电子编辑技术，没有网络资源的中国，这是一项“硬活”，只能靠专家、学者搜集毕生所学资料，将所有汉字按部首分工，一字一词地分类整理成卡片，再统一编集成文本。

那时刚经历过文革的李敏从农村回到了师大继续工作，参与到了张涤华先生的编纂团队中。为完成这一浩大的工程，他们夜以继日地工作。“最开始，我们‘看书搜字’。各个工作小组都有分配的任务，在制定的书目，比如鲁迅的经典作品中择取单字，摘抄整理与这个字相关的句子，再整理成卡片，按部首分类后按条类归纳，为每个词以不同的意向下定义。这项工作持续了几年，当时看过的书都数不清了。”李老回忆起当时的工作经历，笑着对我们说：“如果我们当初没有那么努力，你们或许到现在还用不到一本权威的字典。”

光阴似箭，岁月如歌。1987年，年逾花甲的李老虽然光荣退休，但依然关心学生，仍坚持每天读书看报、关注时事和社会发展。李老热心从事关心下一代工作，继续为学校发挥余热，尽自己所能及的一份力。隔三差五，就有学院来邀请李老来为他们做专题讲座。就在不久前，李敏老师还为化材学院的同学们分析了“大学的使命和大学的责任”，鼓励他们在这座徽风皖韵的大学中将师大质朴的学风代代相传，把母校建设得更美好。

数度春风化绸缪，几番秋雨洗鸿沟。即使岁月的痕迹爬满了额头鬓角，这位年届耄耋的老人却依然心系学生，情笃师大，甘愿为工作了五十多年的师大继续奉献自己的力量。蚕丝吐尽春未老，烛泪成灰秋更稠。无论是青年时代的意气风发，抑或是如今的淡然睿智，李老始终不曾改变的就是对国家深深的爱和对教育的执着追求。在采访的最后，李老依然不忘勉励我们要虚心踏实地学习，时刻关注国家和社会发展。隐而不退，离而不休，李老用自己的热血和丹心谱写了一曲教育界的夕阳红。

（校记者团：梁骏 吴双 陈娟）

上海最世文化发展有限公司　郭敬明

第7讲

我的创作人生

讲演时间　二○一一年五月二十八日

5月28日下午，敬文讲坛2011年第七讲在敬文图书馆东门广场举行。本讲由我国青年文学领军人、《最小说》主编郭敬明和大家谈“我的创作人生”。由于郭敬明过高的人气，到场听众过多，活动临时由敬文图书馆国际学术交流中心更换到更为宽敞的东门广场举行。

交流中，郭敬明表示自己不会太看重自己的身份定位。郭敬明目前有多种身份，如作家、出版人、董事长、词作者、编剧、淘宝店代言人等，但他表示最喜欢的还是写作，因为这是他的老本行，是他从小就热爱的事情。郭敬明透露，他目前正在创作《小时代3.0》，也是该小说的终结版。当问及如何看待被称为“最成功的作家”时，郭敬明认为，人们的写作风格不同，大家的爱好不同，成功的标准也不尽相同。有人以销量作为作品优秀与否的标准，而我之前有几部作品销量不错，所以有人认为我是最成功的，但我不完全同意这种看法。对于给一些歌手创作歌词问题，郭敬明表示，自己只是应好友的邀请偶尔客串，不会专门转型歌词创作。有读者提出郭敬明的部分作品充满了浓郁的悲伤情绪，是否与生活中的不愉快经历有关，郭敬明回答说小说只是艺术创作，并不是自己的生活写照。

活动现场人气“爆棚”，有读者带来了郭敬明的书，有的举着贴纸海报，还有的拉起了横幅。有同学表示，能和自己喜欢的作家现场交流，是件令人兴奋的事，通过与郭敬明的直接交流，也使自己对偶像及文学的热爱变得更加理性、现实。

附：

我只做郭敬明①

我 17 岁就出道了。那个时候年纪小，连新闻里说一句我不好的话，我都会难过很久，更何况是编一些我完全没干过的事情，就更崩溃了。那时候心情很不好，也会跟爸妈诉苦，跟周围的朋友说为什么会这样，我明明没有说这话，明明没有做这事儿，为什么写出来会是这样?但是渐渐地发现，其实这些都很快就过了，留不下什么痕迹，如果整天被这些事情困扰，就没有精力去做自己想做的事了。所以后来就渐渐不管了，因为久了你就会知道，哪怕再恶劣的新闻，它一瞬间就会被更恶劣的新闻所取代。

我们确实没有经历过什么生死存亡的事情，之前跟黄永玉老师聊天，采访秦怡老师，他们都聊过年轻时经历的战乱、饥荒，这些确实我们没有经历过。我们经历的是什么？高考的压力、学业的困惑、独生子女的孤单，这种东西好像很微不足道，跟前辈经历的那种大时代的动乱很难比，那没有办法，这就是我们的事情。所以我只能在我的生活里面写我觉得悲伤的东西。

但你不能说，在我们的世界里，因为没有经历过战乱，就不能体会悲伤。我写我自己世界里的东西，上一辈的人也体验不了独生子女的感觉，你们从小就是兄弟姐妹围绕在身边，你们知道一个人是什么感觉吗？知道家里父母只有你一个孩子，对你望子成龙的期待吗？这种压力你们能体会吗？高考制度下是什么感觉？你们不知道。你不能

① 作者：郭敬明。原载《意林》2010年第20期。

要求我们放弃自己擅长的东西，去写你们擅长的，我不要用自己的鸡蛋去跟你们的石头碰。

每个人的承受力，包括我们这一代人精神的脆弱程度，你无法想象。跟上一辈人是不一样的，上一辈人单纯地生活在一个大环境里，大家都穿一样的衣服，做同样的事，看一样的书。但是到了我们这个年代，每一个人的心灵隔阂与成长轨迹都相差十万八千里。我还是说希望每个人都能更宽容，不要因为我不了解你的东西，或者我看不懂你的东西就去质疑，如果这个东西真有几百万人、几千万人在喜欢，那它一定有它的价值，无论这个价值是大是小，无论这个价值是不是属于你所熟悉的年代，你都不能全部去否定它。

真实的我就是崇尚名牌，我也不想去掩饰，每一次要拍照时，我就换一身特别廉价的、朴素的衣服，给大家扮演一个好好学生的形象，我觉得没必要，如果你认为崇尚名牌是缺点，那我也不想掩饰这个缺点，我也让你看到我不是一个完美的人，我也有很肤浅、很讨人厌的地方，我不是完美的标本，我是一个真实的人。

我不想扮演一个意见领袖，我觉得已经有人在做了，而且做得很好，大家也很喜欢，我干吗非要自己也扮演成他那样。就像我现在是一个成功的主编，一个优秀的出版人，策划了大量的畅销书，但是我不能对每一个人都说，你也必须像我一样，你也来做主编，你也来做畅销书，那就乱套了，各自做好自己最擅长的事情，各自做好该做的事情，我觉得就OK了。

我是迷恋财富，但是不等于我丧心病狂，我没去杀人赚钱，我辛苦劳动，每天睡四五个小时，辛辛苦苦付出，如果这样我都还不能赚钱，那就太不公平了。几年以来我都没有旅游过，我没有跟爸妈过过一次生日，我一个假期都没有，我一直都在工作，如果我都还不成功，那这个世界就没有公平可言了。

我在完成自己一个又一个目标，实现自我价值。我只会一步一个脚印地按照我的规划去完成。

安徽师范大学政治学院　王先俊

第8讲

中国共产党创建的几个问题

——纪念中国共产党成立90周年

讲演时间　二〇一一年六月二日

王先俊教授从中国共产党创建的历史起点和逻辑起点出发，围绕中国共产党成立的历史必然性，以大量翔实的历史事实，严谨的逻辑思维，周密的语言组织，前沿的学术动态，客观的历史评价，引经据典，史论结合，深刻论述了中国共产党产生的社会历史背景和重大历史意义，详细分析了中国共产党产生的阶级基础、思想基础和组织基础，阐述了“五四”运动和中国革命的关系，明确提出了中国共产党的产生是近代中国革命发展的必然要求，是马克思主义与中国工人运动相结合的产物，是中国社会历史发展的必然趋势。同时对中国共产党“一大”的召开，中国共产党早期组织的建立，陈独秀、李大钊的历史地位和作用等理论研究热点问题给予了客观阐述。王先俊指出，近代中国工人阶级既具有一般的世界无产阶级的普遍特性，也具有中国社会的特殊性。中国工人阶级的产生发展和中国工人运动的发展壮大经历一个由自在到自为，由自发到自觉斗争的变化发展过程，中国工人阶级只有同马克思列宁主义相结合，才能凸显中国工人阶级的阶级意识，形成统一的革命思想和革命愿望，才能推动中国革命取得胜利。

王先俊强调，中国共产党的成立顺应历史潮流，符合人民意愿，具有历史必然性。中国人民在中国共产党的领导下经过革命、建设和改革的风雨历程，终于迎来了辉煌90年的今天。广大青年学生应该深刻把握历史知识，牢记历史使命，总结历史经验，发挥以史为鉴，资政育人的作用。同时，面对纷繁复杂的历史现象和良莠不齐的历史材料，广大学生应学会使用分析、甄别和总结的研究方法，在充分占有史料的基础上做出客观准确的价值判断，不断探寻和把握党史发展和研究的规律，以正确的方法指导实践。

附：

党的创建时期马克思主义中国化的特点①

马克思主义中国化，究其实质，是指把马克思主义基本原理同中国革命和建设的实际相结合。马克思主义中国化是一个动态的历史进程，而党的创建时期则是这一进程的开端。对这一时期马克思主义中国化的特点进行研究，不仅有助于我们对这一时期马克思主义中国化其他问题的理解，也有助于加深对整个马克思主义中国化历史进程的理解，进而为推动新世纪、新阶段马克思主义中国化提供历史借鉴。

一、由于救亡图存的迫切需要，使党的创建时期马克思主义中国化与马克思主义在中国的广泛传播相伴而行

鸦片战争后，中国逐步沦为半殖民地半封建社会，民族危机日益加深，救亡图存成了近代先进的中国人所必须解决的首要问题。如何解决这一问题，从思想文化层面看，突出的表现就是学习西方先进的

① 作者：王先俊，曹明臣。原载《南都学坛》2003年第3期。

思想文化。同时也由于“救亡”这一社会现实的急迫需要，中国人学习西方先进的思想文化并不是仅仅停留在一般“学理”的探讨上，而是伴随着对这些“学理”的实际运用，伴随着用这些“学理”去分析和解决中国的现实问题。一边学习、一边实践；学习与实践几乎是同步的，也就是说理论的学习与将这一理论“中国化”几乎是同步的，这是近代先进的中国人向西方学习中一个非常明显的特点。当然，真正实现“中国化”还需要能够“中国化”的实践主体。中国人学习和传播进化论与资产阶级民主主义思想是这样，学习和传播马克思主义，情况也是如此。具体来说：

首先，马克思主义在广泛传播的过程中开启了中国化的历史进程。

马克思主义作为一个动态的历史进程，其核心是不断地将马克思主义的基本原理同中国的实际相结合。因而，先进的知识分子从理论和行动上转变为马克思主义者的同时，就开始用马克思主义的眼光来审视和分析中国的现实问题，并以马克思主义为指导去从事改造社会的实践活动，在实践中把马克思主义同中国实际结合起来，表明马克思主义中国化的历史进程已经开始。基于这样的认识，这种“开始”，由于救亡图存的迫切需要，是在马克思主义广泛传播的过程中实现的。

马克思主义作为一种科学的理论，在被介绍到中国来后与中国的实际相结合，不仅是马克思主义理论的自身要求，也是中国救亡图存的必然要求。但开启马克思主义中国化的历史进程，根本的还是要有实现将马克思主义同中国实际相结合的实践主体，即一定数量的马克思主义者。这一条件，在马克思主义广泛传播之前，是无法具备的。毛泽东在1945年所作的《中国共产党第七次代表大会工作方针》的报告中曾提到:“以前有人如梁启超、朱执信，也曾提过一下马克思主义……朱执信是国民党员，这样看来，讲马克思主义倒还是国民党在先。不过以前在中国并没有人真正知道马克思主义的共产主义。”可见在十月革命之前，马克思主义在中国仅仅被“提过”，中国人并未真正接受马克思主义，并未转变成为马克思主义者，更不用说马克思主义中国化了。这是因为当时马克思主义并未在中国传播开来，它只是被当作一种思潮来介绍，影响也很小。只有在十月革命之后，马克思主义在中国得到了广泛传播，中国人才开始逐渐接受马克思主义。在马克思主义传播过程中，特别是经过关于社会主义的三次论战，一批以救国救民为己任的进步青年，初步感悟到马克思主义这一理论的科学性和真理性，认清了马克思主义与一切非科学社会主义的本质区别，认识到只有马克思主义才能救国救民并从根本上实现社会改造的目标，他们选择了马克思主义，并转变为马克思主义者，从而为马克思主义中国化提供了一批“结合”的实践主体。又由于现实斗争的紧迫性，他们几乎是在转变的同时，就迅速投入到马克思主义与工人运动相结合和创建中国共产党早期组织的行动中去，从而在实践层面上开启了马克思主义中国化的历史进程。

其次，马克思主义中国化又推动了马克思主义在中国进一步的广泛传播。

马克思主义与中国工人运动相结合就是马克思主义中国化在革命实践层面的开始，它的直接成果是各地共产主义小组的成立及后来中国共产党的创立。各地共产主义小组的成立与中国共产党的创立，一方面促进了马克思主义与工人运动的结合，促进了马克思主义中国化的进程；另一方面又积极推动了马克思主义的广泛传播。例如，上海共产主义小组成立后，于1920年8月15日创办《劳动界》周刊，对工人群众进行通俗的马克思主义宣传教育。之后又开办了劳动补习学校，以提高工人们的觉悟，并在此基础上组织起来。1920年11月21日成立了上海机器工会，这是上海共产主义小组领导下的第一个工会，随后又组织成立了上海印刷工会、纺织工会等，并出版了工会刊物《机器工人》和《伙友》。北京共产主义小组的情况也相类似。1920年11月7日，北京共产主义小组创办《劳动音》周刊。另外，还举办“长辛店工人俱乐部”，出版《工人周刊》杂志。其他共产主义小组的情况也大致如此。对于成立初期的中国共产党来说，情况就更是这样。中央局在上海成立的人民出版社，先后出版了马克思、恩格斯的《共产党宣言》、列宁的《劳农会之建设》等著作以及“共产主义丛书”，进一步宣传了马克思主义。在工人运动方面，中央局于1921年8月11日在上海成立了中国劳动组合书记部，以实现对工人运动集中统一的领导，同时出版机关刊物《劳动周刊》。

总之，党的创建时期马克思主义中国化和马克思主义在中国的广泛传播是相伴而行的。一方面，“五四运动后到大革命开始前的四五年，是马克思主义得到自由广泛传播的一段黄金时期”另一方面，这四五年又恰恰是马克思主义中国化开始的一个时期。

二、由于共产国际对各民族殖民地解放事业的支持，使党的创建时期马克思主义中国化深受共产国际的影响

共产国际是在十月革命之后，成立的“一个真正革命和真正属于无产阶级”的国际组织，它是“一个公开的群众性行为的国际，是一个实现革命的国际，一个创建事业的国际”。其任务在于“团结世界无产阶级的一切真正革命政党的力量，从而促进并加速共产主义革命在全世界的胜利”。它号召:“全世界的无产者在反对帝国主义兽行、反对帝制、反对特权等级、反对资产阶级国家和资产阶级所有制、反对各种各样的阶级压迫或民族压迫的斗争中联合起来!”，“全世界的无产者，在工人苏维埃的旗帜下、在夺取政权和实行无产阶级专政的革命斗争的旗帜下、在第三国际的旗帜下联合起来!”从共产国际的性质和宗旨看，对中国革命的帮助是共产国际工作的一个重要组成部分。同时，正是这种帮助推动了马克思主义中国化的历史进程，使马克思主义中国化在实践和理论两个层面都取得了初步的成果。

各地共产主义小组的成立及后来中国共产党的创立，是马克思主义与中国实际相结合在革命实践上的成果，而这一成果是在列宁和共产国际的直接帮助下完成的。一方面，列宁和共产国际为中国共产党的创立给予了正确的思想理论指导。首先是正确的建党思想的指导。中国共产党之所以一开始成立就能按照列宁的原则建成布尔什维克式的党，避免了欧洲共产主义运动中改良主义的影响，根本原因就在于此。另一方面，列宁和共产国际通过各种渠道，主要是派出代表人员来华，直接参与了中国共产党的创建工作。中俄交通打开后，1920年3月，正当中国的先进知识分子积极筹备建党的时候，经共产国际批准，俄共(布)远东局海参崴分局外国处派出全权代表魏经斯基等人来华。在其帮助下，1920年8月，在上海成立了中国共产党发起组。接着，魏经斯基又到各地给予具体指导，联络和推动了各地共产主义小组的建立。1921年接替魏经斯基的尼科尔斯基和共产国际代表马林抵华后，立即投入了筹建中国共产党的工作。在他们的帮助下，1921年7月召开了中国共产党第一次全国代表大会，宣告了党的成立。中国共产党的成立，是顺应中国革命发展的客观要求而发生的重大历史事件，而这一事件的发生无疑是与共产国际的直接帮助分不开的。

中国共产党自成立起就高举马克思主义的大旗，从此中国革命有了正确的指导思想。但要实现对中国革命的成功领导，中国共产党还必须在马克思主义指导下结合中国具体的革命实际，制定出正确的革命战略和策略。而这种革命战略和策略的制定以及由此带来的党对中国革命规律认识上的飞跃，实际上也是在共产国际的直接指导和帮助下实现的，其突出的表现就是作为马克思主义与中国革命实际成功结合的党的民主革命纲领和民主联合战线策略的确立。

1922年1月召开的远东各国共产党及民族革命团体第一次代表大会传达了列宁民族和殖民地问题的理论，共产国际东方部主任萨法洛夫依据列宁关于东方革命的理论明确提出"现在中国劳动群众和群众中进步分子——中国共产党——当前的第一件事便是把中国从外国的羁轭下解放出来，把督军推倒，土地收归国有，创立一个简单联邦式的民主主义共和国"的思想。从此，我党对中国革命的看法有了新的转变。正如张国焘所讲的："这次大会把帝国主义与中国的反动势力联结在一起……确认中国的反动势力只是外国帝国主义的工具；中国革命运动要能有成就，必须从反对帝国主义下手。""中国共产党一向认为社会革命是它的主要任务，反对帝国主义的爱国运动只是一个附带的要求。经过这次大会，确认了反对帝国主义是应该立刻开始的主要活动……在这个新看法确立之后，中国共产党的政纲就易于规定了。"中国共产党人在此次大会思想的指导下进一步研究中国革命的实际问题，在短短的几个月时间里就正确指出了中国革命"应分两步去做"：第一步是反对帝国主义和封建主义，"促成中国真正独立"；第二步是"推翻有产阶级的统治"。根据这一认识，1922年7月召开的党的"二大"制定了党在民主革命阶段的纲领。这是中国共产党在共产国际的帮助下所取得的将马克思主义中国化的重大成果。

与民主革命纲领密切联系的民主联合战线策略的确立也是与共产国际的直接指导和帮助分不开的。在党的"一大"上，曾就当前要不要联合其他阶级政党反对共同的敌人展开过辩论，结果是反对的意见占了上风。但拒绝和其他党派合作的认识在党内很快就得到纠正，并迅速形成了与其他民主党派建立联合战线的主张。能够在政治主张上实现这样的调整，主要是得益于列宁关于民族和殖民地问题的理论。1922年1月《先驱》杂志在其创刊号上发表了题为"第三国际对民族殖民地所采取的原则"的译文，初步介绍了列宁这一理论的基本内容。1922年1月召开的远东会议贯彻了列宁的这一理论，大会提出必须建立广泛的革命统一战线。大会期间列宁抱病接见中国代表并和他们讨论了国共合作建立革命统一战线的问题。此后，我党在1922年6月15日发表的《中国共产党第一次对时局的主张》中公开宣称愿意与孙中山领导的国民党建立民主革命联合战线，并在“二大”上通过《关于“民主联合战线”的决议案》，确定了同国民党实行合作的原则。1922年11月共产国际“四大”深入讨论了建立反帝统一战线的策略问题，推动了党的统一战线策略的制定。1923年1月12日共产国际执委会通过的《共产国际关于中国共产党与国民党的关系问题的决议》，即所谓《二月决议》，进一步规定了国共合作的方针、政策，为党的“三大”确定国共合作的基本方针奠定了基础。而当时在中国的共产国际代表马林，为贯彻列宁和共产国际的统一战线策略思想，促成国共合作，做出了突出的贡献。

三、由于早期共产主义者自身的不成熟及共产国际在此问题上认识的不足，使党的创建时期马克思主义中国化有一定的自发性

成立初期的中国共产党人，没有自觉地认识到把马克思主义与中国实际相结合的必要性，这不仅是党的创建时期马克思主义中国化的一个特点，也是党成立后很长的一段时间内马克思主义中国化的一个特点。这一特点在党的创建时期表现得尤为明显。

当然，我们不能否认有些早期共产主义者对马克思主义与中国实际相结合的必要性已有一些初步的认识。如李大钊在强调马克思主义是“世界改造原动力的学说”的基础上，指出:“一个社会主义者为使他的主义在世界上发生一些影响，必须要研究怎么可以把他的理想尽量应用于环绕着他的实境，所以现代的社会主义，包含着许多把他的精神变作实际的形式使合于现在需要的企图。”类似的想法在其他人如瞿秋白、蔡和森等人的文章中也有过表述。但是，这种认识所产生的影响并不是很大。在党的创建时期，早期共产主义者对马克思主义必须与中国实际相结合的认识实际上是非常不够的。他们更多是在不自觉的情况下推动着马克思主义中国化的进程。只是到了1938年毛泽东

同志在六届六中全会上第一次正式向全党提出“马克思主义中国化”的任务并被全党接受之后，才标志着中国共产党作为一个整体把马克思主义同中国实际相结合，提高到一个自觉的新阶段。在党的创建时期，正是因为早期共产主义者对马克思主义与中国实际相结合的认识存在上述不足，所以在实践中往往不是主动地去实现这种“结合”，而是照搬俄国的革命经验和仰赖于共产国际的指导和帮助。

之所以出现这样一种状况，主要是与党的自身情况分不开的:

其一，中国早期共产主义者马克思主义理论准备不足。1941年7月，刘少奇在《答宋亮同志》一文中，就曾十分透彻地论述过党的理论准备不足的问题，指出:“中国党有一极大的弱点，这个弱点，就是党在思想上的准备，理论上的修养是不够的，是比较幼稚的。”在党的创建时期，情况更是如此。造成这种状况的原因是多方面的，其中一个重要的因素，就是由于紧张的政治局势和救亡斗争的需要，中国早期共产主义者在主客观上很少有足够的条件去进行深入的理论思考和研究，而更多的是把他们的精力和时间放到了急迫的斗争实践中去。另外，就时间上看，从五四时期中国早期共产主义者接受并宣传马克思主义到党的“一大”召开，也不过3年左右时间。而俄国，从普列汉诺夫于1883年组织劳动解放社到1898年俄国社会民主党第一次代表大会召开，足足有15年。相比之下，中国共产党的理论准备时间要短得多。再有，由于当时条件的限制，要在中国当时的出版物中去研究马克思主义学说，差不多是不可能的。这也是影响当时共产主义者马克思主义理论准备不足的一个影响因素。由于理论准备的不足，使得中国早期共产主义者在从事革命实践活动中只能更多地去搬用俄国的模式。

其二，中国早期共产主义者对于中国国情特殊性的认识也是不够的，他们不清楚中国社会的半殖民地半封建性，甚至认为中国与欧美、日本等资本主义国家只是工业发达程度的不同，只有量的差别。陈独秀在《对于时局的我见》中就提出:“我以为世界上只有两个国家:一是资本家的国家，一是劳动者的国家，但是现在除俄罗斯外，劳动者的国家都还压在资本家的国家底下，所有的国家都是资本家的国家，我们似乎不必妄生分别。”应该说，这种认识在当时的先进知识分子中是具有普遍性的。正是因为有这样的认识，党的“一大”纲领明确提出了要“以无产阶级革命军队推翻资产阶级”，“采用无产阶级专政，以达到阶级斗争的目的——消灭阶级”，“废除资本私有制”的主张。对中国国情特殊性的认识不足妨碍早期共产主义者自觉地推进马克思主义与中国实际的结合。

其三，“以俄为师”的心理定势也影响了中国早期共产主义者自觉推进马克思主义中国化。“十月革命帮助了全世界的也帮助了中国的先进分子，用无产阶级的宇宙观作为观察国家命运的工具，重新考虑自己的问题，走俄国人的路——这就是结论。”对于中国早期共产主义者来说，是不难得出这一结论的。要“走俄国人的路”，当然要“以俄为师”。这种“以俄为师”的心理定势，从十月革命后马克思主义在中国传播时就先入为主地形成了。而正是这种“以俄为师”的心理定势，使得人们把经过俄国人解释的马克思主义奉为正统，这在当时并不能说有什么错，但客观上却一定程度地束缚了中国早期共产主义者独立自主的探索精神，也为后来党内出现马克思主义教条化、共产国际决议和苏联经验神圣化的错误提供了土壤，阻碍了马克思主义中国化的进程。

最后，党的创建时期马克思主义中国化具有一定程度的自发性，还与共产国际在此问题上的认识有关。实际上，共产国际在指导中国革命斗争的实践中，为了制定出既符合马克思主义原理又符合中国实际的方针政策，势必要努力以马克思主义观点来观察中国国情，在某种程度上促进了马克思主义同中国实际的结合。但共产国际在此时期并没有自觉认识到这种“结合”的必要性。共产国际成立后，就把各国无产阶级政党和共产国际的关系明确规定为领导与被领导的关系。共产国际“二大”所通过的《共产国际章程》中就明文规定：“必须有一个高度集中的组织。共产国际实际上必须是独一无二的世界性的政党。在各国进行工作的党只是它的独立支部而已。”加入共产国际的党对共产国际代表大会及其执行委员会的一切决议都必须执行。这种高度集中的领导方式，不仅使各国党的独立性受到严重损害，政治上独立自主的权力受到限制，也使中国早期共产主义者在做出重大决策之前很大程度上习惯仰赖于共产国际的指导。这就在无形中窒息了中国早期共产主义者把马克思主义与中国实际相结合的主动性和创造性。

与共产国际高度集中的领导方式相联系，共产国际在行动原则上特别强调“各国共产主义运动的利益服从世界革命的共同利益”，“国家利益服从国际革命的利益”。而这又恰恰忽视和低估了国际无产阶级的共同利益与各国无产阶级的民族利益的差异性。后来，共产国际更是把“国际利益”教条化、绝对化，忽视甚至否定“爱国主义”与“民族利益”。这必然严重妨碍中国早期共产主义者从中国自身利益出发，探索有中国特色的革命道路，必然严重妨碍他们将马克思主义与中国实际相结合。

从共产国际的领导方式和行动原则两方面来看，共产国际在对马克思主义与中国实际相结合问题上的认识是不足的。鉴于共产国际与中国共产党的特殊关系，这种认识上的不足又直接影响了中国早期共产主义者把马克思主义中国化的自觉性。

北京师范大学史学研究所　吴怀祺

第9讲

太极学说与和谐社会的构建

讲演时间　二〇一一年八月二十二日

从思维方式的层次上研究太极，是中西文化比较研究的需要，只有这样，才可认识太极学说的意义与价值，进而讨论民族文化、民族史学的特点。因为，由此切入点展开讨论，可以使我们从更深层次理解两种文化对人的影响。从理论上讲，思维方式研究可以回答一些我们以前难以回答的问题，从实践上讲，研究思维方式对东西文化的交流将起到重要的促进作用。由于思维方式的差异，中国人和西方人在看待同样问题的时候存在着很多的不同：（1）研究西方史学的学者，也明确指出这一点，这启发了我们对民族史学的反思；（2）和谐思维是体现我们民族思维的特征，从太极学说中，可以清楚看出这一点。

一、太极学说是中国民族文化的新发展，是理学构建的基础

在中国传统文化中，和谐的思维在很多学说中都有体现，如《老子》《庄子》《论语》《孟子》《中庸》以及《吕氏春秋》等，都有关于和谐思想的论述。《周易》充满了和谐的观念，在易学发展过程中，形成的太极学说，发展了这一观念，其和谐的思维方式，又具有自己的特点。

太极学说（包括太极说、太极图象及其意蕴）是中国民族文化融合、更新的产物，是易学的总体的发展。

太极学说是在宋代儒道释文化融合时期形成系统的，是理学的重要组成部分。太极图学说与道家文化有关，又是对道家思维的改造。这一点可以从有关的易图看得出来。例如道家陈抟无极图，陈抟图式的读法是，由下向上，意在说明炼丹过程是“逆则成丹”：即玄牝之门到炼精化气、炼气化神到五气朝元，进而是取坎填离，最后是炼还虚，复归无极，因而称为无极图。

朱熹是一个伟大的理学家，为了构建理学体系，他特别强调周氏与二程学说的渊源关系，把周敦颐当作宋代理学始祖了，上接于孔孟。后人不理会这一层，非难朱晦庵，实则不达学术大体。朱熹在整理周氏著作时，提出的太极图式则把理气观融合到太极图里去。这样的太极图凝含了理学思想根本观念。太极图在朱熹那里成了理学体系的反映，是本体论又是宇宙观、社会观以及伦理意识等的全面说明。他的立意在于：强调《太极图》为周敦颐的发明，从而切割了与道家的联系，所谓：“不由师传，默契道体，建图属书，根极领要”。

王夫之在“占学一理”、“象爻一致”、“乾坤并建”的思想指导下，在《周易内传》等著作中提出“阴阳者，太极所有之实也”、太极实是“氤氲相得，和同而化”等观点，把传统太极学说提高到新的境界。王夫之对太极图的理解，别开生面。他说：“绘太极图无已而绘一圆圈尔，非有匡郭也。如绘珠之与绘环无以异，实则珠环悬殊矣。珠无中边之别，太极虽虚，而理气充凝，亦无内外虚实之异。”以阴阳无限联系的观念，理解太极图式，使太极学说得到升华。

太极学说也是对佛释的改造与汲收。按照朱熹创立的形而上学体

系，万物以“理”（先天的模式）为本，以“气”（“以太”或物质）为源。如房屋的范式为“理”，砖木则由“气”发展而来。一物各有一“理”，“众理”之全则为“太极”，理之与太极，是“月印万川”的分享关系。正如费正清所说：“这种思想显然是受了佛学的影响，同样，宋代理学家借用佛教思想的概念，发展出一套用太极、阴阳、五行之间的关系来表示的万物演化循环的理论。但理学思想的核心一如早期儒学，强调将其思想应用于伦理、社会和政治制度的实践之中，后世之人往往不假思索地信奉理学，对他们而言，理学中的伦理和社会思想确实也是非常重要的”。①太极学说形成是易学发展的新阶段，既是易学象数派的发展，也是义理派的发展。

二、“诚”：理学思维的纲领性的转换

（一）太极学说：天人整体思维的深化

宋代理学勃起中的太极学说，是古代整体思维的发展，把宇宙社会运动作为辩证有联系的整体，同时，“太极学”结合“太极图”，具体展示这一整体的运动。它又是意象思维与抽象思维的结合。太极理念是《周易》的组成部分，先秦两汉诸子都有相关的讨论，却没有形成一个思想体系。南北朝至隋唐，太极的观念通过道教发展，逐渐为人们普遍接受。

道教演绎出自己的太极学的系统。周敦颐成功地构建起太极学说，张载、程颐等，在这方面做出了贡献。特别是朱熹融汇各种学说，以太极学说作为基本要件建构理学体系。宋代以后，元明的太极学说在总体上说，是经历了一个横广发展时期。明清之际，王夫之再次把太极学说推向一个新的境界。

周敦颐在太极学说体系形成上，是有特殊的地位，这在中国学术史、理学史和易学史，是有定论的。此不待说。太极学说形成与发展上，张载、二程都有贡献，要从根本上理解太极学说，就应当对太极学说内在价值、独特形式和对社会发展的作用，作出深入思考，理解朱熹的贡献，十分必要。具体来说，是：

——阐明太极学说为理学之纲领，也是整体思维的根本所在。

① 费正清:《中国:传统与变迁》,世界知识出版社2002年版,第170页。

——论说太极学说是儒学发展的新阶段。这里又有两个问题，一是既重视道学的思想资料，又要从学统上，切割与道家的联系；二是要演绎出新的传授系统。

——阐明太极学说从内容到形式的独特性。

以这几个问题，反思朱熹在太极学说上做的工作，就会理解朱熹为什么倾毕生心血来建构太极学说。直到他去世前，他还是把讲太极学说作为学术研究的中心。朱熹推崇周敦颐的太极学说，把周氏的著作与张载《西铭》、程颐的《伊川易传》作为研究的重心。

朱熹把太极学说放在特殊的地位上，张栻称之为“纲领”。朱熹通过太极学说，汲取道家的思想资料与形式，作出根本性的改造，发挥儒学天人观念，发展了整体思维、辩证思维、通变思维，构筑起理学体系的大厦。

（二）“诚”为中心的理念

从史学思想角度说，太极学说丰富发展了古代史学家究天人之际的观念。太极学说是以“诚”为本的和谐思维。周敦颐在《通书》开篇说：“诚者，圣人之本也。大哉乾元，万物资始，诚之源也。乾道变化，各正性命，诚斯立焉。”周氏把“诚”作为太极的规定性，通过对“诚”的阐发，把易学推向新的高度，也表明《通书》是与他的太极图相表里的。

诚，即所谓太极也。这是太极和谐思维的根本所在，把太极学说纳入到儒学中去，从而提升了儒学的理性价值。朱熹推崇周氏的思想，重要根源也在这里。

由此，太极文化表明了道德伦常在太极和谐中的重要意义，这是其与道家太极学说的重要区别。“立人之道，曰仁与义”，仁义的道德范畴成为了太极和谐整体的内容，“圣人定之以中正仁义而主静”。所谓“人”有圣人、君子、中人、小人之分，五常是君子、小人之分的根据。

太极思维对中国史学家的影响，在北宋，司马光的史学已经看得很明显。他评论历史盛衰，深受到太极思维的影响。《资治通鉴》开篇把纲常名分的维系，作为关乎盛衰的大事提了出来，这与他的太极观念有着密切的关系。《温公易说》指出：“易有太极者，极者中也，至也，凡物之未分，混而为一者，皆为太极；太极者何？阴阳混一，化之本原也。”司马光又说：“光闻一阴一阳之谓道，然变而通之，未始不由乎中和也。……《中庸》曰：“中也者，天下之大本也；和者，天下之达道也。致中和，天地位焉，万物育焉，由是言之，中和岂可以须臾离哉”。

司马光的易学与其史学贯通，同时也是其政治思想的主轴，三者互相发明，密切联系国家之兴衰、生民之休戚，而归本于皇极之道，有体有用，富有特色。

三、阴阳运转中的和谐

太极学说体现出了整体、辩证、联系等思维方式，但其中最突出的是和谐的思维方式。

（一）天人和合的思维

《周易》认为，宇宙是个秩序井然、和谐庄严的有机整体。《周易·系辞上》说“易有太极，是生两仪，两仪生四象，四象生八卦。八卦定吉凶，吉凶生大业。”《易传》的作者把“易”、“太极”作为万事万物、天地人的统一体，由易、太极而有两仪、八卦，而生宇宙万事万物，我们曾称之为“太极宇宙论”、“太极整体观”。“太极”是《周易》的最高范畴，是宇宙的本原，宇宙万物由它而生，依它而长，据它而存，最后以它为归。宇宙万物在“太极”之中“各正性命，保合太和”，共同构成一个秩序严谨、高度和谐“保合太和”的有机整体，而这一整体并不是由同一种物质构成的那种混同一体的所谓整体，而是由具有阴阳两种相互对待之性能的东西（两仪）相互作用、相互转化而构成的生生不息的和谐整体。

阴阳两种物质还可进一步具体分为少阳、老阳、少阴、老阴四种物质（又称为“象”，如四时之春夏秋冬、方位之东西南北）和乾、坤、震、巽、坎、离、艮、兑八类物质（八卦）。《易传·说卦》详细说明了这八类物质的具体内容。这是一个建立在象数思维基础上的宇宙分类系统，它把宇宙中的万事万物看做是一个紧密相关的有机整体，一个完整的对应系统。《易传·序卦》在说明《易经》六十四卦排列顺序内在原因的同时，也表明了它的世界观，即认为宇宙万物对社会、人生是一个秩序严谨的动态和谐整体。

（二）阴阳“和合”运转以“人”为中介

太极文化的和谐思维，是阴阳抱负动态的平衡思维。从史学观念来说，是盛衰变动，又是盛衰相互包含的历史思维。太极学说的出现，明白无误表示出了天地阴阳、社会盛衰的联结。

太极图的阴阳相互包括，在阴阳消息变化中进行运动，表达的是整体的平衡，但不是静止，其中有阴阳互动，有五行的相互作用，在四时运动中，有二气交感、化生万物的流动。总之，历史追求和谐，但这种和谐又是处于运动中的，是在动态的消息盈虚中达到的平衡与和谐。

太极学说展示出了天地人联结中的和谐，是以“人”为中介的和谐思维。从八卦卦爻形的阴阳、乾坤、天地的内涵，到大衍之数占蓍之法，都反映出《周易》是把天地人联系起来思考的。《系辞》说“易与天地准，故能弥纶天地之道。仰以观于天文，俯以察于地理，是故知幽明之故。原始返终，故知死生之说。精气为物，游魂为变，是故知鬼神之情状。”天人之际的思维是和合的整体思维。周敦颐解释说，在天道、地道与人道中，人道的意义是：“惟人也，得其秀而最灵，形既生矣，神发知矣，五性感动而善恶分，万事出矣。圣人定之以中正仁义而主静，立人极焉，故圣人与天地合其德，日月合其明，四时合其序，鬼神合其吉凶。君子修之吉，小人悖之凶。故曰：立天之道，曰阴与阳；立地之道，曰柔与刚；立人之道，曰仁与义。又曰：原始反终故知生死之说。大哉，易也斯其至矣”。

这一点很重要。天人关系的探究，是古代思想家讨论的重要课题。包含天地人之道的太极学说，体现出“人”是作为这个系统的中介。

四、构建和谐社会是历史的要求、时代的需要

（一）构建社会主义和谐社会的重要性和紧迫性

我国正处于并将长期处于社会主义初级阶段，人民日益增长的物质文化需要同落后的社会生产之间的矛盾仍然是我国社会的主要矛盾，统筹兼顾各方面利益任务艰巨而繁重。特别要看到，我国已进入改革发展的关键时期，经济体制深刻变革，社会结构深刻变动，利益格局深刻调整，思想观念深刻变化。这种空前的社会变革，给我国发展进步带来巨大活力，也必然带来这样那样的矛盾和问题。我们党要带领人民抓住机遇、应对挑战，把中国特色社会主义伟大事业推向前进，必须坚持以经济建设为中心，把构建社会主义和谐社会摆在更加突出的地位。

到2020年，构建社会主义和谐社会的目标和主要任务是：社会主义民主法制更加完善，依法治国基本方略得到全面落实，人民的权益得到切实尊重和保障；城乡、区域发展差距扩大的趋势逐步扭转，合理有序的收入分配格局基本形成，家庭财产普遍增加，人民过上更加富足的生活；社会就业比较充分，覆盖城乡居民的社会保障体系基本建立；基本公共服务体系更加完备，政府管理和服务水平有较大提高；全民族的思想道德素质、科学文化素质和健康素质明显提高，良好道德风尚、和谐人际关系进一步形成；全社会创造活力显著增强，创新型国家基本建成；社会管理体系更加完善，社会秩序良好；资源利用效率显著提高，生态环境明显好转；实现全面建设惠及十几亿人口的更高水平的小康社会的目标，努力形成全体人民各尽其能、各得其所而又和谐相处的局面。

构建社会主义和谐社会，要遵循以下原则:

——必须坚持以人为本。

——必须坚持科学发展。

——必须坚持改革开放。

——必须坚持民主法治。

——必须坚持正确处理改革发展稳定的关系。

——必须坚持在党的领导下全社会共同建设。

（二）建设和谐社会的举措

扎实推进社会主义新农村建设，促进城乡协调发展；

落实区域发展总体战略，促进区域协调发展；

实施积极的就业政策，发展和谐劳动关系；

坚持教育优先发展，促进教育公平；

加强医疗卫生服务，提高人民健康水平；

加快发展文化事业和文化产业，满足人民群众文化需求；

加强环境治理保护，促进人与自然相和谐。

（三）和谐社会的特征

（1）民主法治就是社会主义民主得到充分发扬，依法治国基本方略得到切实落实，各方面积极因素得到广泛调动；

（2）公平正义就是社会各方面的利益关系得到妥善协调，人民内部矛盾和其他社会矛盾得到正确处理，社会公平和正义得到切实维护和实现；

（3）诚信友爱就是全社会互帮互助、诚实守信，全体人民平等友爱、融洽相处；

（4）充满活力就是能够使一切有利于社会进步的创造愿望得到尊重，创造活动得到支持，创造才能得到发挥，创造成果得到肯定；

（5）安定有序就是社会组织机制健全，社会管理完善，社会秩序良好，人民群众安居乐业，社会保持安定团结；

（6）人与自然和谐相处就是生产发展，生活富裕，生态良好。

安徽师范大学历史与社会学院　庄华峰

第10讲

中国传统节日缘何遭受冷落

讲演时间　二〇一一年九月九日

传统节日作为我国民俗文化的重要内容，大家并不陌生，它主要是指与天时、物候的周期性转换相适应，在人们的社会生活中约定俗成的、具有某种风俗活动内容的特定节日。中国的传统节日文化，经历了一个起源、发展与变迁的漫长过程。这种积久而成的习俗和活动，反映在民族心理、道德伦理、精神气质、价值取向和审美情趣诸层面上，即为节日文化。它是人类社会文化的重要组成部分。几千年来，它在丰富我国人民生活、和谐人际关系、增强民族凝聚力等方面，发挥着重要作用。然而在当代社会，中国传统节日却屡遭“寒流”，而西方节日则倍受青睐，圣诞节、情人节、愚人节等一系列洋节如风驰电掣般在神州大地上蔓延，与中国传统节日文化发生了碰撞。这种在东西方节日文化之间所凸显出来的冷落与火爆，颇为耐人寻味。中国传统节日的历史与现状究竟是什么样子？它们具有何种魅力？又为何遭到冷落？这些问题很值得我们去细加揣摩。因为正确地认识节日文化现象，对于发挥传统节日的社会功能，弘扬民族优秀文化，增强民族凝聚力，有着十分重要的现实意义。

一、中国传统节日的起源与嬗变

中国传统节日起源于古老的农业文明，其内容随着时间的推移、经济的进步、文化的变迁以及民族的迁徙融合等因素不断地发生变化和发展。大体说来，我国传统岁时节日的嬗变大致经历了四个阶段：

滥觞期。周代由于礼法的影响，祭祀、庆祝活动逐渐集中于某一季节，或在春夏秋冬，或于岁首年尾。《礼记·月令》云：孟春之月，“天子乃以元日祈谷于上帝”，并“亲载耒耜”；孟夏之月，“天子始絺；命野虞出行田原，为天子劳农劝民”；孟秋之月，“天子尝新，先荐寝庙”；孟冬之月，“天子乃祈来年于大宗，大割祠于公社及门闾”。春秋战国以后，历法逐步完善，其中的一些特殊日期，如二十四节气、年头岁末、月朔月望等时日逐渐凸显，于是，节俗的主要内容多集中在这些时日举行，节日的雏形已初现端倪。

定型期。秦汉时期，由于政治一统、经济繁荣，统治者要求文化定于一尊，我国的主要传统节日也于此时定型。如除夕、元旦、元宵、端午等已成为固定节日，主要节俗活动也基本成形，而后延续至今。这一时期，某些节日的性质亦发生了变化，一些历史人物如屈原、介之推等，取代了原始的鬼神，使得端午节与寒食节转变为纪念性节日。两汉时，国家政权亦介入一些节日活动中，进一步扩大了节日的影响。

融合期。魏晋至隋唐，属传统节日的融合期。一方面汉代节日的基本内容得以继承；另一方面，少数民族大迁徙、各族文化大交流，为汉文化带来了新鲜血液，少数民族节日风俗也随之融入汉族传统节日，促进了传统节日文化的融合发展。如春节本是汉族节日，逐渐扩展为多数民族的节日，只是各民族的春节又各具自己的特色。这一时期，传统节令体系已趋完备和成熟。

丰满期。传统节日发展到两宋，便进入一个新时期，节俗的礼仪性、娱乐性成为节日文化的主流。如爆竹原是一种驱鬼巫术，此时已演变为节日喜庆的象征；中秋节的祭月，开始变成赏月活动；元宵节的祭神灯火，逐步演化为灯火艺术。各种节日文化中，文化节目不断增加，如猜灯谜、闹春会、放风筝、拔河、射柳、斗草、走马、赏月、展菊等，节日内容日益丰富，节日的喜庆气氛成为主要基调，传统节日由此发展到一个高峰。

二、中国传统节日的魅力

（一）蕴涵"和"文化的春节与元宵节

"和"是中国传统文化的精髓和核心概念，也是和谐社会重要的文化内涵。"和"文化的一大特征，就是讲求平衡和谐，追求天人合一，提倡人际和合。春节和元宵节便蕴涵着丰富的"和"文化。

1. 追求天人之和

"和"在《说文解字》中带有风调雨顺之意。古人还认为日月星辰之神"主雪霜风雨之不时"，山林川谷之神"主水旱疠疫之不时"①，因此人们想要风调雨顺，人寿年丰，就须祭祀百神。这种风习在春节多有表现。如古人将谷物成熟的一个周期称作一年，并规定正为年之始，朔为月之始，正朔即正月初一。每值新的正朔，处于冬季的人们便设宴席、放爆竹、贴春联、玩春会来庆祝一年来的丰收。在除夕，长辈还要带领全家祭拜祖先以祈求合家平安幸福。过年张贴春联最初的含义是祈求安康，后来才带有祝福、喜庆色彩。另外，大约始于东汉的元宵节晚上"上元燃灯"的习俗，是为了祭祀太一神。节日放爆竹则是为"辟山臊恶鬼"。②

综上可见，春节、元宵节的祭祀等活动均以喜庆丰收、预祝人丁兴旺、风调雨顺、祥和平安、生活幸福作为主要内容，无疑反映了人们追求天人和谐同一的终极理想。

2. 倡导人人之和

儒家倡导的人与社会的互动和谐是为"人和"。在这种和谐社会观念里，人是社会生活的主体，更是社会和谐的主体，离开了人的交往关系，社会和谐就无从谈起。人最重要的生活场所就是家庭，故中国人非常重视家庭的和睦，这在年节文化中体现得尤为明显。

---

①《礼记正义》。

②《荆楚岁时记》。

春节的团聚创造了和谐安定的环境、氛围。俗语道“家和万事兴”，就是说协调好了家庭成员的关系，实现了家庭内部人际关系的和谐，便使得家庭乃至家族能形成整体合力，团结一致地实现共同目标，达到“和合”的境界，进而“万事兴”。如“除夕”，要全家同吃年夜饭。这时，无论海外赤子，还是天涯游人，千里万里都要尽力赶归桑梓与家人团聚，吃顿团圆饭、过个团圆年，体味其中的温馨。再如“元宵”，寓意全家团圆、幸福美满。阖家同吃元宵营造了节日氛围，使得元宵节充溢着欢乐、祥和、团圆的气氛，使人们达到一种平和、怡悦的精神境界，也寄托了人们追求共同幸福的愿望。

除了家庭的“内和”之外，还要谋求家庭外部人际关系的和谐。拜年即是典型。春节拜年，走亲访友，礼仪谦和，和善往来，和睦相处，也体现出“和”的内涵。拜年之风，汉代已有，唐宋之后十分盛行，不必亲身前往的，可用名帖投贺。大约从清朝始，拜年又添“团拜”的形式，后又兴起了礼仪电报拜年和电话拜年等。如今，短信拜年已成为当今社会最流行的拜年方式之一。短信内容丰富多彩，诙谐幽默，寓意深刻，让人们捧腹之余，既愉悦了心情，也体味到了人情冷暖。拜年协调了朋友、邻里的关系，增进了彼此的和谐融洽，成为人们喜闻乐见的节日交往方式。

3．希冀国家之和

唐人苏味道《正月十五夜》诗云：“火树银花合，星桥铁锁开。暗尘随马去，明月逐人来”，生动地描绘了唐代灯月交辉，游人如织，热闹非凡的场景。宋代元宵灯市更为火爆。明清时期，从正月十五至十八，北京王府井大街灯市口和前门外厂甸一带，都要开设灯市。江南苏杭等地也张灯设市，悬卖各式花灯，且以灯谜帖于花灯上，供游人猜射，谓之“春灯谜”。以此可以窥见一派和平稳定、歌舞升平的景象。人们在玩乐的同时表达着对安宁、平稳、充实、和悦的和谐生活的向往，也寄托了对国家安定、百姓安康的渴望。

当今的春节已把传统的“和”文化演绎到了更高的层次。春节联欢晚会是最受中国老百姓欢迎的年节大餐。2007年春晚便以“和”字统领，并贯穿始终。几副以“和”为主题的对联穿插其中，相映成趣，句句有“和”，细细品来，意境独特幽远，体现了现代人们对传统“和”文化的认同及传承。

（二）彰显爱国精神的端午节

端午节的由来，众说不一，其中以纪念伟大爱国诗人屈原的说法最为普遍和流行。屈原信而见疑，忠而被谤，遭群小陷害，被楚王流放到江南。他满怀忧愤，身体渐衰，面色憔悴，常常披散头发，在江边徘徊吟诗。虽远离楚宫，他仍“眷顾楚国，系心怀王”[①]，宣称“鸟飞返故乡，狐死必首丘”[②]。公元前278年秦将白起攻破楚都郢，还纵兵焚烧了楚国先王的陵墓。屈原悲痛万分，复兴楚国的希望化为泡影，于是就在同年五月五日投汨罗江以身殉国。楚国人民哀痛屈原，纷纷划船到江上去救他，还从家里端来米和饭撒到江里，让鱼虾吃米吃饭，不要咬伤屈原。从此，每到阴历五月五日这一天，人们都要赛龙舟，往江里投粽子，于是便形成了端午风俗。因为屈原用他的殉国行为证明了他对楚国、对楚王的耿耿丹心，所以古老的端午节俗自先秦以来，就与人们的信仰、生活相结合，富含着宝贵的爱国精神。

端午有赛龙舟的习俗。南朝梁人宗懔《荆楚岁时记》载：“五月五日竞渡，俗为屈原投汨罗日，伤其死，故并命舟楫以拯之。”可见，传统社会的龙舟竞渡体现的是屈原这样一个凝聚着中国传统伦理道德和价值观念的著名历史人物，其爱国精神在民众中所形成的民族认同感和民族精神。

端午的另一个重要习俗就是吃粽子。相传端午裹制粽子就是为了纪念爱国诗人屈原。《东京梦华录》载“今世人五月五日作粽，汨罗之遗风也。”民间还流传有一首《粽子歌》：“有棱有角，有心有肝。一身洁白，半世煎熬。”这正是屈原志洁行廉、爱国爱民、屡受谗害而顽强抗争之精神的写照。

千百年来，每逢端午，人们纪念屈原的同时，其爱国精神便得以彰显。这一精神带有极强的社会责任感和历史使命感。闻一多先生认为，是人民把本来崇拜“龙”的端午节献给了这位执著的爱祖国、爱人民、爱正义的诗人。郭沫若甚至感言，屈原精神是中华民族精神形成的基石。

①司马迁：《史记·屈原列传》。

②屈原：《哀郢》。

（三）富有“情”意的中秋节

中秋佳节赏月品饼是中华民族传统民间习俗之一，绵延千年不衰，其中饱含着人间浓浓的情意。

1. 凝聚亲情

中秋之夜，值月圆人圆之良宵，人们在欣逢天时之利，尽享风物之美的同时，禁不住望月思乡，对月生情，怀念亲友，浮想联翩。无论是李白的“举头望明月，低头思故乡”，还是王安石的“春风又绿江南岸，明月何时照我还”，都充满了深切的怀乡之感。中秋之时，远离家乡的亲人力求归回故土，有些出嫁的女儿也要返回娘家，就像当晚月亮的圆而无缺。如上种种，与其说是思念家乡，不如说是思念家中的亲人。苏轼曾于“丙辰中秋，欢饮达旦，大醉”，作《水调歌头》，“兼怀子由（子由为苏辙字）”。因其中的“但愿人长久，千里共婵娟”表达了对远方弟弟苏辙的缕缕相思与美好祝福，遂成千古名句。

国人历来讲孝道、重人伦，尤其是讲究家族血缘关系，人们常把圆满的月光引申为家族美满团圆的象征。所以，中秋之日，亲朋间还要馈赠节日礼物，共贺佳节。这在一定意义上是对亲情的升华。

2. 追求爱情

中秋节流行的习俗中，有些带有含蓄的爱情色调。如苏州的“走月”，就是在中秋之夜，衣着时髦的姑娘们，单独外出，借月幽会，与心上人倾诉衷肠。湖南侗乡中秋“偷月”亦别有风趣。相传，中秋夜，月宫仙女下凡，把甘露洒遍人间。晚上，侗家姑娘打着花伞，偷偷来到自己心上人的菜园，借着月光采摘瓜果，希望月宫仙子为他们牵上红线，托月做媒，倘若能摘到一个并蒂的瓜果，将预兆两人相亲相爱，白头偕老。

苗族群众都喜欢在中秋节举行“闹月”活动。人们沐浴着如丝如缕的月光，吹响悠扬的芦笙，跳起苗家歌舞，青年们则在“闹月”中寻找意中人，互相表白要像月亮和清水一样，心地纯洁明亮，永结百年之好。

三、中国传统节日的遭受冷落及其引发的思考

中国传统节日文化博大精深，寓意深刻，我们理应为此感到骄

傲，感到自豪。但是，随着全球一体化进程的加快，西风东渐，一些洋节日，如圣诞节、情人节、愚人节等很快席卷神州大地，受到人们的青睐和推崇。尤其是城市里的年轻一代，过洋节已成为一种时尚，吃蛋糕、送玫瑰的现象司空见惯。更多的人认为这是时代的潮流、社会进步的表现，不然，就会被笑为“老土”，成为落伍者。最近几年来，除了春节，人们大都热衷于过西方的洋节日，而我们自己的传统节日，却遭遇“寒流”，备受冷落，即便是传统节日中的重头戏——春节，给人们的感觉也是年味越来越淡。对于有着五千年文明历史的中国来说，自己一些具有丰富文化内涵的传统节日已陷入边缘化的尴尬境地，不能不让人感到遗憾和悲哀。

（一）中国传统节日为何受到冷落

传统节日的“边缘化”，传统文化的受到冲击，西方节日的被追捧，究其实质，与社会的发展和人们意识形态的改变密切相连。产生这种现象的原因不是单方面的。

第一，我国的传统节日是产生在农业文明时期，如春节、端午节、七夕节、中秋节等传统节日都是在农业社会的基础上形成和发展的，以“家庭”为基准，大家族、宗氏、同乡会等把一群人的利益捆绑在一起。另外，在农业文明的社会里，为了放松和调节生活节奏，人们往往会暂停手中的农活儿，腾出时间来过节。现代城市生活已经打破了我国传统的社会结构和生产方式，现代城市以“个人”为中心，一个人要在城市中立足、拼搏，家庭已经帮不了你什么，而且商品经济又使得家人、亲友之间的空间距离变得很远，这样，传统节日赖以存在的土壤发生了改变。

第二，中国节日遵循的是自然节气，同时受到传统宗法制度的影响，所以一般以家庭为基准形成闭合空间。进而言之，中国人的思维也以家庭为中心，以联络感情为主题，是相对封闭和狭隘的。传统节日可以看作是家人团聚的符号，主要是强化血缘关系，但往往把非血缘的他人拒之门外。

第三，传统节日载体单一。中国传统节日虽然沉淀了千百年的传统文化，可是挖掘尚且不够，载体过于单一，形式没有与时俱进、推陈出新，缺乏与时代交融的过节理念和过节方式，又多停留在物质消费上，轻视精神交流。比如春节看“电视晚会”，中秋购买月饼，端午第三，中国传统节日可以增强我们民族的文化记忆。冯骥才说过，最深刻的文化是潜藏于一个民族个性里的文化，而这种文化非常容易通过传统节日习俗表现出来。民族文化记忆的沉积和传承是依赖家庭与社会作为载体的。传统节日习俗成为文化传承的重要链条。世界上只要有华人的地方，传统节日在他们的心里一直占据着重要位置。我们一定要深刻认识到节日民俗在民族文化传承中的重要性，守护民族的传统文化记忆，守护自己的文化家园。

3. 要将保护和弘扬中国传统节日文化付诸行动

第一，尊重民风民俗，抢救非物质文化遗产。传统节日是保持人们文化认同感的一个阵地，因此，今天我们应该抢救和发扬我们传统节日的文化底蕴，加强传统文化教育，使人们从思想上重新认识传统节日文化的博大精深。

第二，发掘新内涵，增强吸引力。在西方强势文化唱响全球化的背景下，要让我国的传统文化在继承中创新，在创新中传承。要让传统节日具有文化性、神圣性、娱乐性，只有不断开掘传统文化的新内涵，寻找与时俱进的新载体，不断更新过节的形式与内容，如实行“政府搭台，群众唱戏”，多鼓励扶持民间的舞狮会、龙舟会等活动。这样才能增强对人们的吸引力，传统节日文化的精髓也才能传承下去。

第三，加强宣传引导。中国的传统节日是和缅怀先辈、思念亲人、庆祝丰收、除旧迎新、展望未来这些纯美情感和美好愿望联系在一起的，它植根于民间，通过民间的言传口授，代代传承。传统节日礼仪的背后是人们对传统文化的认同，而文化的承递则是一个耳濡目染的过程，需要相对稳定的文化氛围和条件。因此，文化教育等部门应采取适当的方式进行相关的宣传和引导，政府也应出台有关措施，保留这一瑰宝，让青年一代有更多的机会接触传统节日文化，体味其中的优美。

安徽师范大学学报编辑部 马陵合

第11讲

追寻中国经济发展的历史惯性

讲演时间 二〇一一年九月二十二日

9月22日晚，敬文讲坛2011年第十一讲在敬文图书馆国际学术交流中心举行。本讲由教育部新世纪人才、安徽师范大学经济管理学院教授、博士生导师马陵合做题为《追寻中国经济发展的历史惯性》的讲座。

马陵合的讲座内容主要包括三个方面。第一，问题的提出。马陵合指出，从经济角度看，历史习惯是一些可意会却难以言传的经济习惯，从制度、机构方面无法把握，却规范着人们最基本的经济行为。中国在世纪之交的经济高速增长与社会巨变，是基于历史惯性的周期，还是中国经济摆脱传统进入真正的转型？这一问题值得思考。第二，中国经济内生的四大关系，即中外关系、城乡关系、国地关系和官商关系。马陵合认为，小农经济一直居于中国传统经济生产方式的主导地位，解决农村问题首先要解决市场失灵的问题。中国近代的乱局，是传统中央集权制历史惯性的产物，也给现代中央与地方的关系留下了大量变数。我们应当突破“官本位”社会“行政权力至上”的传统，形成“小政府、大社会”的格局。“市民社会”将在政府与民众之间起到联系和协调的作用。第三，文化与制度上的求解。马陵合强调，文化是一种非正式约束，对制度演化起着重要作用。中国近年来经济发展所取得的成就及存在的突出问题，背后都有传统文化价值观的强大支持或约束。强化文化认同，促进社会和谐，就是要增强传统文化的经济功能，实现文化与经济的融合，提升国家竞争力。中国两千多年的政府治理模式与制度基础是小农经济模式，只要小农经济结构不变，历朝历代的政府治理模式只能是在不断重复。

安徽师范大学法学院　万尚庆

第12讲

折断的翅膀

——关于大学生犯罪问题的思考

讲演时间　二〇一一年十月十三日

一、当前大学生犯罪的特点

大学生主体分布在各大高校，不论民办公办学校、重点非重点学校还是博士生硕士生，这些群体中都出现过犯罪案例。从去年热议的“药家鑫案”讲到最近引发新一轮舆论风暴的“牙膏血案”，再追溯到早年的“马加爵案”和“清华高才生刘海洋泼黑熊浓硫酸案”等，指出当前我国大学生犯罪呈数量增加、主体广泛、种类多样等特点。

当前大学生犯罪类型多样，盗窃、抢劫、抢夺、诈骗、杀人、故意伤害、强奸等，并且严重暴力犯罪、重大财产犯罪增多。例如某些博士、硕士利用所学科学知识研制冰毒，从事毒品交易活动。

大学生是一个特殊的社会群体。本应是“天之骄子”、“栋梁之材”。为何要折断翅膀、自毁前程呢？毫无疑问，大学生犯罪具有很大的偶然因素，也有个体的原因，但是，接二连三的偶然中，蕴含着某种必然。天之骄子成为迷途羔羊，现在的大学生究竟怎么了？大学生何时成为了高危群体？

因而大学生犯罪人数的逐年增加，引起了社会各界对大学生犯罪问题的关注和思考。

二、原因

（一）家庭困难

我国正处于一个社会转型期。贫富差距、两极分化，产生了“穷生”和“富生”。社会分配不公导致部分贫困大学生心理失衡，经济的窘迫使他们自卑心理特别敏感，一旦遇事伤及自尊导致心理失衡，就很容易铤而走险。不自觉地以犯罪来满足自己的物质需求。

（二）贪图享受

市场经济下，部分大学生把穿名牌、高消费看成是一种时髦，崇尚拜金主义和享受主义，把物质利益作为衡量个人成败得失的尺度，对物质享受的过分追求，诱导和刺激了偷盗、抢劫、诈骗等违法犯罪行为的发生。这也是市场经济的负面效应和消极作用。

（三）恋爱受挫

在大学期间，很多感情刚刚萌生，当感情受挫时，大学生内心脆弱，容易情绪化，若没有及时引导或者正确提醒，容易发生严重的犯罪行为。大学期间的情杀案例很多，事后不少学生为他们的偏激行为而后悔不已，而大学教育理应对大学生的恋爱行为进行一些指导。

（四）色情文化

网络毒害、色情文化的不良影响，有可能在神秘感、好奇心的驱使下产生性犯罪行为。在当今校园里发生的多起奸杀命案中就不乏此类情况。

（五）心理障碍

云南大学马加爵案、清华大学刘海洋硫酸伤熊事件、北京某高校学生马忠义绑架案，以及许多大学生因恋爱而导致的犯罪，都是因心理障碍而诱发的犯罪。

大学一、二年级的学生，远离家乡和亲人，周围环境变动很大。心理易产生失衡或彷徨，孤独感也油然而生。这个阶段是他们心理处于学生向成人过渡的转型期，自控能力差，又没有人从旁开导，容易走上歧途。

（六）家庭教育

有的家庭对孩子只追求高分，忽略了对子女健康人格的培养，有的家庭教育方式简单、粗暴，“棍棒教育”模式，使孩子形成敏感、自卑、易怒、偏激的性格，这些大学生往往以自我为中心，一旦心理失衡，很容易用暴力手段解决问题。

家庭的溺爱、偏爱，尤其是对子女进入大学后的放纵，以及家长对子女健康人格的忽视，会使子女产生“自我中心”的观念，受不得半点委屈，一旦受打击便易心理失衡而走上犯罪。

单亲家庭或家庭不美满的，失去了父母的抚爱，家庭的温暖，心灵受到创伤而意志消沉，脾气变坏，导致一些人走上了犯罪，尤其是大学生的自尊心很强，当别人说到自己的家庭时特别敏感、冲动，很容易导致犯罪。

据专家分析，处于“问题家庭”的大学生较正常家庭的学生更容易犯罪。总之，家庭教育是影响大学生犯罪的一个极其重要的因素。

安徽师范大学历史与社会学院　欧阳跃峰

第13讲

辛亥革命与社会转型

讲演时间　二○一一年十月二十七日

辛亥革命是中国历史上一个重大的事件，它结束了两千多年的封建帝制，建立民主共和国，使民主共和观念深入人心，这些是我们教科书上所写的。不过在学术界对这个的讨论还是在不断的深入，近年来也有人提出了不同的看法，有些人认为辛亥革命的一个重要意义就在于它是一个成功的妥协，即孙中山与袁世凯的妥协，资产阶级与封建阶级的妥协。

辛亥革命使得民主共和的观念深入人心，实际上这个民主观念深入人心的措辞还是很准确的。所谓深入人心并没有说每个人都赞同，不赞同的也有民主共和观念，就是人家都知道民主共和这回事了。就连鲁迅小说中的阿Q都知道这一点。他不知道民主共和，但他也知道革命。就整个社会而言，辛亥革命是中国的传统社会走向近代社会的一个转型，辛亥革命可以说是中国现代化的开端。虽然说政权最终让袁世凯给篡夺去了，但是政权这个形式的变化是任何人都不能挽回的，这在中国历史上是了不起的。

一百年来的中国人在政治方面的改变和进步是毫无疑问、显而易见的。帝制下的臣民是没有发表意见的资格的，就是清政府的官员都是到了一定的级别才能给皇帝上奏折，有意见只能给当官的提，不能给皇帝提。辛亥革命以后，每一个人都有一种公民意识，我是公民，我是国民一份子，国家就有我的一份，所以我讲话是我分内的事情，这就很不一样了。

对于辛亥革命我们不能简单地说是成功还是失败，判定一个革命是失败还是成功主要是看这个革命的目的是什么。说它失败，是因为辛亥革命没有改变中国半殖民地半封建的社会性质。但是，当时的革命党，包括孙中山，他们都没有意识到这个问题。辛亥革命中孙中山提出的目标是“三民主义——民族、民权、民生”，即“驱除鞑虏，恢复中华，创立民国，平均地权”，这十六个字，是他的纲领。但是参加革命的大多数人还是认为推翻了满族的统治他们就成功了。如果从这个角度讲，辛亥革命主要是成功的。尽管孙中山让位了，但是，继之而起的政权仍然是民主共和政权，形式它是不能改变的，后来虽说有帝制复辟，但也很快就失败了，这一点怎么说都应该是辛亥革命成功的地方，这是不可否认的。

我们不能忽视孙中山在辛亥革命中的作用，他的领袖地位是不可动摇的。同盟会的成立是孙中山做出的一件重大的事情。以前也有很多革命团体，但是非常的琐碎，孙中山通过自己的努力让这些小的团体成为一个整体，这是非常难得的。同盟会是中国第一个全国规模的统一的资产阶级革命政党，它的成立，使中国资产阶级民主革命有了自己的战斗核心，推翻清朝政府，建立民主共和国的理想，成为当时革命队伍中无可争议的共同目标。它还使革命派有了一个共同的公认的领袖。这对当时发动革命是有很大的引导作用。

除此之外孙中山最大的贡献就是提出了三民主义革命纲领，不论怎样讲，在当时能够提出三民主义，是一件非常了不起的事。

在晚清的那个时期，其实在当时提出立宪也有一定的根据，我们不能肯定到底哪一个是对的，哪一个是错的，只能说哪个更适合中国国情。可能现在有很多学者认为立宪更好，毕竟立宪不用“伤筋动骨”，如果采取了立宪后来就不会有北洋军阀，也就不会有军阀混战的黑暗，但是这些都只是假设，事实上当时以孙中山为首的更多的年轻人比较倾向于革命，倾向于推翻清政府，他们做了这样的选择，所以历史就这样发展了。立宪有立宪的理由，革命有革命的原因，但历史最终选择的是革命，这也可以说是人民最终的选择。

辛亥革命在大陆有一些纪念活动，在台湾也有一些纪念活动，我想这里面主要是一个民族感情的问题，所谓血浓于水。纪念辛亥革命就有这种民族感情在里面，这是一种文化认同感、一种文化传承。我们都是炎黄子孙，文化上的认同感能够带来一种归属感，这可以说是两岸的一个重要的纽带吧。

辛亥革命对于当今的意义，最重要的还是民主建设以及传播民主的精神。所有的炎黄子孙都有一种爱国感情。爱国是一种理性的东西，它与进步是联系在一起的，与社会发展的潮流是联系在一起的，同时它也是追求民主精神的，民主一直到现在都是一种潮流。这种对民主精神的追求，我觉得是我们现在最重要的价值。

对于当代大学生，辛亥革命最重要的意义就是：第一，你们要记住政治民主这是符合发展趋势的，大学生们应该在这方面多做贡献。第二，就是作为一个人应该有民族精神。所谓的民族精神就是在必要的时候你要将自己的个人利益服从整体利益，要有一定的牺牲。辛亥革命中的那些仁人志士的精神还是很值得学习的。

安徽师范大学政治学院　臧宏

第14讲

略说《论语》的基本特征
——以"宰予昼寝"章为例

讲演时间　二〇一一年十一月十日

原文：宰予昼寝。子曰："朽木不可雕也，粪土之墙不可杇也；于予与何诛？"子曰："始吾于人也，听其言而信其行；今吾于人也，听其言而观其行。于予与改是。"

今译文：宰我白天睡觉。孔子说："腐烂的木头无法雕刻，肮脏的土垒成的墙壁无法粉刷。对于宰我我还能责备什么呢？"孔子又说："以前我对于人，听他怎么说，就信他怎么做。现在我对于人，听他怎么说，还要看他怎么做。我是从宰我的行为改正了这个错误。"

孔子用如此严厉的方式责备宰我，其真实目的是为了更好地对症下药。熟读《论语》的人皆知，宰我既是个聪明而不够勤奋、有才华而不重修养的学生，又是一个有独立见解又敢于同乃师抬杠、叫板的学生。对这样的学生，孔子是不可能弃置不管的，也是不可能只用“循循善诱”的方式去管的。我总觉得，孔子这里用的方式，与中国历史上禅宗祖师接化弟子的“棒喝”方式有些类似。“棒喝”如同一服猛药，可以使病入膏肓之人得以速醒，“棒喝”又如同“背后击掌”之法，可以使执迷不悟之人得以顿悟。

运用日常生活中的实例具体表述深刻道理，是本章的特点，也是整个《论语》的特点。白天睡觉，确实不是什么大错，但是，就《论语》或孔子所要讨论的根本问题，即“致良知”来说，它就是一个非常重大的错误了。

《论语》不是常规意义上的系统理论，也不是哲理格言，更不是仅仅讲伦理道德的，而是孔子在自己的生命活动中“致良知”的记录，是孔子对自己“致良知”过程的描述。“良知”是在某一件最具体的事件中，隐藏的“天意”“道心”与“佛心”，也就是“宇宙——生命”系统全息的显露。《易》曰：“天行健，君子以自强不息。”“天”自己是要“行”的。“良知”即是“天行”的显露。这种显露，无处不在，但由于人迷于自己的意识，便遮盖了“天行”的正常显露。这就是“良知”的本义。“致良知”就是要时时小心自己的各种意识妨碍了你知天行的历数。换句话说，“致良知”就是善于“内省”；使“良知”不被遮盖，以便利捕捉到“天行健”的真实闪光。不要以为“良知”只是闪光。这闪光的一刹，就是“宇宙——生命”系统的全貌，抓住了，就是真智慧。一即多，多即一。

懂得了“致良知”，也就懂得了《论语》的根本特点。因为一方面，“致良知”的“良知”，是“天意”“道心”和“佛心”，是无生死、无净垢、无增减的不可分割的整体，是主客二分的思维方式难以把握的。另一方面，“致良知”的“致”，主要是讲如何达到“天意”即“良知”的方法问题，这个问题，可以用《论语·学而》篇首章的前三句话来说明。第一句：“学而时习之，不亦说乎？”这是讲个人达到良知的功夫和达到良知后的一种产生于内心的心情。第二句：“有朋自远方来，不亦乐乎？”这是讲达到良知后与远方来的朋友一起交流致良知心得的一种表现于外的心情。第三句：“人不知而不愠，不亦君子乎？”这是讲求良知永远是个人的事，一个人一个样，不求被别人肯定，别人不理解自己致良知时的内心的喜悦，也没有什么值得不高兴的，更不应去恼怒别人。于此，我们看到，孔子达到良知的方法，是“有为法”，即通过个人的“时习之”的修养的功夫达到良知、把握天意的。这就与佛、道两家达到良知的方法不同了。佛、道两家是通过“无为法”达到良知的，佛家说的“佛入众生心”和道家说的“圣人无常心，以百姓之心为心”，就是讲的“无为法”。

“致良知”为我们揭示出了孔子之所以严责“宰予昼寝”的真实原因。“致良知”的根本内涵，就是要善于和自己意识中的私欲、妄念周旋，不被它所骗，所诱。宰我是这样做的吗？不是！他不但没有这样做，相反的，却被“私欲”“妄念”牵着鼻子走，成了“私欲”“妄念”的奴隶而不自知。一个人有“私欲”“妄念”并不可怕，可怕的是对此麻木不仁，失去自觉，不知这是“致良知”的大敌。孔子对宰我白天睡觉大发脾气，其原因就在于此。还是董子竹说得对，宰我受到孔子痛斥，原因就在他在“致良知”上出了纰漏。

孔子依据宰我白天睡觉这种行为，改正了他过去对言与行关系的看法。过去，他听了言就信了行，把言与行看成是一体的、本一的，现在，他认为这样看是错误的，应当是听其言还要观其行，因为作为个体生命，其“知”“言”与其“行”，并不是一体的、本一的。董子竹在《论语正裁》的“语言，是个陷阱”中说：“‘宇宙——生命’系统是一个永恒的整体，与这个整体运动相统一的是‘明’，任何‘明’却又只能是个体的、扭曲的、折光的。这是宇宙中的根本矛盾。这个矛盾没有了，‘宇宙——生命’也就死亡了，什么也没有了，无话可说了。也就是说，个体意识的扭曲性是不可克服的，而人类的语言要想完全准确表现人的全部意识，乃至完整描述事物几乎是不可能的，语言本身无实义。‘语言’是一种‘宇宙——生命’系统中的运动，且是一种微乎其微的能量运动，最多不过是一道道流星雨，或是闪电，想靠它完整反映‘宇宙——生命’系统的全部的整体的运动状况，几乎是不可能的。”这是告诉我们，个体生命的“知”与“言”同“宇宙——生命”系统的整体的运动（“行”）是一对根本矛盾，二者不一致，是正常的，其本身没有什么对错可言。关键是如何对待这一对矛盾：是“天行健，君子以自强不息”呢？还是像宰我那样，采取白天睡大觉的态度呢？很明显，正确的做法，应当是前者，而不是后者。孔子之所以严厉地责备宰我，其目的就是希望他能中断自己的一切“妄念”，以“自强不息”的态度对待“天行”。

安徽师范大学历史与社会学院　王世华

第15讲

徽商·徽商精神·徽州文化

讲演时间　二〇一一年十一月二十四日

一、徽商为什么能成为全国最大的商帮

1. 何为徽商?

徽商是指历史时期徽州府六县商人组成的松散的商帮集团，范围包括绩溪、歙、休宁、黟、祁门、婺源。

徽商简介：一是持续时间长，明初（14世纪中叶）至20世纪中叶；二是活动范围广，足迹“几遍宇内”谚语：“无徽不成镇”。一大块（长三角）、两条线（长江、运河）国内各地、国外（日本、韩国、越南等）；三是经商人数众，徽州人“十三在邑，十七在天下”。“十九在商”。几乎是家家经商，而且世代经商；四是经营行业多，主要有盐、典、茶、木、棉布、丝绸、粮食、渔业、墨业、刻书业、餐饮业等；五是商业资本大，明人谢肇淛在《五杂俎》中曾指出：“富室之称雄者，江南则推新安，江北则推山右。”明代就有百万富翁，清代更有千万富翁了，简直是富可敌国了。

康熙、乾隆皇帝六次南巡。“汪石公者，两淮八大盐商之一也。石公既殁，内外各事，均其妇主持，故人辄称之曰‘汪太太’。太太当（清）高宗幸扬时，与淮之盐商，先数月，在北城外择荒地数百亩，仿杭之西湖风景建筑亭台园榭，以供御览。惟中少一池，太太独出数万金，夜集工匠，赶造三仙池一方，池夜成而翌日驾至，高宗大赞赏，赐珍物，由是而太太之名益著。”①

“富哉商乎，朕不及也！”——乾隆。徽商的出现是明清时期最重要的经济现象之一，对社会、经济、文化产生了重要而广泛的影响，所以引起了人们的关注。

2. 徽商是怎样发展起来的

一是徽州府的自然环境。徽州的自然人文环境，其中土地：山区土地很少，而且贫瘠。总面积：1.2万平方公里＝1800余万亩，弘治十五年（1502）252.8万亩，垦殖率14%，嘉庆二十五年（1812）205.6万亩，垦殖率11.4%，“七山一水一分田，一分道路和庄园”。人口：不断增长，万历六年（1578）56.7万，嘉庆二十五年（1820）247.5万。

据明末学者顾炎武说：在徽州，“大都计一岁所入，不能支十之一”。

必须寻找出路：士、农、工、商。为什么徽州人出去经商就能够取得巨大成功呢？因为他们有几个特殊的地方：一是徽州百姓特别能艰苦奋斗。徽州人的生存环境向来比较恶劣，他们“勤于山伐，能寒暑，恶衣食”。在这种环境的锤炼下，它使徽州人身上更具有一种艰苦奋斗的精神。

“前世不修，生在徽州，十三四岁，往外一丢。”“包袱雨伞，夹着就走。”“徽人多吝。有客苏州者，制盐豆置瓶中，而以箸下取，每顿自限不得过数粒。或谓之曰：‘令郎在某处大阚（hǎn 口大张貌）’，其人大怒，倾瓶中豆一掬，尽纳之口，嚷曰：‘我也败些家当罢’。”

吃花生米，不准“抬轿子”。徽商一出去就是几年、十几年、甚至几十年一归，徽商妇做出了巨大的贡献，她们要养老扶幼，持家主

①徐珂：《清稗类钞》第24册《豪侈类·汪太太奢侈》。

政，感情上也付出了极大的牺牲。

“纪岁珠”。乡邻某，娶妇，甫一月，即行贾，妇刺绣易食，以其余积，岁置一珠，用彩丝系焉，曰纪岁珠。夫归，妇殁已三载，启篋得珠，已积二十余颗矣。①

二是徽州的宗族制度特别牢固。“父老尝谓，新安有数种风俗胜于他邑：千年之冢，不动一抔；千丁之族，未尝散处；千载之谱系，丝毫不紊。主仆之严，数十世不改，而宵小不敢肆焉。”②

三是徽人整体文化素质较高。徽州在朱熹的影响下，形成了重教兴学的文化传统，这里“十家村落，不废诵读”。人们从小就受到传统文化的教育，因而文化素质较高，使他们成为有文化的商人。这样经商就容易成功。更重要的是徽商“贾而好儒”，这是徽商的一大特点。

虽然经商，却特别爱好读书，爱好文化。他们或者白天经商，晚上读书，或者在旅途中仍不忘读书，从而形成了一种风气，并使他们成为“儒商”。因为“贾而好儒”，所以给他们带来三个好处：一是他们善于从历史上汲取丰富的从商经验。中国几千年的文明史留下了无数的文化典籍，其中蕴藏着极其丰富的政治、经济、人才管理、谋略运筹等思想精髓。有文化就能准确判断、决策，减少失误。二是有文化就能更容易地与政府官员、文人学者沟通，甚至结成友谊。三是传统文化中也含有大量的商业伦理道德的思想资料，成为徽商商业道德的思想源泉。孔子：“夫仁者，己欲立而立人，己欲达而达人。”“内圣外王”。《中庸》：“诚者，天之道也；思诚者，人之道也。”孔子：“义者，宜也。”“民无信不立”。孟子：“义，人之正路也。”《史记·货殖列传》几乎成了徽商的必读书。其中所说的“廉更久，久更富，廉贾归富”的道理，对徽商不能不产生极大的影响。

徽商的商业道德突出表现在以下几点：

1. 以诚待人

鲍雯：“一切治生家智巧机利，悉屏不用，惟以至诚待人，人亦不君欺。”许宪：“惟诚待人，人自怀服，任术御物，物终不亲。”鲍直润说：“利者人所同欲，必使彼无利可图，虽招之不来焉，缓急无所恃，所失滋多，非善贾之道也。”

①许承尧：《歙事闲谭》卷十二。

②赵吉士：《寄园寄所寄》卷十一。

2. 以信接物

吴南坡："人宁贸诈，吾宁贸信。终不以五尺童子而饰价为欺。久之，四方争趣坡公，每入市，视封识为坡公氏字，辄持去，不视精恶长短。"比如说，朱文炽卖茶。朱文炽，字亮如，婺源官桥村人。有一年，他贩了一批新茶到广州去卖，因途中延误了时间，抵达广州新茶已成了陈茶。他依然找到牙行，婺源茶叶多是通过这些中间商批量销售给当地的零售商。往常茶叶批发，都是牙商写文契定价格拍板定音，任他们吹得天花乱坠。当时婺源茶叶在广州确有名气，茶叶销得多，牙商抽取的佣金也多。这一次朱文炽却非常谨慎，批发茶叶都自己写文契，还一次次写上"陈茶"二字。牙商大惑不解，也一次次劝他不要注明陈茶，说去掉这两个字就可以卖好价钱。朱文炽还是固执己见。有几次，牙商干脆自己写文契，悄悄把"陈茶"两个字去掉。没想朱文炽一看，却大声说："不！'陈茶'二字不能去！是陈茶就是陈茶，我们把话讲明，以示不欺。"

3. 以义取利

舒遵刚的一段话很有代表性："圣人言，生财有大道，以义为利，不以利为利。国且如此，况身家呼！人皆读四书，及长习为商贾，置不复问，有暇辄观演义说部，不惟玩物丧志，且阴坏其心术，施之贸易，道多狡诈，不知财之大小，视乎生财之大小也，狡诈何裨焉！"徽商以义取利的事例也不少。清代休宁商人吴鹏翔曾买胡椒八百斛（一斛为五斗），已订好协议，发现胡椒有毒。卖主同意毁约收回胡椒，但吴鹏翔还是买下了这些胡椒，然后付之一炬。因为他担心退货后卖主可能要转售而害更多的人。再比如，詹元甲买米的事件。有一年皖省大灾，婺源商詹元甲受当地地方官的委托，携带20余万两银子去外地采购粮食，当地旅馆老板告诉他："此地买米，便有抽息（回扣），自数百两至千万两，息之数，视金之数。今君挟巨赀可及数千金。此故例，无伤廉。"在数千两银子的回扣诱惑面前，詹元甲毫不为动，而是说："今饥鸿载途，嗷嗷待哺，予取一钱，彼即少一勺，瘠人肥己，吾不忍为。"这种宁可失利、不可失义的精神确实令人感动。从明中叶到清中叶，徽商度过了如日中天的辉煌时期。

以后徽商为什么会衰落，原因是多方面的。从客观原因来说，清代道光以后，由于票盐法的推行，作为徽商的中坚——盐商率先衰落。接着，19世纪50—60年代的兵火劫难，又使徽商受到致命的打击。在洋货的冲击下，徽州茶商、布商也败下阵来。清政府提高典税、预征典税，典商又几乎败落。总之，在一连串的打击下，曾在商界叱咤风云的徽商如夕阳西下，无可挽回地衰落下去。从主观上说，徽商因为保守僵化，未能跟上时代步伐，从而葬送了自己的前途。尤其是近代以后，中国社会已经转型。面对这三千年未有的大变局，有的商帮及时转型，而徽商、晋商却表现出迟钝、冷漠，熟视无睹，对近代工业无兴趣。经商大环境太恶劣（内外夹攻）。徽商在封建社会中是最优秀的商帮，他们已习惯于满足于在封建经济轨道上运行，他们不去观察、思考社会的变化，缺乏远虑。当社会没有大变化时，他们也许还能继续辉煌，一旦大变局出现，他们就会茫然失措，只能束手待毙了。缺乏文化自觉，这是沉痛的教训。

徽商作为驰名遐迩的大商帮，活跃六百年，在历史上产生了重要影响，为经济、社会的发展作出了重要贡献。第一，促进商品生产的发展与城镇经济的繁荣。第二，徽商修道路、建桥梁、立航标、浚河道，促进了经商地交通的发展和道路建设，为社会经济的发展奠定了良好的基础。第三，很多徽商还投资产业，如棉织业、丝织业、冶炼业、浆染业，雇用了大批手工工人，从而促进了新的生产关系的出现，加速了社会变迁。第四，徽商也繁荣了文化事业。他们重教兴学，举办学校、资助书院，培养了一批又一批的文化精英，这些文化精英又在各个领域创造了大量的精英文化，丰富了我国传统文化的宝库。丰富多彩的徽州文化，诸如新安学术、新安医学、新安画派、新安戏剧、徽州刻书、徽派建筑等，都离不开徽商的支持。所以说徽商是徽州文化的“酵母”。

二、徽商精神给我们的启示

一是徽商艰苦创业、百折不挠的精神。商场如战场。“徽之俗，一贾不利再贾，再贾不利三贾，三贾不利犹未厌焉。”比如一文钱的故事，讲述的是两位安徽商人，挟重资来苏州贸易，途中将钱挥霍一空。很快，他们沦落到日则行乞，夜则寄宿古刹。一天晚上，两人就地燃火，相对欷歔。甲徽商摸出仅存的一文钱要扔掉，乙徽商急忙拿住说：“我有办法了。”不一会儿，乙徽商怀抱竹片、草茎、破纸、鸡鸭毛等物归来。他鼓动甲徽商和他一起用一文钱买来的面粉，索水调浆，将草缠竹片上，蒙上纸，再遍粘鸡鸭毛，一共做了二三百件宛然如生的各种禽鸟纸玩具。待天亮，甲乙徽商各携这些禽鸟纸玩具至玄妙观。玄妙观为苏州寺观之薮，特别是春天，游人如织。妇孺士人见甲乙徽商所携禽鸟，以为酷肖，争求购买，顷刻俱尽。每具禽鸟是以十数钱出售的，甲乙徽商收入了五千多文钱。这时，乙徽商才告诉甲徽商：竹片、草茎、破纸、鸡鸭毛，皆拾于诸市上，又用那一文钱买点面粉，这就是全部“家当”。此后，甲、乙徽商用一文钱赚来的钱，添购各色纸张，拾来鸡鸭毛羽，以肖人物花草等状。两人夜间分制，白天便到玄妙观出售。不到两年，甲、乙徽商便积资数万。他们遂于苏州阊门开设一爿布店，为不忘此店所本，大书“一文钱”三字榜于门。

二是重教兴学、钟情文化的精神。“富而教不可缓矣！”据道光《徽州府志》统计：明代徽州中进士425人，清代徽州中进士645人。而且休宁县仅清代就有19位状元，成为“中国第一状元县”。徽州科举佳话，“连科三殿撰”（指乾隆年间接连三榜状元都是徽州人）、“十里四翰林”、“同胞翰林”、“父子尚书”、“一门八进士”、“一镇四状元”。

三是热心公益、回报社会的精神。修路、筑亭、扶贫、济困、赈灾、救荒，维护了社会稳定。徽商的行为对于稳定灾区的城乡社会、减轻甚至消弭社会动荡起着不可低估的作用。我们还应看到，徽商这种救困济危的善行义举既继承了历史上的优良传统，又发扬光大了这种传统，尤其是对后起徽商或同时代徽商起到了示范作用，使得这一传统在徽商中表现得特别明显，在社会上产生了良好的影响。可以说，为了形成良好的社会风气，构建和谐社会，徽商是做出了巨大的努力。

三、为什么说徽州文化博大精深

徽文化就是徽州文化，它是指历史时期在徽州本土出现的文化现象或由徽州人创造的文化产品，它既有物质文化形态，又有非物质文化形态，主要包括：新安理学、徽州朴学、徽州文学、徽州教育、徽州戏剧、新安画派、新安医学、徽州科技、徽派建筑、新安刻书、徽州艺术等等方面。徽州文化任何一个方面的发展，都离不开徽商的支持，所以我们说徽商是徽文化的“酵母”。

江泽民指出：“如此灿烂的文化，如此博大精深的文化，一定要世世代代传下去，让它永远立于世界文化之林。”又说：“要让更多的外国游客来了解徽州文化，打好徽文化的世界品牌。”

梁启超曾经说过：“有思潮之时代必文化昂进之时代，其在我国自秦以来，确能成为时代之思潮者，则汉之经学，隋唐之佛学，宋明之理学，清之考据学（朴学），四者而已。”在这四者当中，徽州就占其二，这还了得吗？

如新安理学，是中国历史上的一个哲学流派，它崛起于南宋，全盛于明代，终结于清中叶。对于12世纪以后中国哲学史和思想史的发展演变，产生了巨大影响。一个地方学派，绵延近五百年之久，这一现象是罕见的。理学的创始人是二程，即程颢、程颐兄弟，理学的集大成者是朱熹，他们的祖籍都是徽州，新安理学以朱熹为核心，以朱子之学为指归，主张躬行实践、积极处世之人生要旨，使徽州被称为“东南邹鲁”、“理学之邦”。朱熹被称为“徽国宗主”。

新安朴学（考据学）朴学发端于明末清初的顾炎武、黄宗羲、王夫之等人，主张治学“经世致用”，讲求实学，反对空谈。

乾嘉时期，朴学成熟，并形成乾嘉学派。

吴派：苏州惠栋为代表，崇尚汉儒“凡古必真，凡汉必好。”

皖派：戴震为巨匠，学者多为徽州人，又称皖派经学，史称徽州朴学，此派治学，长于考证，无征不信。此派成就超过吴派。

戴震科举之路坎坷，40岁才中举人，以后6次参加会试皆失败。乾隆三十八年（1773）开四库馆，经纪昀力荐，特召戴震入京充四库馆纂修官，乾隆四十六年，戴震53岁，被特许与当年贡士一起参加殿试，赐同进士出身，授翰林院庶吉士。两年后，戴震55岁在京去世。

戴震一生著述繁富，涉及学科非常广泛，有数学、古文字学、语言学、考证、天文学、地理学、经学、哲学等。梁启超评价说：“戴东原先生为前清学者第一人，其考据学集一代大成，其哲学发二千年所未发。”评价极高。

新安画派：明清时期，空前繁荣，徽州画坛人才辈出，且以群体出现。新安四大家最为有名，渐江、汪之瑞、孙逸、查士标，皆为明末清初人，画风相近，在中国画坛影响三百余年。清末至民国，又出现了国画大师黄宾虹、汪采白，两人于画坛双峰并峙，他们都是徽州人。新安画派的形成离不开徽商的支持：提供观摩宋元画作的机会；创造画家切磋技艺的环境。

新安医学：据有关资料不完全统计，明清两代新安名医七百多人，占全省近一半，医著六百多种，占全省总数约七成。这种医学文化现象，在我国医学史上是罕见的。这些医家创立了很多门派，在历史上影响深远。新安医学的发展离不开徽商，包括徽商自身的需要和他们为新安医学发展提供帮助。帮助主要是生活上的资助和对医学著作的出版进行资助。

徽州科技：明清时期，徽州的科学家们在科学技术上又有许多理论创新和重大发明，遍及天文、历法、地理学、光学、数学、生物学、工艺技术、声律学、医学、建筑学等领域，出版了大量的科学技术著作，对推动我国科学技术进步作出了重大贡献。

休宁的程大位《算法统宗》，将珠算的加减乘除开方运算的口诀系统化、完备化，还保存、继承、发展了我国古代数学优秀成果。

英国科学家李约瑟说："在明代数学家中，最引人注目的是程大位。"，"在程大位的《算法统宗》以前，没有任何关于近代珠算算盘的完整叙述。"《算法统宗》后来传到了很多国家。

徽派建筑：又自成一派，是中国封建社会晚期成熟的一大古建筑派别，融古雅、简洁、富丽于一体，无论是民居、祠堂、牌坊、亭榭、街道、园林，还是桥梁、寺观，它们在选址、布局、造型、结构、功能、装饰等方面，都能别具一格，成为徽派建筑文化，备受世人关注。

徽州建筑"三绝"：民居、祠堂、牌坊。徽州雕刻"三绝"：木雕、砖雕、石雕。这些皆得益于徽商。

徽州刻书：全国闻名。从明代隆庆、万历（16世纪后半叶）到清代道光、咸丰（19世纪后半叶）300多年间，徽州刻书一直是全国四大刻书中心（金陵、苏州、杭州、徽州）之一。徽州刻书成为当时全国最有影响的一大派别，世称"徽版"。

"徽版"质量高（刻工精、校雠审、插图美），除了优质版材、墨和纸张外，还涌现了大批优秀的刻工和著名画家。据统计，明清两代徽州有名可考的刻工多达四百多人。徽州不仅有官刻（以各类志书政书为主），而且有家刻（以本人、先人著述以及家谱为主），还有坊刻（在品种上以插图本、丛书、类书、通俗文学和实用图书为主）。

徽州刻书的发达离不开徽商：

（1）徽商贾而好儒、重教兴学，需要大量的图书，为刻书业提供了需求市场；

（2）徽商大量修宗谱也提供了刻书市场；

（3）徽商的经营理念也给徽州书商带来了新的活力（适应市民需要刊刻小说、日用类书籍，书籍形式的变化）。

徽州戏剧："徽班"离不开徽商，徽商为"徽班"提供多种帮助，这种帮助体现为以下三个方面：（1）提供资金；（2）提供市场；（3）促进竞争。

乾隆时四大徽班（三庆、四喜、和春、春台）进京，后来发展为京戏。其中的春台班就是由徽州大盐商江春组建的。徽班足迹遍布全国，这不仅使各地的主要地方剧种都含有徽调的基因，而且也为徽剧拓展出全国性品位，为京剧的诞生打下了深厚的基础。京剧由徽剧发展而成，成为国剧，可见徽剧在历史上的作用。

北京师范大学史学研究所　瞿林东

第16讲

史学与人生

讲演时间　二〇一一年十二月四日

一、对史学的基本认识

历史学在社会上应有的位置至今还没有被广泛的认同，如果一个国家，一个民族忘记了自己的历史，就像一个人失去了记忆一样，所以一个民族不能不重视自己的历史，史学在社会中应当取得它应有的位置，并且史学在社会中的位置也应当受到重视，而目前我们距离这个目标还有长远的路程要走。

史学就是人类对自己过往形成的历史进行研究、回顾和反思，所以历史学简单来说就是人类反思的行为、反思的科学。比如我们中华民族从哪里来的，经历了什么样的过程，取得了什么成就，走过什么曲折的道路，我们今天如何、将来如何，这些都是我们要在历史反思过程中寻找答案的，在寻找答案的过程中人们会变得越来越聪明，越来越有智慧。我曾经讲过，就个人来说，史学是陪伴我们终生的伴侣。

我们对于史学认识的自觉程度直接影响到我们对于过往形成反思所能达到的深刻与否，所以我若干年前提出一个史学自觉，我们都知道费孝通先生提出一个文化自觉——美人之美，美己之美，美美与共，天下大同。文化自觉的影响比我提出的史学自觉影响更大，而当我们意识到历史重要性的时候就是我们有了史学自觉了。

在说史学与人生的关系之前，我先简单说一下历史和史学的区别。历史是一个客观运动的过程，史学是我们研究这个过程的学问，这两者的对象是不一样的，也说明史学不单单是一门学科，更是一门科学。

二、史学与人生的关系

（一）古老的遗训影响深远

《周易》有曰："君子以多识前言往行以畜其德"，过去讲君子和小人，君子一般都是统治者，小人都是被压迫者。如今我们对君子的定义是有修养的人，小人即缺少这种修养的人。君子多识前言往行，前言往行可以解释为前人的嘉言懿行。这句话的意思就是有修养的人要多懂得一些以往的历史，目的是积累自己的德。这里的德不仅仅指道德，还指知识、智慧、对各种事物的见解。该遗训告诉我们，要成为一个有较高修养的人应多懂得"前言往行"。

最早的关于历史教育的记载是《楚语》，其中记述了楚庄王给他的儿子请了一位讲课的老师，老师总共给太子开了九门课，其中有六门课都是和史学有关系的。

春秋末年，思想家、教育家孔子不仅仅开辟了私人讲学的风气，并且是历史学上第一位私人撰写历史的史学家。孔子撰写了《春秋》后，历史的教育就开始向下传播，局限于贵族的教育，这在史学上是一件非常重要的事。

（二）史学对于人生坐标的直接启示

唐代有一位很有名的史学家叫刘知幾，他的《史通》是对史学进行贯通的考察，其中在史官建置篇中提出，历史都过去了，历史上活动的人都死去了，我们后人判断历史上的人是好人还是坏人，这是因为“史官不绝，竹帛长存”。这是一个非常深刻的问题，后人通过读史书而认识历史，从历史上看到贤人和不贤人，使我们有所选择的去学习或去反思，见贤而思齐，见不贤而内自省也。

史学最大的功用是什么？我认为就是史学能够使我们在历史已经消失的情况下还能认识历史。作为中国人，推心置腹地说，我们不能不懂历史。一个民族不重视自己的历史，不是这个民族的光荣。“史之为用，其利甚博，乃生人之急务，国家之要道”，我觉得在我们中国史学思想上，刘知幾这番话在今天也值得我们重视，而且也回答了后现代思潮对我们的影响，这个在今天也让我们困惑的问题。因为后现代思潮指出，历史不是客观存在的，而是史学家头脑里面编造的。这种思潮在我看来是一个很荒谬的理论。史学对我们人生坐标的直接启示就是见贤而思齐，见不贤而内自省。

（三）史学在激励人生态度方面所起的作用

我想首先提到李大钊写过的一本书，叫《史学要论》。也可以说李大钊把史学在社会中的作用用马克思主义的观点作了阐述。这本书第六章是史学基于现代史学及与人生态度的影响，这也正是我今天要讲的几点。他讲到这样几点：第一，历史像一条长河一样，是一线贯穿下来的，有生命的运动，是不可割断的，是辩证唯物的，是包含过去现在未来的。我们要十分珍惜自己的生命在历史运动中的价值，同时也要确立一个乐天努进的人生观。第二，历史书上的英雄豪杰之所以与常人不一样就在于他们对社会关心的程度比常人要更深切，所以他们愿意为社会付出贡献的情绪比常人更热烈。正是我们认识到了这一点，所以我们愿意更多的关心社会，我们也就可能成为英雄豪杰。

我想，一个对历史前途充满信心的人才能感到生活的乐趣。所以我想提醒青年朋友们，要相信明天总比今天好，认真而不是勉强地对待自己面临的任务和考验，理性看待人生，要有勇气面对现实，要有积极的人生态度，要相信历史的前进道路。

（四）史学是我们中华民族的精神家园

放开去看，史学对于我们民族有什么意义，我想从这几个方面提供大家参考，这也是我近几年来的研究心得。

（1）中国史学一个很重要的价值就是它记录了中华文明连续不断发展的历史，也就是说我们中华民族的历史在客观上从来没有因为受到外力的冲击而断裂，认识到这一点正是得力于史学。

（2）中国的史学记载了我们中国作为一个统一的多民族国家的历史，这是史学的又一重大贡献。中国成为统一的多民族国家是从秦始皇统一中国开始的。著名史学著作《史记》这部书记载了这个多民族历史的画卷，从黄帝到汉武帝时期三千多年的历史，司马迁把黄帝作为中国历史的开端，并被世世代代的学人所认可，所以说我们是炎黄子孙。

（3）《史记》第一次写出了社会各阶层的代表人物，反映了人是历史活动中的主体。司马迁是如何来写人物的，这对我们也有启发。“扶义俶傥，不令己失时，立功名于天下，作七十列传”，可见司马迁写《七十列传》是为扶持正义，抓住历史机遇，要做出一番事业。这说明人是历史进程中的主体，机会总是留给那些有准备的人。

（五）史学应当受到社会应有的尊重

对史学我们要有温情和敬意，要有敬畏之心。历史是我们先人创造的，史学也是我们先人倾情撰述的，我们不论歌颂它还是批评它，都应是严肃的，不能是轻率的，不应亵渎它。如今的一些讲坛将我们的民族历史进行炒作，这就是一种对我们中华民族历史的亵渎。因此我呼吁我们的青年朋友，在接触媒体的时候要有一种鉴别的能力，不要受过分娱乐化、庸俗化的、拿历史说事的那些节目的影响，我甚至希望大家可以站出来抨击这些不良行为，这也是对我们的历史学表示我们应有的敬意和爱护之心。这是我们应当要做的，也是像我这一代人，包括我们年青朋友们的责任。

安徽师范大学文学院　俞晓红

第17讲

文学视野中的女性存在

讲演时间　二〇一二年三月八日

一、文学视野中女性存在的样貌

1. 佳偶 女神 真人

2. 思妇 怨妇 弃妇

自伯之东，首如飞蓬。岂无膏沐？谁适为容！

——《国风·卫风·伯兮》

上山采蘼芜，下山逢故夫。长跪问故夫："新人复何如？""新人虽言好，未若故人姝。颜色类相似，手爪不相如。""新人从门入，故人从閤去。""新人工织缣，故人工织素。织缣日一匹，织素五丈余。将缣来比素，新人不如故。"

——《上山采蘼芜》

养蚕已成茧，织素犹在机。新人应笑此，何如画蛾眉！

回车在门前，欲上心更悲。路旁见花发，似妾初嫁时。

——晚唐刘驾《弃妇》

闺中少妇不知愁，春日凝妆上翠楼。忽见陌头杨柳色，悔教夫婿觅封侯。

——王昌龄《闺怨》

《会真记》：弃置今何道，当时且自亲。还将旧时意，怜取眼前人。

3. 贞妇 节妇 烈女

4. 名妓 淫娃 荡妇

5. 花妖 狐魅 鬼魂

二、女性为何以这样的方式存在

1. 淫娃荡妇

2. 花妖狐魅

3. 兼美佳人

《玉娇梨》白红玉+卢梦梨

《定情人》蕊珠+彩云

《金云翘》金重王翠翘+王翠云

4. 有没有例外

明末桐城的“名媛诗社”

方维仪吴令仪

清康熙年间杭州的“蕉园诗社”

柴静仪为“凝香室”，钱云仪为“古香楼”，林以宁为“凤潇楼”顾之琼

乾隆末年吴江的“清溪吟社”

任兆麟妻子“清溪居士”张允滋

道光间“秋红吟社”等

明末桐城的“名媛诗社”

方孟式、方维仪、方维则、吴令仪、吴令则

清康熙年间杭州的“蕉园诗社”

顾之琼与林以宁为婆媳

与钱静婉、钱凤纶为母女
与冯娴为妯娌，与柴贞仪、柴静仪为姑侄
姚令则是顾之琼姑母顾若璞的孙妇、顾之琼侄媳
朱柔则是柴静仪长媳，也即顾之琼的侄孙媳
吴江叶绍袁之妻沈宜修
三个女儿叶小鸾、叶纨纨和叶小纨
沈宜修的姐妹、姑母、嫂子、侄女吟咏唱和
山阴祁彪佳遗孀商景兰
三个女儿德渊、德琼、德宦
儿媳张德蕙、朱德蓉
妹妹商景徽之女徐昭华

三、当代文学视野中的女性存在

舒婷《致橡树》

　　我必须是你近旁的一株木棉，
　　做为树的形象和你站在一起。

张辛《蜗居》

　　郭海藻、郭海萍

妇女参加社会劳动是妇女解放的一个先决条件。

安徽师范大学经济管理学院　伍旭中

第18讲

稳中求进：全球视野下中国经济发展的道路选择

讲演时间　二〇一二年三月二十九日

一、挑战与机遇

2012年，中国发展处于一个关键的节点：本世纪头20年的重要战略机遇期已经过半，前半段的“赛程中”，从乡村到城市，从个体到国家，中国人不断创造发展的奇迹：中国经济实现年均10%的增长，对世界经济增长的贡献率居世界首位（陶氏化学公司董事长利伟诚在“中国发展高层论坛2012年会”论坛上表示过去三十年中，中国用了123万亿的金额为全球贡献了40%的GDP）。同时，困难和挑战也迎面而来。

（一）环顾国际，外部环境更加复杂

金融危机的阴霾未散，欧债危机持续发酵，主要发达经济体仍然深陷泥潭。次贷危机、欧债危机、发达经济体增长降速，这些危机是全球性经济发展方式的危机，全球经济结构失衡的危机（中美、南北欧），是金融业过度发展的危机，是财政赤字的危机。

从深层次角度来看，危机是国家积累与国家合法性职能矛盾冲突的结果。（政府做好人，许诺大家都有房子，正是导致美国金融危机的重要原因；同样，高福利政策也是“欧猪五国”（PIIGS）引发的欧债危机的重要原因。）

余永定在中国发展高层论坛2012年会上指出：“美国还有其他的一些国家，不能够在政治上、经济上采取一种通过勒紧裤腰带搞发明创造来还债的决心、意志和能力。他们想通过印钞票的方法，通过通货膨胀的方法（金融债券、国债、扭转操作等流动性陷阱），把他们的债务‘胀’没，令人担忧的是，欧洲可能在走这条路，对欧洲来讲他可能不得不走这条路，对我们中国来讲，中国是世界上最大的债权人，我们不得不担心。对于负债人来讲，就是通过货币贬值，这样最大的受害者就是债权人，所以我怀疑世界正在走入一个新的阶段，中央银行印钞票时代，它的后果是什么，我想是不言而喻的。对于中国来讲，我们怎么办，许多事情是不能吃后悔药的，我们迟了，许多行动我们在十年前五年前就应该采取，我们把时机错过了，就只能面对现实。”

国际评级机构惠誉在《全球经济展望》2011报告中预计，美国2011经济增长率为1.5%，明显低于此前预计的2.6%，2012年的经济增长预期也从此前预计的2.8%大幅下调至1.8%。惠誉将欧元区2011的经济增幅从1.7%下调至1.6%；对2011日本经济的展望从此前的增长0.5%下调至下降0.3%，同时预计日本经济2012年增长2.5%，低于之前预计的2.7%。

（二）审视国内，深层次矛盾凸显

经济增长下行与物价压力并存、农业稳定发展农民持续增收难度加大、部分企业经营困难、缓解经济发展中不平衡不协调不可持续的问题更加迫切。

1. 经济面临滞涨风险

中国社会科学院的《经济蓝皮书：2012年中国经济形势分析与预测》中指出，自2008年以来发生的金融危机是一次全球性经济危机，是一次严重程度可以和20世纪30年代与70年代两次全球大危机相提并论的危机，需要十年甚至更长时间才会真正得到恢复。

蓝皮书还指出，预计2012中国物价呈回落态势，CPI上涨4.6%；若国际经济政治环境不再发生显著恶化，国内不出现大范围的严重自然灾害和其他重大问题，经济增速虽将继续有所回落，但仍保持在合理增长区间，GDP增长率预计达到8.9%。

2. 改革面临三重困境

（1）协调利益分配难

从改革促开放到开放促改革；从自下而上到自上而下改革；从浅水区走向深水区。

改革初期，发动改革往往能找到普遍受益点，当时存量动不了动增量，现在存量和增量是联动的，怎样对待既得利益是改革的难题；改革初期，主要是经济体制改革，释放生产力的潜力，今天，改革的对象主要是过去推动改革的主体——政府，或政治改革，解决生产力的阻力。革命者开始革自己的命了。

（2）推动政策落实难

如果把改革放到两千年的中国历史中，在国民经济极度衰弱的时候，总会有人主张发展是硬道理，让一部分人先富起来，这样一个经济宽松化运动。文景之治、贞观之治、北宋等都是这样，甚至民国初年的情况也是如此；但是经济放松以后，地方会变得强大，民间财富阶层繁荣，思想大繁荣，就会带来挑战，贫富差距也会拉大。本轮的改革其实也是在这个逻辑之下，从历史上看，更像一个浓缩版的东西(时间短)。

实际上是如何解决经济集权化的问题（官与民、中央与地方)，国企与民企就竞争领域、经济资源分配等问题，中央与地方关于分税制、房地产、央企利润分配问题，开始了一轮争论。

（3）很多问题久拖不决且矛盾重重

①腐败问题：行政审批权过多（比如发改委类似如计委、国资委类似于经委，地方忙于搞项目、中央忙于批项目）导致寻租行为——政府仅仅是政治人吗？从来就没有救世主，官员可以假借“为人民服

务”而获得可支配收入。

②国企问题：国有企业“垄断性”收入、国有企业高管高收入、国有企业利润分配问题、国有企业“与民争利”——市场原教旨主义式的私有化可取吗？

③外储问题：3.2万亿美元的外汇储备，全球性危机下不断缩水。

④分配问题：90年代就提出“抑高、扩中、提低”，实际上没有解决好。农村居民收入10、11年增速超过城市居民，这与农业直补和家电下乡补贴有很大关系。

⑤生态环境、可持续发展问题。

3. 社会面临双重转型

社会转型是社会经济结构、文化形态、价值观念的深刻变化。我们现在往往把转型当作加强社会管理、加强民生工作、民生改善等。实际上，转型是战略问题，而一般民生工程是战术问题。

（1）从农业社会转向工业社会、现代化社会

城市过度拥挤、农村日渐衰落、房价直线上升、郊区成为贫民窟、生态成本增加、工业化快于城市化、城市化快于非农化等。

（2）从计划经济转向市场经济

中国经济体制改革的目标和方向是社会主义市场经济。但如今市场化改革面临诸多障碍，如围绕房地产领域的狂飙突进和治理、对通胀预期的非市场化管理，使得市场化改革变得模糊——政府让一只“看不见的手”终于看不见了？实际上我们应该走向一种可协调的经济。

发展陷阱：贫困陷阱到中等收入陷阱。

经济学中所谓收入陷阱，实际上是指一种均衡状态，即一旦收入偏离特定的均衡值之后，经济系统具有内生的力量将偏离的收入水平调整回到均衡值。即短期内人均收入可被提高至较高水平，但无法长期保持在这一较高水平，其他因素又会将人均收入拉回到原来的低水平的状况。

世界银行在2006年《东亚的复兴》的报告中首次提出“中等收入陷阱”的概念，着重刻画了当某国人均收入进入中等组水平后，由于无法顺利转变经济发展方式，导致经济持续增长动力不足，而最终经济停滞的状态，并特别指出东亚地区普遍存在收入差距扩大的问题，影响着经济发展方式的顺利转变，警告东亚经济要防止陷入“中等收

入陷阱”（实际上日韩顺利跨越，而拉美陷入拉美陷阱）。

2010年世界银行又在其新作《强劲复苏与风险积累》中进一步强调，由于工资成本不断上升，又无法提升自身所在价值链的位置，进入服务于创新为主的更高发展阶段，因而不得不在产业链的较低水平处竞争之中，陷入经济发展停滞的收入陷阱难以避免。该报告将陷入“中等收入陷阱”的国家所共有的特征描述为：经济增长回落或停滞、贫富分化、就业困难、社会动荡、社会公共服务短缺、金融体系脆弱、腐败多发、过度城市化造成畸形发展等。

根据世界银行的最新数据，2010年中国人均GDP为4393美元，已越过“下中等收入”与“上中等收入”组的分界线，进入“上中等收入”国家行列。

（三）值得思考的问题——我们还有没有机遇？还有多大机遇？

1. 支撑中国经济发展的“潜力账本”

①内需潜力大

单从城镇化来看，根据国际经验，城镇化率通常达到70%才稳定下来，而中国城镇化率刚刚超过50%。中国城镇化率每提高一个百分点，将增加1000万城市人口，而每增加1名城市人口，城市基础设施建设投资至少需要10万元（这还不算变成城镇人口的消费升级）。

②“钱袋子”充盈

中国有110万亿元银行业总资产，3.2万亿美元的外汇储备，各类存款余额达81万亿元（民间资本充足）。

③中国农业劳动力还有2.8亿

发达国家1个劳动力可以耕种几百上千亩。如果我们平均1个劳动力耕种6.4亩，18亿亩耕地几千万劳动力就足够了。至少还能转移2亿多劳动力。

④土地潜力巨大

全国城乡建设用地22万平方公里，镇村占15万平方公里——相当于2.3亿亩土地。根据村庄整治经验，整治后可节约出50%的土地。

⑤自主创新能力增强

中国申请专利数量以每年20%～30%的速度增长，据估计到2015年申请的国际专利数量可能赶上或超过美国。

2. 走出去的机会增多

全球主要发达经济体增长减速，人民币汇率升值、中国国际地位的提升，我们走出去的机会增多。比如留学生的培养，参与全球企业并购（三一重工“吃掉大象”，联合中信产业基金成功收购世界混凝土机械第一品牌——德国普茨迈斯特公司100%股权）等。

3. 政策性机遇

比如经济结构、增长方式的调整，新兴战略产业的扶持等。

二、中国经济发展道路的选择：如何发展

（一）发展的目的—— 以什么来衡量发展？发展成果谁来分享？

以增长看待发展：GDP主义、房奴、幸福的奴隶

以自由看待发展：个人自由？不幸福的自由人

以和谐看待发展：政治、经济、社会、文化、生态文明——科学的发展道路

（二）发展的基调

1. 总的基调：稳中求进

稳，就是要保持宏观经济政策基本稳定，保持经济平稳较快发展，保持物价总水平基本稳定，保持社会大局稳定；进，就是要继续抓住和用好我国发展的重要战略机遇期，在转变经济发展方式上取得新进展，在深化改革开放上取得新突破，在改善民生上取得新成效。我的理解就是稳中改进，改进中前进（改进就是改革），实际上就是处理好稳定、改革与发展的关系。

稳中求进，要继续抓住科学发展这个主题和加快转变经济发展方式这条主线，牢牢把握扩大内需这一战略基点、发展实体经济这一坚实基础、加快改革创新这一强大动力、保障和改善民生这一根本目的。

稳中求进，要继续处理好保持经济平稳较快发展、调整经济结构、管理通胀预期的关系，加快推进经济发展方式转变和经济结构调整，着力扩大国内需求，着力加强自主创新和节能减排，着力深化改革开放，着力保障和改善民生，保持经济平稳较快发展和物价总水平基本稳定，保持社会和谐稳定。

稳中求进，要把稳增长、控物价、调结构、惠民生、抓改革、促和谐更好地结合起来。

稳中求进，要把稳和进的关系处理好，就要把两个难点解决好：稳增长与抓改革，稳增长与调结构。

2. GDP和CPI的稳定问题

下降GDP增长速度，就是要弱化GDP主义。在GDP主义弱化的情况下，地方政府就得关注GDP增长质量而不是数量。如果地方政府关注GDP增长质量，那么其采取的经济政策及社会政策会更注重民生、更注意经济长期增长。发达国家宏观是增长问题，我们主要是结构问题，不能“为他人做嫁衣裳”。

另外，宏观经济稳定在7.5%，并不是说其他地方就不发展了，其实从微观层面来说，政府还是非常积极的。比如中西部的发展和东北地区的振兴，还有老少边穷的地区发展，如新疆等地，去年都在实施跨越式的发展。所以，宏观面比较稳健，微观面在很多领域还是积极进取。

4%的控价目标：4%是一个经验数字，国际上认为，4%对于美国、英国这样的国家是比较高的通胀了，5%以上是严重通胀了，政府必须下重手，运用非常严厉的宏观经济手段，想尽一切办法控制价格。但是对我国来说，CPI在5%以上的时候老百姓有明显的感觉，5%以下、4%左右基本是平稳的。因为：

一是老百姓能够接受（去年5.4%，今年4%）；

二是为价格改革留下空间（水电煤气价格调整）；

三是可能存在输入型通货膨胀（美联储的量化宽松政策、欧洲央行注资等）。

（三）发展动力：顶层设计，全面改革

邓小平：“没有改革就没有今后的持续发展。所以，改革不只是看3年5年，而是要看20年，要看下世纪的前50年。这件事必须坚决干下去。”

温家宝：政府工作报告中“改革”一词出现70次。

30多年前的改革，无论是联产承包制、乡镇企业改革还是股份制，都是“摸着石头过河”，由民间自发，“自下而上”的改革；今天的改革，需要的是“自上而下”的顶层设计，这就要求改革的决策者

要具备战略眼光，不拘泥于“一城”“一地”之得失，而是将整个战略布局做到更好。比如财税金融体制改革、产权制度改革、价格改革、分配制度改革、事业单位分类改革、政府改革等。

（四）道路选择：科学的发展道路

1. 科学发展与传统发展区别

传统发展观重物轻人，科学发展观以人为本；传统发展观重生产轻消费，科学发展观生产是为了人，人不是为了生产，不断提高人的生活质量；传统发展观只重视GDP、GDP至上，科学发展观认为GDP是重要的，但绝不唯GDP是从，重总量更重结构和质量；传统发展观不重视社会的可持续性,走的是绿色、低碳的经济发展之路。

2. 走科学发展道路必须加快经济增长方式的转变

从中国的经济增长方式方面来看，我们要由一个高储蓄、高投资、高外贸出口、高能源消耗、高政府税负、高国企投资的“国强”增长路径转向一条高居民消费、高内需的“民富”增长轨道。

具体而言：要调整需求结构，扩大消费对经济增长的拉动作用；要调整产业结构，重点发展第三产业；要调整要素结构，通过自主创新，建设创新型国家来推动经济增长；要改变城乡二元结构，建立城乡一体化发展的新机制来加快农业的现代化和社会主义新农村建设；要处理好内外经济关系，由引进来为主转变为引进来和走出去并重。

3. 走科学发展道路必须凸显“以人为本，民生优先”

要解决好社会保障问题、就业问题、教育发展问题、住房问题、征地拆迁、安全生产、食品药品安全、收入分配、道德诚信问题等关系民生的一系列问题。

4. 走科学发展道路必须由“单项推进”走向“整体协调”

一条腿再长，也走不好路。要改变单纯发展经济的道路，下大力气全面推进经济建设、政治建设、文化建设、社会建设以及生态文明建设。

北京语言大学人文学院　华学诚

第19讲

汉语史研究的空间观念

讲演时间　二〇一二年六月二日

华学诚指出当下汉语史研究缺乏对空间观念的重视，而对于汉语史研究来说，“空间观念和历史观念是同样重要的”，并且“研究汉语史必须重视空间观念，必须时刻注意考察语言文字的空间变化”。

他分别从词汇、语音、语法三个方面举例说明了空间观念对于解读古文献语言的重要意义。词汇研究方面，他以“履、屦”为例，重点阐述了“履”由动词演变为名词，经历了从河南中部偏南到河南中部再到山西东南部最后进入通语这样一个空间转移的过程；同时他指出，“很多字典只记录了词义历时发展演变的关系，如《汉语大字典》，却将其空间关系忽略了”，将空间观念与历史观念一道带入词义研究，这样才能更加准确。语音研究方面，他以“逆、迎”二字为例，一反学界认为二者是同义词的固有看法，提出了它们之间在本质上应是语音的差异的看法，因为“‘逆’的上古音属于疑纽铎部，而

‘迎’的上古音属于疑纽阳部”，“字形的差异往往掩盖了语音上的差异”。

语法研究方面，他以词头“阿”为例，指出此字南方人用在排行、小名或者姓前面的用法，在吴语 、客话、闵语中都存在，而实际上“阿”最初并不产生在南方，汉晋时期的文献材料在地域上都是属于北方的，对“阿”的历史研究已不乏具体讨论，而对其区域扩展的方向和原因，汉语史著作却很少作出描述。最后，他又举了一个运用空间观念解读文献语言的实例，屈原《离骚》中“余既不难夫离别兮，伤灵修之数化”中的“化”，后人一般释为“变化”之“化”，而华教授运用空间观念不仅推翻了这种看法，还得出了此“化”乃“教化”之“化”及“玩滑头”之义。

讲座结束之时，他再一次重申自己的主张，并“希望今后的汉语文字、词汇、语音、语法研究，在重视历史观念的同时，也重视空间观念”。

安徽师范大学新闻与传播学院　杨柏岭

第20讲

读图时代的文学精神传承

讲演时间　二〇一二年九月二十日

阅读是人类非常古老的一种行为，从某种意义上来说也是人类文明发展最重要的途径，更是社会公认的最典雅、最文明的一种人类行为。所以自古以来中西方民族都是非常重视阅读行为的。

据说，犹太人在很小的时候，他的母亲就会在《圣经》上滴一点蜂蜜，让他去亲吻，所以犹太人从小就知道书本是甜的。中国古人自始至终也强调读书的重要性，比如大家耳熟能详的几句话："书中自有颜如玉，书中自有黄金屋。"实际上出自于北宋宋真宗赵恒的《劝学文》一文。这里面实际包含着宋代政治家、宋代皇帝对读经重要性的劝说。但是比较而言，我们当下像犹太人那种甜蜜的回忆、像中国古代对阅读行为的那种崇敬感似乎在远离我们而去，变为一种记忆。这个记忆，实际上于我们的时代在发生一种转型，因为科技等方面的变化，带来我们社会的一个转型和变化。1989年，在美国著名的一个博物馆——慧特利博物馆，就尤其以收藏现代艺术品而著名的一个博物馆，当时有一个展览，展览的题目是《图像世界艺术与媒体文化》，在展览的开头有个《展览图录》，其中有这样一段文字："这个早上，260000个广告牌将竖立在道路两旁。这个下午，11520份报纸和11556份期刊将会准备发售。当太阳再次落山之际，21689个剧院和1548个汽车影院将上映电影，2700个影像店将出租录像带。162000000台电视机每台将连续播7个小时，41000000张照片将被拍摄出来。而明天，一切将会更多。"通过这段文字，在二十多年前，实际上从艺术领域里面，已经宣告了我们这个社会已经进入了一个图像社会，进入了一个读图的时代。而且正如这个《展览图录》所预言的，像这一类图像，明天将会更多。二十多年后，我们感觉这个预言是真实的。

时代的变化也给我们带来很多的变化。因为我们进入了一个新的时代，所以我们的思想家们对我们当今什么是文盲也产生了不同的认识。我们所熟知的文盲，实际上是文字意义上的文盲。著名学者托夫勒影响巨大的一本书《第三次浪潮》中将文盲分为三种，除了文字文化文盲之外，一个主要是工业社会和后工业社会所带来的这种计算机文化文盲，再加上一个影像文化文盲。

我想揭示的是生活在当代的人，尤其像我这样的几乎开始走进回忆的一个年龄层次，我的感受是：在我的记忆中，图书馆才是阅读最真正的地方，到图书馆查找卡片，填写借阅单，借来想读的书籍，坐下来细读，品味，摘录，思考，撰写读书心得，然后满足地离开。这是印象中大学期间最浪漫的一种生活。我的日记中有一段关于从图书馆出来的描写："落日的余晖洒在身上，体会出从未有过的惬意和愉悦。"这种感觉至今令我回味，神往。尤其难忘的是古籍部那温馨的氛围，而如今走进图书馆的人越来越少，更不要说去读那些没有标点的古籍了。即便到图书馆，更多的是为了考试，去做、背课堂笔记，而不是真正的阅读。

发表这些感慨，是怀旧，但并非守旧。面对新媒介的崛起及其给我们阅读带来的新变化，我们必须正视，必须思考。可以说，"新媒介的兴起和文学的处境"已经走过了学术界热议的时期，但问题并没有解决，需要思考的问题实在太多。

一、读图时代的生活环境

伴随着电子产品的出现，人类的世界以及人类行为本身都发生了很大的变化。与这个变化同步的，是思想家们思考的过程。这个社会是个图像社会，但并不是说我们看到的图像的意思。

1. 图像的含义

狭义的图像是图片景像。

“图像时代”是对社会新状况的概括；

“图像社会”须与“消费社会”、“媒体社会”等相互支撑；

“图像时代”的“时代”不指向某种时代精神。

2. 文字时代

人类文明跨越的进步是文字的出现。从整体的文化的角度看，自从发明文字之后，统治与主宰人类社会文化信息主要是文字。我们目前所掌握的人类文明信息，主要依赖于文字。我们已经养成了“文字”依赖心理。文字不仅是信息的载体、传播的工具，而且是法律。因此，我们的文学观念、文学思想、审美观皆与文字有关。

3. 图像时代

“图像”的出现是早于文字的，“图像时代”的图像又是很现代的，它从没有像今天这样，给我们的生活、文化和教育带来如此巨大的冲击，它使得我们每个人不得不重新面对这一古老而又新鲜的命题。

二、由文字时代到图像时代：文学场的变化

（一）由中心到边缘：文学地位的滑落

（1）从文学的作者群来看，许多文学作者对文字时代的文学表意的审美价值产生质疑，或对“寂寞的书写”失去信心。于是，有的转而加入图像文化大军，参与网络和影视等新媒体艺术创作。

（2）从文学的读者群来看，诸多读者开始失去品味语言的心境，对文字阅读丧失了耐心，纷纷成为电影、电视、网络以及各种数码图像产品的忠实观者，使得文学市场不断收缩。“读书”只是职业需要而不是文化诉求。

（3）从文学市场来看，歌碟、影碟、游戏软件、超文本作品、网络播客、视频小品、自拍写真，乃至手机短信、彩铃、手机电视、手机动漫等一路热卖，文字阅读、文学书刊只能退居市场边缘。

如果还有文学热点，那也是网络文学、博客文学、手机小说、微博书写，文学仅仅沦为影视剧、动漫故事、网络游戏的脚本。至此，正如希利斯·米勒所感叹的："电信时代的文学生不逢时，没有赶上好日子。"

（二）图片遮蔽了文字：文学作品载体、内容及价值的图像走向

（1）文学作品被改编为影视剧作，文学由语言载体向图像载体转变。

（2）近年来"图像与文学的结合还孕育出了许多文学新形式"。

（3）文学作品本身的图像化元素增殖。

（4）媒体塑造的口碑超过作品的好坏。

（三）从制度到自由：文学作品话语的多样化走向

从社会组织角度说，确立传统文学的中心地位，一个突出的表现，即是将文学作为意识形态，纳入政府管理，形成了极为严格的审稿制度。

随着现代网络技术和多媒体技术的飞速发展，网络成为文学存在和传播的一种重要方式。伴随着这种现象，无论是作品的内容，风格，还是作品的层次、审美趣味等，皆呈现多样化的局限。因此，传统的文学观念尤其是处于核心地位的文学观念逐渐被边缘化。

（四）快感冲击美感：文学审美价值的感性走向

如今，信息"技术"为我们营造了一个虚拟的空间，这个脱离现实的虚拟空间又强化了一种"浪漫"的娱乐气息，营造了"超真实"的伪语境，建构了虚假的消费主体。于是，"娱乐"与"消费"的结盟，让观众在影像的审美幻觉中被消费主义意识形态所虏获，并与其拟像世界获得高度的认同。由此引发"娱乐至死"的非理性沉迷与狂欢，成为图像时代最疯狂的意识形态。

传统文学原本也强调感性体验，但较之于书写时代、印刷时代的话语文化，图像文化明显地更趋向于感性，甚至可以说，感性体验成

为它们把握世界的主要方式，它们反对理性主义或教化的文化观，转向了一种感性快乐。于是，传统文学的审美价值及观点发生了变化。

三、图像时代文学精神的求索

以上所说，归根到底，就是因为文学载体的变化。其实，文学艺术与传播媒介的关系素来就是十分密切的，有人说："变化的只是传播媒介自身。"其实在我看来，"变化的不仅是传播媒介本身，文学的样式、文学的观念亦随之而变化。"

这里以中国古代雅俗之辨为例予以说明。雅俗之辨是贯穿古代文论史的核心理论，由俗至雅又是古代文论艺术精神的一个重要向度。近代王国维撰写《古雅之在美学上之位置》一文，拈出"古雅"一词，绝非虚设！他在中西比较中，确实看出了中国文学理论重"雅"的特色。同时，王国维又说"一代有一代之文学"，其实，此处"文学"不仅指汉赋、唐诗、宋词、元曲之类的文体样式，而且附着"一代又一代之文学思想"的含义。中国古代文论的核心理念几乎都是针对某一文体而言的，诸如"诗言志"、"文载道"等。

于是，伴随着某种文体的演变过程，大体皆经历一个由俗到雅的文论演变的历程。当今的数字化时代亦在创生着新的电视剧剧本、短信等众多文学样式，致使由精英文学支配下的文学场发生了裂变，大众文学、网络文学等崛起。与其相伴的则是"不计目的的快感、娱乐和享受"等最肤浅的审美价值。

当诸多精英人士经过惶恐、震撼乃至无奈之后，重塑数字化时代文学的呼声自然而生。若理性地分析当下兴起的文学样式，亦必将在"一代又一代之文学"的演变中，完成由俗至雅、由大众到精英的历程。古代文论极其重视人与文的精神道德取向的传统，再次发挥了作用。

任何一次传播媒介的变革，都会导致文艺话语和价值观念的巨大变革。古人已经为我们探索出利用新媒体又坚守文学性的许多经验。为此，我们必须做到如下几点。

（一）要以理性的态度正视文学观念的变化，强化新媒介传播文学精神的责任

作为一个社会人，"生活在传媒"其实就是他生活的本质方面。如

何去旧迎新，成为使用、驾驭直至生活在网络中，是一个现代性的话题。

当下，表面上看，“文学”无处可在，但实质上这只是新媒体兴起时的短暂现象。随着时间的推移，新媒体的优势必将在文学精神的塑造中发挥着重要的作用。

在新媒介面前，纸质媒介的缺点暴露无遗：

即时性缺乏、不可扩展性、搜索性低、储藏携带不方便、传播力不足、内容展示力不足。

因此，我们大可不必在技术传媒、图像文化、新媒体艺术的凌厉激荡面前诚惶诚恐、无所适从。我们需要思考的：

（1）坚信文学不死、文艺学犹存的信念。

在新媒体面前，无论文学边界如何拓展，文学内涵怎样扩容，文学现象、文学观念和文学问题总是存在的。

（2）构筑新的文学边界，树立新的文艺学学科的界碑。

随着文学边界的变化而出现新的文学现象、文学观念和文学问题，更需要我们对转型中的文学有自己学科的支撑和理论的解答。我们所能做的和应该做的则是根据变化了的文学现实和社会现实，重新认识今日的文学和文学边界，重新确立变化了的文学现象、文学观念和文学问题，并认真解答这些新的文学现象、观念和问题，以此来建构数字传媒时代的文艺学，在新的文学边界上树立起新的文学学科的界碑。

（二）以通变的态度吸取传统的力量

与西方文化倾向时空对立的艺术观不同，中国古人则以时空一体，以时观空的观念构筑了宇宙观。伤春悲秋、别离、咏古、登高等古代文学史上最为突出的几类题材，虚实相生、情景交融、神思以及意境等古代文论史上至为重要的主张，都以这种艺术时空意识为内核。刘勰《文心雕龙·神思》篇云“寂然凝虑，思接千载；悄然动容，视通万里”，陆机《文赋》言“观古今于须臾，抚四海于瞬”，皆希望在人们的想象中，不受时空之限，把不同的时间或空间内发生的事件并存于同一画面。不过，正如梁元帝《荡妇秋思赋》所云“登楼一望，唯见远树含烟。平原如此，不知道路几千”，古人是在切实体会时空之隔带来的种种辛苦之后，幻想着心纳天地万物之境。

而时下的数字化语境通过图像消解了事物之间的时空距离，将不同时间、空间的事物迅速融于一体，成为接受者可以直观的眼前事实，省略了接受者心灵涵泳、体会、沉思的过程，降低了接受者的审美时间和审美空间，审美韵味亦随之散失。从这一点说，古代文论中的时空意识、涵泳体悟以及审美韵味等理论必将是图像时代理论建设的重要资源。

（三）培育图像时代的文学经典

一个民族的文学经典代表着一个民族的文化精神，对不同民族文学经典的接受与传承，是对民族性的张扬和全球化语境下民族间的对话与交流。

什么是文学经典？这是一个很重要的问题，关系到文学的定位、选择，决定文学史的编撰，关系到文学教育、文学接受等一系列重要问题的解决。这一回答在理论研究中各有表述：

“文学经典就是指承载文学之‘至道’和‘鸿论’的各类文学典籍（特别是作品）。”文学经典指的是具有丰厚的人生意蕴和永恒的艺术价值，为一代又一代读者反复阅读、欣赏，体现民族审美风尚和美学精神，深具原创性的文学作品。

瑞士作家赫尔曼·黑塞在《获得教养的途径》中说：经典作品是“我正在重读”，而不是“我正在读”的书。

在文学接受作为主导地位的时代，大众阅读文学经典具有一种崇高感、神圣感，有一种陶冶情操、净化灵魂的追求。然而，20世纪90年代开始，我国文坛上“大话”文艺思潮兴起，其最大的特点是对经典的改写、戏仿、拼贴、蔑视、嘲弄、亵渎，以此颠覆和戏弄传统或现存的经典话语秩序以及其深层内蕴：美学价值、道德规范和文化意义。目前，在当代大众消费心理与叛逆欲望驱使下，一切构思和设计都是建立在犯规性愉悦上，冲击现存世界各种界限的认识，只要带来赏心悦目和开怀畅笑。尊贵的文学经典在一群顽童的戏谑之下疲软萎缩而失去招架之势。图像时代的视觉审美，因失去了“灵韵”的神秘而成为机械的复制，因失去了求真的体悟而沦为虚拟的幻觉，因失去了审美的惊喜而成为忙碌的寻觅。概言之，现代性的视觉审美，由于失去了经典美学精神上的崇高和优雅，最终沦为了一种现代的非美学甚至反美学。

可见，文学阅读的浅表化、娱乐化，使消费主义的快餐文化走向泛滥和无度。在这样的大背景下重提人文视野中的文学经典教育，就具有重要的精神和实践意义。

最后，让我总结一下此次讲演的主要观点：

（1）请正视我们的文化处境、文学境遇，它正在发生着变化；

（2）当我们盲目地生活在图像时代，请理性认识新媒体应该担负的文化责任；

（3）当我们徜徉电子图像之余，请腾出足够时间走进图书馆，回味一下文字阅读的神圣与甜美。

安徽师范大学数学计算机科学学院　孙国正

第21讲

数学在人类文化中的作用

讲演时间　二〇一二年十月十七日

数学是人类文化的重要组成部分，也是人类文化发展的一种重要力量。在当代，数学的影响已经遍及人类活动的所有领域，未来，数学将对人类文化产生更广泛、更深刻的影响。

很多人害怕数学，觉得数学太抽象，没什么趣味，那么今天我就从数学在人类文化中的作用入手，和大家做一个交流。

一、文化的含义

（1）人类在社会历史发展过程中所创造的物质财富和精神财富的总和，特指精神财富，如文学、艺术、教育、科学等。（《现代汉语词典》）

（2）广义指人类在社会实践过程中所获得的物质，精神生产能力和创造的物质、精神财富的总和。狭义指精神生产能力和精神产品，包括一切社会意识形态：自然科学、技术科学、社会意识形态。（《辞海》）

二、数学的含义和特征

1. 数学的含义

恩格斯对数学的含义作过如下的表述："数学是研究现实世界的空间形式和数量关系的一门科学。"①

数学是一门撇开内容，只研究形式和关系的科学，而且首要的是研究数量的和空间的关系及其形式。（《哲学百科全书》）

数学是关于模式和秩序的科学。

数学是研究数量关系和空间形式的科学。

数学是研究思想事物的，它不是铅笔和粉笔写下的符号，也不是物质的三角形或物质的集合，而是思想。[R.Hersh（赫斯），1979]

2. 数学的特征

高度抽象性、严格的逻辑演绎性、独立性、广泛应用性。

三、数学的起源与发展

（一）数学的萌芽（公元前6世纪以前）

1. 数的产生与发展

大约从公元前一万年开始，人类进入新石器时代，开始制造和使用磨制石器，发明了陶器，出现了原始农业、畜牧业和手工业。

由于生产的发展和产品的丰富，出现了生活用品的交换，在这一过程中就必须进行计算，由此产生了各种不同的记数和计算方法。

原始人用手指、脚趾记数和计算，如英文单词"digit"，既有数字（0到9中的任何一个数字）的含义，又表示手指、脚趾。

记数方法还有石块、结绳、木棒、龟甲、竹片或骨头上的刻痕等，如1937年在捷克发现的一根幼狼胫骨，长为18cm，上面有55道刻痕。据考证，这一文物存在于约三万年前，它的历史表明，数的概

①[德]恩格斯：《反杜林论》，人民出版社1970年版，第3页。

念先于文字。（现在尚不能确切地知道幼狼胫骨上刻痕的含义，可能是记录猎物的数目）

我国《周易·系辞下》中有“上古结绳而治，后世圣人，易之以书契”之说，“结绳而治”即结绳记事或结绳记数，“书契”就是在物体上刻痕。

约五千多年前，出现了书写记数系统：

（1）古埃及草片文书上的象形数字（公元前3400年左右）

（2）巴比伦泥板上的楔形数字（公元前2400年左右）

（3）中国的甲骨文数字（公元前1600年左右）

（4）印度—阿拉伯数字

2. 几何学的起源

同数的产生一样，几何学也是为了满足人们的需要而从实践中产生的。早期的几何知识产生于土地面积的测量、谷仓容量的计算、建房所需石料的测算等实际问题的需要。

古希腊历史学家希罗多德（Herodotus，约公元前484—前424）说：“尼罗河每年涨水后，需要重新确定农民田地边界，从而产生了几何学。”

埃及纸草书和巴比伦泥板上的资料表明，古埃及人和古巴比伦人已经掌握了不少几何知识，如矩形、三角形的面积公式。

这一时期数学的特点是：数学尚未成为独立的学科，它只是一种工具，形式是一些无联系的单个法则和经验公式，用于解决人们日常生活中的实际问题。

（二）初等数学时期（公元前6世纪—16世纪）

1. 古希腊数学（公元前6世纪—6世纪）

（1）古希腊数学的开创者是小亚细亚的泰勒斯（Thales，624—547 B.C），他发现了等边三角形的两底角相等、两直角相等的定理；开创了对命题的证明，即证明了圆的直径二等分圆。以此为开端，数学的本质发生了改变。

（2）毕达哥拉斯（约580—500 B.C）及其学派的主要贡献

毕达哥拉斯学派最早把数学作为一门独立的学科来研究。他们首先研究了抽象的数的概念，把数（正整数）分成奇数和偶数、素数和合数，完全数等。

他们发现了自然现象中的许多数字关系，例如，行星的运动可以用数的比表示；音调的和谐由数值的比决定，由此产生一个信念：数是万物的本原。

他们发现了若干定理：毕达哥拉斯定理、三角形内角和定理等，并提出可公度比与不可公度比概念。

毕达哥拉斯学派的一位成员费洛罗斯说："人们所知道的一切事物都包含数，因此，没有数就既不可能表达，也不可能理解任何事物。"

古希腊三大著名几何问题的研究：

化圆为方，即作一个与给定的圆面积相等的正方形。

倍立方体，即作一个立方体，使其体积等于已知立方体的两倍。

三等分角，即将任意角三等分。

（3）欧多克斯（Eudoxus， 约408—347 B.C）的比例理论。

（4）亚里士多德（Aristotle， 384—322 B.C）研究了定义、公理和公设；创立逻辑学。

（5）欧几里得（Euclid， 约330—275 B.C）的《原本》（Elements）。《原本》用公理化方法对当时的数学知识作了系统化、理论化的总结，全书共分13卷，包含23个原始概念（未经定义的概念）、5条公设、5条公理、119个定义、467个定理。

（6）阿基米德（Archimedes， 287—212 B.C）的数学成就：用穷竭法求面积和体积；得到圆周率的近似值。

（7）阿波罗尼乌斯（Apollonius， 约262—190 B.C）的《圆锥曲线》。

（8）三角学的建立（约150 —170 B.C）。

（9）丢番图（Diophantus，约246—330 A.D）的不定方程。

2. 东方数学（公元前6世纪—15世纪）

（1） 中国古代数学著作、主要数学成就

《周髀算经》（公元前2世纪以前）

《九章算术》（公元前1世纪以前，含246个问题，分为九章）

刘徽的《九章算术注》（公元263年），其中提出割圆作为计算圆的周长、面积和圆周率的方法，得到π=3.1416，称之为"徽率"。

祖冲之（429—500）的圆周率（早于西方一千一百年，用缀术法，但已失传）。

祖暅（祖冲之之子）的祖氏原理与球的体积公式。

算经十书（公元656年编写）：《周髀算经》《九章算术》《海岛算经》《孙子算经》《张邱建算经》《夏侯阳算经》《五曹算经》《五经算经》《缀术》《缉古算经》。

宋元时期（960—1368）的数学成就：高次方程数值解法、贾宪三角、秦九韶的《数书九章》、天元术和四元术。

（2） 印度数学

零“0”的发明（9世纪，对世界文明的杰出贡献）

数学著作：《计算方法纲要》（9世纪）；《莉拉沃蒂》和《算法本源》（12世纪）

（3） 阿拉伯数学

十进制算术、花拉子米（780—850）的《代数学》、海亚姆的三次方程解法、三角学的系统研究。

3. 文艺复兴时期的数学（15世纪—17世纪）

三次、四次方程的根式解、虚数的发现、韦达的符号代数、透视学与射影几何、对数的发明。

（三）近代数学时期（17世纪—19世纪）

解析几何的诞生（1628）、微积分的建立（1669—1684）。

变分法、概率论、微分方程、复变函数论、非欧几何、微分几何、群论等诸多数学分支的创立与发展。

（四）现代数学时期（1870—现在）

集合论的创立。

实变函数论、拓扑学、泛函分析、抽象代数、整体微分几何、代数几何、代数数论等纯粹数学新学科的建立。

数理统计、运筹学、控制论、计算数学、数学物理、生物数学等应用数学学科的建立。

四、数学与科学技术

数学是人类文化的一部分，实际上社会科学的各个分支都是文化这个整体的子部分，我们的数学，对文化的其他子系统有重要的推动作用。

（一）数学与物理学

（1）近代科学之父伽利略（1564—1642）说：“数学符号就是上帝用来书写自然这一伟大著作的统一语言，不了解这些文字就不可能懂得自然的统一语言，只有用数学概念和公式所表达的物理世界性质才可认识。”伽利略应用数学知识首次提出惯性、加速度等概念，发现自由落体定律并用数学公式表述。

（2）开普勒（1571—1630）发现的行星运动三大定律都是用数学语言表述的：

①行量的运行轨道是椭圆，太阳居其焦点；

②在相等的时间内，行星与太阳之间的连线扫过的面积相等；

③行星公转周期的平方与轨道半长轴的立方成正比。

（3）牛顿（1643—1727）的《自然哲学的数学原理》（1687）就是用数学刻画万有引力定律、动力学定律以及宇宙体系，电磁场理论几乎是纯数学理论。

（4）爱因斯坦相对论的创立与数学紧密相关，闵可夫斯基几何为狭义相对论提供了合适的数学模型，张量分析是建立广义相对论的数学工具。

（5）霍金用数学方法严格证明了爱因斯坦方程中奇点的存在性，并由此提出宇宙大爆炸和黑洞学说。

（6）规范场是纤维丛上的联络。（杨振宁，1975）

（二）数学与生物学

德国哲学家康德曾经这样说道：“我坚决认为，任何一门自然科学，只有当它数学化之后，才能称得上是真正的科学。”

马克思也说过：“一种科学只有在成功地运用数学时，才算达到了真正完善的地步。”

20世纪以来，数学与生物学建立了紧密联系，产生了许多新的学科，例如，数学生态学、数量生理学、数量遗传学、细胞动力学、人口动力学等。

1926年，意大利数学家伏尔泰拉提出著名的伏尔泰拉方程，成功解释了生物学家在地中海观察到的不同鱼类周期消长的现象（上述方程中x表示食饵即被食小鱼数，y表示捕食者即食内大鱼数）。

描述神经脉冲传导过程的数学模型是Hodgkin-Huxley方程（1952），这项工作获得1963年诺贝尔医学和生理学奖。

描述视觉系统侧抑制作用的数学模型是Hartline-Rutliff方程（1958），这项工作获得1967年度诺贝尔医学和生理学奖。

DNA的双螺旋结构和DNA链中碱基的排序方面的新成就，是数学家与生物学家共同合作的成果，其中用到了代数拓扑、统计学、组合数学等领域的知识。

（三）数学与化学

数学在化学中的作用日益广泛和深入，数学与化学的结合产生了许多交叉学科，如数理化学、化学动力学、分子拓扑学、计算化学等。

群论在化学中有广泛的应用，如分子对称性、晶体结构的研究都使用了群论方法。

（四）数学与现代技术

美国前总统科学顾问艾德华·大卫说："高新技术在本质上是一种数学技术。"

20世纪最伟大的技术成果是电子计算机的发明与应用，而计算机的产生源于数学，其创始人是数学家图林（1936）和冯·诺依曼（1945），计算机科学的每一步进展都与数学紧密相关。

20世纪医学领域中最伟大的发明是CT技术，CT理论的核心是数学中的Radon变换，创立CT理论的柯马克和第一台CT研制者洪斯菲尔德获得了1979年诺贝尔医学和生理学奖。20世纪80年代后期兴起的核磁共振显像（MRI）的主要技术之一也是数学方面的，利用了傅立叶变换快速精确的反演。

王选的"汉字激光照排系统"是毕昇活字印刷术后中国印刷技术的第二次革命，其中的核心思想是数学思想。

运用数学的现代科学技术还有很多，如数值天气预报、数字地球、安全技术、现代军事、飞行器设计等。

五、数学与社会科学

（一）数学与经济学

20世纪40年代以来，经济学研究的数学化开始出现。1944年，冯·诺伊曼与摩根斯坦合著的《博弈论与经济行为》提出竞争的数学模型并应用于经济问题，由此创立了一门新的学科——数理经济学。

20世纪50年代以来，数学方法在西方经济学中占据了主要地位。

自1969年设立诺贝尔经济学奖以来，至今共有获奖者60位，其中近80%获奖者的工作与数学紧密相关。

（二）数学与语言学

从19世纪中叶开始，许多数学家和语言学家进行了用数学方法研究语言学问题的实践，数学与语言学的结合形成了一门新兴学科——数理语言学。

数理语言学用数学方法研究语言现象，并加以定量化和形式化的描述，它包括三个主要分支。

（1）统计语言学。主要是应用统计程序处理语言资料，如统计语言单位（音素、字母或词汇项）的出现频率；研究作者的文体风格(计算风格学)。

（2）代数语言学。

（3）算法语言学。

数理语言学中使用了概率论与数理统计、数理逻辑、集合论、图论等多个数学理论，取得了许多重要的研究成果。例如，使用计算风格学方法，确认肖洛霍夫就是《静静的顿河》的原作者，解决了苏联文坛的一大疑案；这一方法，也帮助人们在研究《红楼梦》的作者和成书过程等问题时，得出许多有价值的结论。

（三）数学与哲学

数学始终影响着哲学。

古代哲学家在探索宇宙奥秘的过程中，试图给奇妙的自然界及其千变万化的自然现象一种合理的解释，对不同的民族文化作出不同的解释。

印度采用了一种从神秘走向宗教的解释。

中国用“五行”（金木水火土）学说、阴阳学说加以解释。

古希腊采用的是用数学来解释世界的方式。

毕达哥拉斯学派认为数是宇宙万物的实质和形式，数是一切现象的本质，从而提出“万物皆数”的观点。

柏拉图认为世界是按数学来设计的，并说“神永远按几何规律办事”。

柏拉图及其所建立的学派非常重视数学，柏拉图40岁时创办“柏拉图学园”，免费为学生授课。据说，门口竖起一块匾额：“不懂几何者不得入内”。

唯理论的三位代表人物笛卡儿、斯宾诺莎、莱布尼兹都深受数学的影响，其中笛卡儿、莱布尼兹是数学家，而斯宾诺莎的代表作《伦理学》则是完全依照欧几里得的几何《原本》的体例撰写的。

康德的《纯粹理性批判》深受数学的影响，其目的是解决“纯粹数学是如何可能的”及“纯粹自然科学是如何可能的”等问题。

现代西方哲学的一个主流学派——分析哲学，源自于数学家弗雷格和罗素的关于数理逻辑方面的研究。

数学家B.Demollins说：“没有数学，人们无法看透哲学的深度，没有哲学，人们也无法看透哲学的深度；而若没有这两者，人们就什么也看不透。”

数学还在管理科学、历史学（计算史学）、艺术（音乐、绘画、建筑学）等领域中有诸多应用。

六、数学与人的发展

我常说，语言方面的素养和数学方面的素养对每个人来说都是必不可少的，并且数学素养对他未来的发展非常重要。从以上所说的来看，数学学科在各个学科、各个领域都发挥着越来越重要的作用。若是不懂数学，未来将寸步难行！

数学对人的发展的作用主要体现在以下四个方面：

有利于理性精神的培养；

有助于思维能力的提高；

有益于良好个性品质的形成；

有益于心灵的净化。

数学是人类文化的重要组成部分，也是人类文化发展的一种重要力量。在当代，数学的影响已经遍及人类活动的所有领域，未来将对人类文化产生更深刻的影响。

安徽师范大学文学院　徐德明

第22讲

莫言·中国·世界
——文学与文化的理解及错位

讲演时间　二〇一二年十月二十五日

同学们好，让我来讲莫言其实有点惶恐，因为我不是研究莫言的专家。大家都知道中国现当代文学研究中，有许多现代文学研究的专家，比如说我和我们系的一些老师都可以称是老舍研究专家，比如说我对朱自清研究知一二，对王安忆也知一二，而关于莫言我知0.5，但是长年教现代文学当代文学，读了一些莫言的小说，可能会比同学们了解稍微多一点。所以，现在我来说莫言，就是和大家交流讨论而已。

自从莫言得了诺贝尔奖，相当程度地变成了中国的一种文化消费。我觉得尊重一个作家，最好是去理解他的作品，理解作为一个中国作家，他的特点在哪儿；理解一个中国作家在世界上应该占有什么样的地位。中国人对莫言作品的理解，和欧美人、瑞典人、法国人等他们的理解是有不同之处的，一个中国血统的欧美汉学家和纯粹的欧美人对莫言的理解也多少有些不一样，就如“一千个读者就有一千个哈姆雷特”。所以，今天我讲的也就是一个读者的心得吧。

一、莫言

（一）莫言是谁

这里有一张莫言的像，莫言的眼睛小，但是他目光如炬，能够穿透历史，能够穿透人心，能够穿透中国的现实。因为他有这种穿透力，所以他也打动了世界上各种语种的读者。

莫言，他的真名是否叫“管谟业”，已经无所谓了。美国有个汉学家王德威，他在大概1999年的时候，在中国的一个刊物《读书》上曾经写过一篇文章，叫《千言万语何若莫言》。这个“莫言”可以看成一个符号，说千言万语倒不如不说，或者其他人说千言万语，能抵得上莫言吗？第二种符号意义，则是把莫言当作一个伟大的人物。当代批评界有许多批评家，把他们对莫言的理解形成文字发表文章，可是说来说去却不能达到莫言作品的内核。所以大批评家王德威写了《千言万语何若莫言》，写完之后觉得还是不说的好，可是不说又觉得想说，因为这个世界个个都想说话，个个都觉得我有话说。后来我知道，在美国的一些媒体上，还有我们中国的凤凰卫视，在介绍莫言的时候，都借了王德威的这个标题。

那么，莫言到底是谁？莫言的身份有很多。我们会说他是山东高密的乡下走出来的一个孩子，后来读了点书，之后开始写小说。此外，他过去是一个军人，他现在的职业是在中国的监察报。一个人，他可能有多重身份。现在大家都知道莫言得诺贝尔奖了，一个人是否得诺贝尔奖，在世界上的影响是有很大差别的，可是莫言他自己内在的东西没有改变。莫言1981年开始写小说，而人们真正知道有这么一个较为出名的小说家是在1986年，到现在也已经有26年了。在这26年里，他非常勤奋地创作，而且是一个非常具有创造力的人。通常而言，一个人在世界上所能做的事情是有限的，可是有一种人天生就与众不同，因为他有创造力。莫言就是凭借他的创造力写下这么多的作品，短篇80多篇，中篇30部，长篇11部。以我个人对莫言的了解，我大概比较喜欢他那些长篇，当然有个短篇，我觉得是中国百年来写得最出色的，叫作《拇指拷》。对于莫言的长篇，一般人对《红高粱》比较熟悉，《红高粱》这本书是由《红高粱》、《狗道》等五个作品合起来的。其他的比如《丰乳肥臀》，这个书名很有刺激性。我碰见一些成年朋友，他们就是冲着这个名字去读的。这个作品真给莫言带来不小的麻烦，他军人转正的时候因为这个作品被发文件批评。还有一个是《酒国》，写的是当代生活，有个城市叫“酒国”，在这个城市里大家都以酒代茶，不仅喝酒，还要吃，吃到最奇怪的时候吃人，吃一个小孩，一个放在金光闪闪的大盆里上桌的小孩。后来这就变成了一个案件，由一个侦查员去侦查。此外，还有《生死疲劳》，写的是一种相当于中国民间信仰的东西，譬如说你们的祖辈，投胎投错了就投到农村去了，投好了就投到富人去了。还写到六道轮回，人死掉之后再投胎，变成了驴，之后又变成牛，再变成猪，再变成狗，再变成猴子。当然不仅如此，这是个非常奇怪的小说。再有一个小说是《檀香刑》，是一种刑法，其实这篇小说可以改名为《茂腔》。最后一个小说是《蛙》，讲的是一个地方医生，专做接生，被当地的人看成是一个神圣的人。然而后来，他的职业和计划生育政策相冲突了，老百姓就开始厌恶他，因为计划生育中有些不人道的政策都通过他去体现。所以这是一个矛盾复杂的人，他既是一个正面的形象，同时他的身上也有很多负面的因素。莫言写到这个小说的时候，不再像过去那样，塑造极端的狂放的狂欢形象（当然在这作品中也有），而是在作品中多了对人物的剖析。可以说，这个乡村医生有莫言自身的意思在里边，就像鲁迅的小说，融合了剖析与自剖。

（二）莫言在哪里

莫言在得奖之前，待在乡村，在他的家乡高密。那时候他是自由的，虽然在监察报，但是对莫言来说几乎是个闲职，因为他是个大作家，让他给报纸做事情完全是浪费。那他为什么到乡下去了？因为有种种流言，说他要得诺贝尔奖，所以不断地有媒体打扰他，让他心烦，一烦就躲到一个没人理的地方去了。莫言从乡下出去，当他再回到乡下的时候，大家也都知道了，那不就是那个管家的老小吗？回来了在家待着，谁也没把他当回事，所以莫言在那个时候是很安稳很安静的。可是当诺贝尔奖这个消息出来之后，大家都很震惊，莫言也就不安稳了，地方上的各层各级行政上的、媒体的，都纷纷要找莫言。

这个时候，莫言就不见了。我们在媒体上看到的都是他的二哥和他的爸爸，他爸爸是个90岁的人了，不大开口；他二哥也是个不冷不热的人。所以后来，就有人说莫言到一个非常张狂的地步了，说要投资六点几个亿在那片土地上多种些红高粱出来，其实这种流言都是非常荒诞的。全世界得诺贝尔奖的作家们，在他们本土之内激起的反响，大概谁都比不过莫言。而这个反响是什么呢？大家几乎不关心他的文学，我们今天在这儿多少还能谈一些他的文学。那种起哄是另外一种事情，所以当我看到这些消息之后，我认为莫言接下来要写一部叫《得奖疲劳》的小说了。得奖真不是好事情，把自己搞得都不像自己了。所以他躲起来了，躲到文学当中去了。我们要找莫言，不能像新闻记者或媒体那样，去跟莫言合影，找莫言签字，那是没意思的事情。你真正要找莫言的时候，只能到他的作品中去找，千言万语说莫言不如读莫言。

我们身边很多人，是在莫言获得诺贝尔奖之后才知晓他的，也就是通过媒体的报导了解他的，这种根据新闻知道莫言的人，跟我们是不相干的，我们是通过读他的作品才知道莫言的。我也知道好多本科生知道莫言是因为看电影《红高粱》，这当然是一部了不起的电影，但这主要应该归功于张艺谋和巩俐，因为导演和演员都了不得，当然莫言提供的剧本也了不起。可是有一点，这种所谓影像类的作品，和文字类的作品是两个东西。当代世界上，如果一个人不关心影像上的文化，那他不是一个现代人；如果一个现代人只关心影像而不关心文字，那这个人实际上根非常浮，他接受不了多少东西。因为我们每个人都在用自己的语言和别人交流，不管是口头交流还是文字交流都是如此。如果一个人对自己的母语或第二语言这些东西都没有认识的话，这个人的生活是非常肤浅的。喜欢电影《红高粱》没问题，如果仅仅喜欢电影《红高粱》而又要谈莫言，那就有问题了，所以我们必须深入到语言文字当中去。大家都是读书的，但是有些和我同龄的人，他们以前没读过书，或者即使读过书现在一年到头也读不了几本书，因为这是一个非常喧嚣的世界，人们已经把对语言的感受扔到一边去了。今天我们在这里谈莫言，我们要想理解莫言，想以莫言为骄傲，就得去读文字的东西。所以，我们刚刚讲的错位问题，从影像上讲是错位，仅仅通过媒体了解莫言是个大错位。如果我们和一个作家谈话的时候能够指出他作品中一些细节性的问题，也许他不会同意，但是他会对你相当尊重，因为他认为你尊重他了，能看出他作品的好处以及作品的问题，这就是一种平等的交流。如果你像个追星族一样去追一位作家，那他应该是不会理你的。所以，我们对一个诺贝尔奖得主最大的尊重，就是看他的作品；认识作家的唯一途径，就是读他的作品，认识他作品的唯一性。

（三）莫言和文学

莫言为什么是莫言？莫言来自乡下，贾平凹也来自乡下，有人开玩笑说这两人的区别就是一个来自山东，一个来自中西部。这是最表象的不同。早期的贾平凹在某种程度上，有点沈从文的风格；而莫言一出来的时候就与众不同，似乎从来就没出现过这样的人。莫言是个现代作家，生活在当代中国，我说的现代是广义的现代。莫言和鲁迅、沈从文不同，但他和鲁迅之间一个非常明显的联系就是《酒国》当中谈到的吃人问题。我们一说起鲁迅，第一时间想到的就是《狂人日记》，但是莫言的方式和鲁迅的方式有非常大的差异。莫言在写他的山东高密东北乡和沈从文的湘西，从一个地域的乡土作家方面看，他俩有相似的东西。但是莫言的作品中有很多奇特的比喻，奇特的措辞方式，最重要的还是他的感觉和想象力。

1. 莫言是个最具语言特点的作家，拥有自己的符号系统

以《檀香刑》为例，里面关于刑罚的想象并不出奇，但是莫言把一种似乎是什么了不得的刑罚极其夸张，你在他的语言符号的狂欢过程中已经忘掉了它原来是个什么东西，他把那种感觉强化到一个一般人想象不到的地步。他的语言像江河一样奔腾不息，会带着你升高，带着你到一个非常幽深的谷中去，你会随着他的语言进行一种游戏，进行一种所谓的想象，而这种想象又不可以绝对地和真实生活取得一种印证。因此，莫言的作品在一些细节上是不合常理的，但是这不重要。我们说莫言是特别的，是唯一的，主要就体现在他的语言措辞上。莫言用一种接近“赋”的方式，铺采摛文体物写志，调动多种手段多个句子去表现同一个对象。而赋是汉代的，此后有抒情小赋，到唐代之后几乎就不大有这些东西了。现代汉语中，我们推崇的语言大师是像鲁迅那样的，用字极省简，写完一个作品之后要不断删减。莫言不是如此，他不但不删不减，反而像油画一样，有些著名的油画上高高地摞起一层又一层油彩，莫言就凭想象力和他极其放纵夸张的姿

势运用这种语言。这是他和中国当代其他作家区别的标志。

2. 莫言是中国作家，不是福克纳或马尔克斯

莫言和世界上其他作家区别的标志是文化。没有一个外国人能像中国当代作家那样理解中国，像《酒国》对中国当代一些稀奇古怪的现象做了极致的表现，《丰乳肥臀》给我们呈现了中国现当代历史，和我们在政治课上学到中共党史，起码有一半是冲突的。莫言对中国有真正的了解，或者说富有批判性地去认识中国，这是外国人做不到的。而且他从中国传统文化中吸收的东西，并非如诺贝尔奖委员会颁奖者说的那样，令人想起福克纳和马尔克斯的融合。在我看来，这个评语在某种程度上是对莫言的侮辱。我说这话的意思，只是想表达如果大家想继续了解莫言，那就去读他的作品。莫言是一个中国作家，一个只是对中国母语有最深切了解、最勤奋认真阅读的作家。他对中国古代的现代的大家的东西有深切的理解。

3. 莫言是中国当代最具想象力的作家

莫言非常具有想象力，创造了独特的文学世界。一个成功的作家，他一定是通过他的虚构与想象的方式在纸上创造一个世界，而这个纸上的世界会在你阅读之后在你脑袋里形成某种对文字的反应，然后你会在脑海中想象出一个行动的画面，是一个立体的历史的空间。由此，就产生了一个文学的世界。在当代，最富想象力的作家，我觉得首推莫言。当代的其他作家，有想象力的当然也有，例如王安忆，她在《天香》当中对刺绣的想象可谓到了极致，但这是在一个小的具体的对象上面呈现出来的。莫言则不一样，他对所有对象都能把想象发挥到极致。有人说，莫言的想象力很像意识流作家福克纳，像魔幻现实主义作家加西亚·马尔克斯。但是莫言自己说，他写《红高粱》的那个年头（1984年），那时候他根本不知道有福克纳和马尔克斯这些人。1986年，马尔克斯的作品才翻译成中文，莫言不可能是读了他的作品才去写《红高粱》的。

4. 莫言是个有着独立精神的知识分子，以他的批判精神建构了个人化的中国近现代历史

莫言在得奖之后也一直强调自己的批判性，也就是说他不是一个跟着组织意识形态在走的作家。这种批判精神显示出他个人的智慧、实力和立场，这标志着一个作家站在底层的民间的身份立场上如何去

表达当代中国，去表现中国的近现代历史。

以生命的生死轮回为核心。以《生死疲劳》为例，说的是有一位西门闹的地主，勤劳致富，在地方上是个大好人。而那个时候的革命是暴动，是一个阶级推翻另一个阶级的暴力的行动，拿着鸟枪对着西门闹的后脑勺把他给崩了，西门闹不服气，到阎王那儿造反，阎王闹不过他只好让他回去。西门闹从阎王那儿出来，然后喝了一碗迷魂汤，忘记前世今生。后来投胎，投成了一头驴，后来又投成牛再投成猪，再投成狗。一般的小说都有开端发展高潮结局，这是以情节为主线的。在莫言的小说中，情节并不重要，因为他的情节常常前颠后倒。文学是个白日大梦，把一个梦做得支离破碎，前颠后倒，某种程度变成一种文学结构。做梦的时候我们不知道自己的梦是根据白天的某个映像变成逻辑下来的，而小说家是一定有逻辑的。《生死疲劳》这本书就是围绕着西门闹"我一定要生，我不死"展开，他一再跟阎王造反。西门闹做驴也好，做牛也好，其实都没有什么情节，但都有狂欢。比如说那头驴，它非常健壮，活力充沛，为了保护母驴把两头狼给蹬死了。但是它斗不过人，人们用自己的狡猾把它套住，锯掉了一只脚。那只猪也有一项本领，能从猪圈里蹦出来爬到杏树上去观看，就有了一个很高的视野。猪本来在圈子里面，看什么都是仰视，而猪爬到杏树上去的时候就有了像鸟一样的视野，可以在月光下看到许多东西，能够叙述种种的故事。这种小说的想象力，令人叹为观止。在中国现代作家中，大概只有鲁迅的想象力能和莫言相匹敌。莫言把生死的六道轮回，用六种动物来表述，把中国社会从1950年到改革开放之后通通串起来了。莫言的了不得在于他写这一段历史，把它切断了，并且用动物的视野去看社会，让驴、牛、猪、狗、猴子的眼光去看人。猴子的时代恰好配上了改革开放之后，这是一个要猴的时代！驴的脾气最倔，在五十年代刚开始的时候不服政权，不服人类世界的种种行为。莫言所有的东西都有现实，又通过极致的想象把这个东西表现出来。全中国的文学作品中，以六道轮回的方式来写一部小说，用动物的视野，用畜生的眼光看人类世界，这种写法是从来没有过的。

以现实为依据。莫言有篇小说叫《酒国》,《酒国》是说有个叫"酒国"的城市，这个城市最大的特点是人人会喝酒，见面就六杯，人们把酒喝进去再排泄出来，把肉吃进去再排泄出来，所以这是个酒肉的世界。没有比酒国这个喻象更能表现中国。文学，如果要让它的语义功能发挥到最大，那就要通过象征的方式。《酒国》当中的喻象以及《生死疲劳》当中的那些动物喻象，都有这种功能。

以生存价值为尺度。我们之前一直认为小说中最重要的是人物，英雄人物，我们推崇的文学人物一定是正面人物。在所有人物当中要突出正面人物，在正面人物当中要突出英雄人物，在英雄人物当中要突出主要英雄人物，后来就变成了所谓的“三突出”。这形成了一种阅读的惯性，所有读书的恶人都到处去找英雄。而在莫言笔下，没有一个纯正的英雄。

二、中国

因为莫言是一个中国作家，所以对于他的得奖，我们才会那么兴奋。我们都要再读读莫言，否则都对不起我们中国文学的当今的代表人物。当年，诺贝尔奖委员会找中国要沈从文的材料，却没有要到，因为中国不想把沈从文推向世界，那时候的沈从文在故宫里研究古代服饰。而当今的中国，能够让莫言这种对社会有相当批判锋芒的作家如此活跃，又让他有资格得诺贝尔奖，不简单。莫言这个中国土生土长的作家，从乡下走出来，走到城市里面去，始终把自己过去生活经验的东西作为写作想象的一个基本材料，再把它符号化，构成自己的系统，莫言是不忘本的，他和中国的土地紧密地联系在一起，或者说他真正扎根在中国的土壤上。过去毛泽东让作家深入生活，莫言根本不用深入生活，他就在生活中，并且把中国生活完整地、别具一格地，以独创的方式推向世界。这就是他的中国特点，莫言是一个对中国近现代历史、当代现实社会有深刻认识的作家，由民间出发，由颠覆而建构，在狂欢中创造幻想和想象的世界。我给莫言的作品创造了一个词，叫“幻构”，我们知道小说是虚构的，长篇小说的英文就是“fiction”（虚构），中国的文学不是fiction的东西，而是构虚，就如《桃花源记》，一个完全凭借想象创造出来的一个世界。莫言在中国传统中学到这种构虚、幻构。一个作家如果只学一个大家，那他肯定成不了大器；而一个作家如果能融通地去把世界上所有优秀的传统熔铸为自己的力量，那他肯定是个大作家。莫言就做到了这一点。

莫言对近现代历史的看法，在其作品中表现得很充分。《檀香刑》写中国近现代历史，《红高粱家族》写中国抗战的历史，《生死疲劳》

写中国1949年后的历史，《丰乳肥臀》写晚清到当代的历史，《酒国》写中国当代的历史。莫言在他文学构虚的世界当中把中国的近现当代历史呈现出来了，并有他自己非常独特的判断。此外，莫言是一个汲取民间资源的作家，《檀香刑》中的茂腔就是一例。但是老实说，《檀香刑》中的茂腔用得过了，因此有人批评莫言的作品没有节制。如果从文学理论的角度来看，节制属于古典主义。按古典美学的方式来看，作家对自己写的东西要特别能控制，就像我们所说的“推敲”“炼字”等。但这个美学对莫言来说是不适用的，这个不适用基于一股力量，即莫言从民间汲取的那股力量。莫言把过去现成的关于历史的说法颠覆了，然后创造出一个属于自己的世界，莫言通过文学作品的幻构方式，构虚的方式对历史进行重新叙述。

莫言小说中的人物都打上了特殊的中国印记。以上官鲁氏为例，她原本嫁给上官氏，但生孩子总是出问题。后来上官鲁氏就跟种种的人生孩子，生了七八个，但是没有男孩。以前中国人就觉得生个男孩才重要。她最后跟一个来自瑞典的传教士生了个男孩，叫上官金童。上官鲁氏这个女人表现了中国女性巨大的生命力，她在种种政治的纷乱当中，尤其是饥饿，把自己的七八个孩子养大，再把孩子的孩子养大。但是上官金童有个毛病，一直吃奶，到了成人了还在吃奶。上官金童变成了一个当代中国男人无能的一个象征。莫言对这方面有非常极致的匪夷所思的想象，大家可以自己去看作品。

三、世界

说到世界，就又要说诺贝尔奖了。诺贝尔奖到底是什么东西？是七百多万人民币，只能在北京买个一百多平的房子，所以莫言并没有富起来。诺贝尔奖是一个神话，英文是“myth”，台湾人把它翻译成“迷思”，神话就是你把它想歪了夸大了，神话是指一个民间的区域的作家瞬间变成全世界知晓的人物，莫言在一个晚上的十几分钟之内被全世界知晓，我想起了十二年前有个海外汉学家说莫言如果再这样写下去肯定会得诺贝尔奖。刘少敏也说，莫言终于被世界认识了。在过去，中国作家基本不为世界认识，中国当代作家在国内再怎么样，世界却不知道有这么个人。从1984年开始我们就有个口号叫“走向世界”，然后我们就问自己一个问题，中国作家距离诺贝尔奖有多远。莫言走了很漫长的一段路，才走到了诺贝尔奖，似乎诺贝尔奖是我们的终点。能不能这样看呢？实际上这样看是有问题的。

我们先来看诺贝尔奖的评奖依据，它说“莫言将现实和幻想，历史和社会角度结合在一起”，这个评语相当空洞。“他的创作中的世界令人联想起福克纳和马尔克斯作品的融合”，这个说法有很多批评家是不赞成了，所以说诺贝尔奖委员会对我们中国的东西是有隔膜的。莫言看了这个评语肯定不会高兴，因为他并没有特意跟谁学，而是在看了无数东西之后才形成自己的思想，自己的文字。结果评奖委员却说一看到莫言的作品就想到了福克纳和马尔克斯，这给我们得出一个什么逻辑呢？中国有个作家得了诺贝尔奖，多亏有福克纳和马尔克斯，如果他不向他们学，那他根本得不到这个奖。这句评语就暗含着这样的判断，在逻辑上是没有错误的。所以评委委员下面的话就来补救了，“同时又在中国传统文学和口头文学中寻找到一个出发点”，出发点在我们自己这里，可是终点在哪里呢？在福克纳、马尔克斯，简直废话！所以，我觉得委员会的评语是有问题的。至于说“中国的传统文学”，这又是一个空洞的东西。我们中国的传统文学，一定是有一个特指意涵的，我们这儿的传统文学叫古典文学。我们的新文学，我们的中国现代文学，基本是反传统，同时又继承了传统中的一些东西，观念上反传统，技巧上有继承，那我们的新文学算不算传统？鲁迅算不算传统？再有这个口头文学，仅仅是一个茂腔吗？我们不能要求一个评语能把莫言作品的特征全部概括，可是这个评语的概括并不正确，所以说那群委员会的人对中国文学有隔膜。

以前我们一直问，中国作家距诺贝尔奖有多远？现在中国作家得到诺贝尔奖了，那就该问另一个问题了，诺贝尔奖距中国文学有多远？他们真懂中国文学吗？不，一知半解。他们就凭一个马悦然了解莫言吗？其实马悦然对莫言是有点微词的，他认为莫言的小说太长了。我认为，莫言的小说好就好在它的长，长就是莫言的风格。如何去接受莫言，如何去接受中国的现当代作家，如何去接受中国的传统，我觉得我们中国的传统比他们西方的厉害多了，就算是两希文化，他们在某种程度上都没有得到自己的继承，印度的文化也没有很好继承，而埃及的文化基本上就断掉了，唯有中国的文学从来没断过。每一个当代作家，一定对传统的东西有所吸收，我们研究现代作家，并不是仅仅那三十年，而是那些作家继承的三千年的传统。这些现代作家身上有那么多东西，才有他们的现代，这是当代作家比不上的。可是当代作家的创造力可以发挥到一个地步。所以莫言得奖了，我们心里很宽慰，莫言得奖了不是我们的终极目标，终极目标是当代的中国作家能创造出无愧于当代中国，同时又无愧于我们传统的东西。如果莫言的对话能写得更精彩一点，莫言不是比现在又往前走了一步吗？如果莫言除了语言、情绪的宣泄之外，多了更多能写的其他因素，不就让我们感知到一个更丰富的莫言了吗？我们千万不能把莫言变成我们面前的一个屏障，而看不见其他作家，莫言有很多地方不如王安忆。所以，关心一个莫言，不如关心一批当代作家；关心一批当代作家，不如去往上找一找现代作家；关心一批现当代作家，不如再往上找一找，找到中国的古代，同时又找到他们是如何学习世界的，从希腊文化到希伯来文化再到印度文化、埃及文化，从荷马到莎士比亚，到拉伯雷，再到托尔斯泰，这许多东西是如何中融的。将来你们读文学的时候，如果自己能把它融汇起来，哪怕只是一点点小小的结晶，你都成功了。诺贝尔奖委员会和我们中国有相当远的距离，我们的莫言得了诺贝尔奖，拉近了这个距离，但这并不代表他们对我们没有误解，不表示没有文化上的错位，因为这个东西谁都不容易克服。

安徽师范大学图书馆　刘和文

第23讲

图书馆：我们的文化家园

讲演时间　二〇一二年十一月二十一日

今天，我是以一个图书馆老读者的身份将我对图书馆的理解与大家分享，希望能对同学们今后的学习有所帮助。

一、认识图书馆

（一）图书馆的功能是什么

图书馆是收集、整理、收藏文献信息资源以供人借阅、使用、参考的机构。

保存人类文化遗产：我们大家知道，自从有了人类社会以来，就产生了文字，用来记录这些文字的载体——图书，也就应运而生，它记载了从古至今人类历史的发展和演变。图书馆的功能之一，就是要收集、加工、整理、科学管理这些珍贵的文献资源，以便广大的读者借阅使用。保存人类文化典籍，是图书馆最古老的职能。随着科学技术的突飞猛进和计算机网络化的实现，图书馆不但保存手写和印刷的文献，还保存其他载体形式的资源。

开发信息资源：图书馆在收藏大量的文献信息资源的同时，还具有积极开发、广泛利用这些文献资源的功能。在浩如烟海的文献海洋里，文献的类型复杂、形式多样，文献的时效性强，文献的传播速度加快，文献的内容交叉重复，文献所用语种在扩大、质量在下降等特点,使人们普通感到利用文献十分不容易。图书馆则对文献信息资源进行加工整理、科学分析综合、指引，使之形成有秩序、有规律、源源不断的信息流，以便进行更加广泛的交流与传递，使读者更好地利用它们。

图书馆的文献资源开发包括下面几项内容：第一，对到馆的文献进行验收、登记、分类、编目、加工，最后典藏到各借阅室，以便科学排架、合理流通；第二，对馆外文献信息资源进行搜索、过滤，成为虚拟馆藏，形成更加宽广、快捷的信息通道；第三，通过最现代化的手段——计算机网络操作技术，使馆藏文献走向数字化。

社会教育：

（1）思想教育的职能。图书馆是文献信息资源的集散地，是传播文献信息资源的枢纽，在馆藏建设上有一定的原则和倾向。我们图书分类，将马列恩斯毛的经典著作排在第一大类，以突出它政治思想上的指导作用。

（2）两个文明建设的教育职能。图书馆是人类文明成果的集散地。图书馆的丰富馆藏，可以向读者提供文献信息服务，把精神化为物质；可以通过对馆藏的遴选、加工、集萃，向读者提供健康有益的精神食粮。图书馆还可以通过画廊、墙报、学习园地等各种活动大力宣传两个文明建设。

（3）文化素质的教育职能。图书馆的社会教育，主要表现为给社会、读者提供最完备的学习条件：资源、场地、设备，受教育者可以长期地、自由地利用图书馆进行自学。图书馆向社会所有成员敞开大门，教给他们获取文献资源的过程和方法，掌握进行终身学习所必需的技能。

（4）丰富群众文化生活的教育职能。丰富群众的文化生活也是教育职能的组成部分，健康的文化娱乐是人类社会生活中不可缺少的一部分。图书馆是社会文化生活中心之一，在传播文化、活跃群众业余文化生活等方面具有很重要的地位和作用。人们可以从图书馆借自己喜爱的图书，细细品味；也可以到阅览室里随意翻翻报纸、看看画报，欣赏一下美术作品，享受读书之乐。

（二）名人与图书馆

通俗地说，图书馆的功能是传承和传播传统文化。古往今来，图书馆成就了诸多成功人士。

1. 马克思与图书馆

马克思在大英图书馆学习时有固定座位。从1850年起，马克思埋头于此，长达25年。他充分利用图书、报刊，参考了大量资料，与恩格斯合写了《共产党宣言》、《德意志意识形态》等经典著作，还创办了《新莱茵报》。

2. 李大钊与图书馆

中国共产主义运动的先驱者、中国共产党的主要创始人之一、新文化运动的重要领袖李大钊，1918年1月出任北大图书馆主任。他在图书馆里接触到了当时的先进文化——《共产党宣言》，利用工作之余，埋头攻读，逐渐打开了马克思主义知识大门。为了进一步传播新文化，他还创办了为革命的“亢慕义斋”图书馆。

3. 毛泽东与图书馆

1911年，毛泽东为组织湖南赴法勤工俭学运动，第一次到北京。在京期间，他得到李大钊等人的帮助，到北京大学图书馆担任管理员，开始接受俄国十月革命思想的影响。20年代初，毛泽东创办了湖南青年图书馆。

4. 牛顿与图书馆

1661年，18岁的牛顿考入英国剑桥大学三一学院。作为新生的牛顿，看到图书馆摆满了各种珍贵书籍，阅览大厅四周的墙壁上，镶着曾在这所大学攻读过的、有名望学者的半身塑像，牛顿立下新的誓言：“我也要努力奋斗！”

从此，牛顿开始刻苦顽强地学习，为他一生的科学壮举，打下坚实的基础。牛顿一生在科学上做出了巨大贡献，除发现万有引力定律外，在光子和数学方面也卓有成就。后来，牛顿的石像矗立在剑桥大学三一学院，他实现了自己的誓言。

5. 本杰明·富兰克林与图书馆

美国作家和物理学家富兰克林，青年时期为了博览群书，组织几个爱好读书的青年朋友成立了“共读社”，后来发展成了一个规模更大的费城公共图书馆。有了图书馆，富兰克林毫不吝啬地把全部工余时间都献给了它。各种各样的书籍，给富兰克林增添了智慧和力量，并指引了他努力的方向。他揭示了雷电的秘密，发明了路灯、双光眼镜等。正是这些卓越的贡献，使他成为科学史上一位颇受尊敬的伟人。

6. 丁肇中与图书馆

诺贝尔物理奖获得者、美籍华人丁肇中，20岁到美国密执安大学深造。他把整天的时间耗在图书馆，用来看书，不愿将时间浪费在那些无谓的事情上。他常对人说：“最浪费不起的是时间”，“争取利用时间”是丁肇中成功的秘诀之一。

7. 华罗庚与图书馆

著名的数学家华罗庚，在年轻时曾在清华大学数学系资料室担任管理员，接触到大量数学文献资源，培养了自己的数学兴趣。

8. 陈景润与图书馆

陈景润初露头角是供职于厦门大学图书馆那会儿，他在图书管理员岗位上很快就写出颇有见地的数论文章。

9. 莫言与图书馆

在部队，莫言一边管理图书，一边自修文学，还学着写文章，没多久就在部队的文学刊物上发表了不少好文章。这段积淀文学修养的经历对莫言未来的发展也有很大的影响。

10. 博尔赫斯与图书馆

关于图书馆对人们的影响，当代最负世界声誉的阿根廷小说家和诗人博尔赫斯说得好，“那是一种美好的感觉：当眼睛看不见书的时候，只要一走进图书馆，仍然会产生浓浓的幸福感。”博尔赫斯从1955年起，在兼职大学英美文学教授的同时担任了国家图书馆馆长。从此这位晚年几近失明的老人整日被将近百万册的书包围，想象和智性的力量让他活在由书籍和文字所构筑的世界中，真实而纯粹。

（三）大学生活与图书馆

当今世界，国际竞争日趋激烈，突出表现为科技、教育和人才竞争。科技是关键，教育是基础，人才是根本。

作为刚进校的新生，大家应该尽早意识到这种态势。

你想过毕业后你会在哪里吗？想过招聘会是怎样的吗？

面对如此激烈的竞争，我们必须正视，找准自身定位，实现自我，提高自我。因此，我们的大学生活还应更多地与图书馆联系在一起，要充分利用图书馆。为什么要充分利用图书馆呢？——“授人以鱼，不如授人以渔”。

1. 学习的需要

大家已在师大生活了两个多月了，有没有感觉大学时代的学习与中学时代明显不同？是感觉到学习轻松还是紧张？大学的学习，不仅是学习知识，更主要的是掌握学习方法，图书馆是我们努力学习的最佳场所。我们应该积极利用这一有利条件，想方设法使自己养成潜心读书、专心学习的良好习惯。

科技竞争的一个重要特点是学科交叉日益广泛深入，高教改革的一个重要趋势则是理工结合、文理渗透、培养复合型人才。我们应充分利用图书馆，一方面钻研本专业的知识和理论，另一方面通过广泛涉猎，学习其他知识。

2. 培养信息素养的需要

图书馆提供了关于信息素养的文献资源，也是培养信息素养的阵地。

3. 休闲娱乐的需要

环境优美的电子阅览室，为大家网络冲浪提供了便捷的平台；

宽敞明亮的阅览室，是休闲阅读的最佳场所；

图文并茂的休闲娱乐电子期刊，能让我们随时随地享受娱乐。

二、走近图书馆

图书馆作为第二课堂，是知识的殿堂，是信息的海洋，也是精神的家园，她将伴随同学们走过四载春秋，帮助大家成长成才！

图书馆是同学们看书学习的理想场所，同学们可以借阅各种各样的图书，可以查阅期刊、报纸，可以上网冲浪，查阅丰富的信息资源。此外，图书馆还有电子资源使用的辅导、培训，同学们还可以聆听报告、讲座。

在认识了图书馆之后，作为安师大的学子，大家有必要对安师大图书馆有基本的了解，这里我把图书馆的历史、现状、馆舍分布介绍给大家，以便大家较快地融入图书馆。

（一）图书馆历史

1928年创建省立安徽大学图书馆（安庆）——1946年改名为国立安徽大学图书馆（1949年迁至芜湖）——1972年改名为安徽师范大学图书馆（此前，经历安徽师范学院图书馆、合肥师范学院图书馆、皖南大学图书馆、安徽工农大学图书馆）——2005年安徽师范大学图书馆与芜湖师范专科图书馆合并。

（二）图书馆现状

采用新一代自动化集成管理系统——“ILAS”管理系统；

图书按照《中国科学院图书馆图书分类法》、《中国图书馆分类法》、《中国人民大学图书馆分类法》分类；

读者可通过计算机检索本馆的文献收藏信息、文献数据库及网上资源；

“以人为本，创新服务”的服务理念；

馆藏纸质文献270万余册，电子图书120万册，数据库28种，正朝着具有教师教育特色的自动化、网络化、数字化图书馆建设目标迈进。

（三）馆舍分布

花津校区敬文图书馆	一楼	总服务台、样本书库、报刊库、徽州历史文化特色馆藏库与师大文库、赠书室、学术报告厅、国际学术交流中心、大益爱心茶室、文印部、文献资源建设部、主机房、消防监控中心
	二楼	报刊阅览室、电子阅览室、自修室、收发室、档案室、馆长办公室、书记办公室、副馆长办公室、图书馆办公室、公共事业部办公室、会议室

	三楼	社会科学图书阅览室(一)、自然科学图书阅览室、参考咨询部办公室、信息技术部办公室、读者服务部办公室
	四楼	社会科学图书阅览室(二)、社会科学图书阅览室(三)、读者协会办公室
	五楼	古籍阅览室、善本书库、特藏阅览室、古籍部办公室、职工活动室
赭山校区图书馆	二楼	总服务台、基本书库、综合书库、中文理科过刊库、电子阅览室、职工活动室、读者服务部办公室
	三楼	社会科学阅览室、自修室
	四楼	自然科学阅览室、报刊阅览室
	五楼	外文书刊阅览室
	六楼	外文过刊库
皖江学院图书馆	一楼	流通部出纳台、基本书库(一)、报告厅、学生自修室、采编部
	二楼	自然科学图书阅览室、基本书库(二)、基本书库(三)
	三楼	社会科学图书阅览室、工具书阅览室、电子阅览室、馆长室、读者服务部、信息技术部
	四楼	报刊阅览室、学生自修室

三、利用图书馆

熟悉了图书馆之后，我们还要知道如何借阅图书馆内的图书期刊，如何利用图书馆的各种数字资源，如何享受图书馆的各种其他服务。

想必大家都进过图书馆，对图书馆也有一个大体认识。你们进入阅览室查找自己所需要的书，是不是有点像刘姥姥进大观园的感觉？这很正常，只要大家了解了图书馆图书组织方式，就不会这样了。

(一) 图书馆图书组织与排架

1. 《中图法》——图书、期刊的分类

图书分类是图书组织管理与查找利用的基础。图书馆采用《中国图书馆分类法》(简称《中图法》)对图书进行分类、排列、检索。《中图法》共分五大部类，22个基本大类，具体如下：

A 马克思主义、列宁主义、毛泽东思想

B 哲学

C 社会科学总论

D 政治、法律

E 军事

F 经济

G 文化、科学、教育、体育

H 语言、文字

I 文学

J 艺术

K 历史、地理

N 自然科学总论

O 数理科学和化学

P 天文学、地球科学

Q 生物科学

R 医药、卫生

S 农业科学

T 工业技术

U 交通运输

V 航空、航天

X 环境科学、劳动保护科学(安全科学)

Z 综合性图书

2. 图书索书号

图书索书号，顾名思义就是索取图书的号码，一般由两段号码组成，第一段为分类号，第二段为书次号。图书馆的图书分类是按《中国图书馆分类法》进行的，书次号采用的是著者号。图书索书号可通过馆藏书目检索系统获得。

3. 藏书排架、查找方法

图书馆图书严格按照索书号顺序进行排架，阅览和借阅图书馆的藏书，可按照图书索书号查找书刊。

图书排架就是按照先分类号，后书次号的原则排列书籍，如下所示：

先排字母，按A ——→ Z的顺序

后排数字，按0 ——→ 9的顺序

（二）纸质文献资源查询

1. 图书查询

2. 工具书查询

3. 期刊查询

4. 古籍图书查询

（三）电子资源查询

安师大图书馆有数据库28种，电子图书120万余册。

中文数据库主要有：中国期刊网、万方数据库、维普数据库、超星与读秀、人大复印资料、国道数据库、国研网等；

外文数据库主要有：美国生物文摘、Elsevier SDOS、Springer Link、EBSCO、John Wiley等。

1. 中文数字资源

（1）超星与读秀

超星即超星数字图书馆，是目前国内最大的全文数字图书馆系统，读秀（知识库）是其开发的一个新产品。超星与读秀为读者提供全文检索、深入图书具体章节、部分文献试读、文献传递等多种服务。

读秀提供了260万种图书，并且每年增加十几万种新书。

读秀学术搜索能将检索结果与馆藏各种资源库对接，读者检索任何一个知识点，都可以直接获取图书馆内与其相关的纸质图书、电子图书全文等。

读秀具有强大的搜索引擎功能，可进入到章节中进行知识、内容的深度搜索。

读秀能提供封面页、版权页、前言页、目录页及试读页，让读者清楚地了解所需图书。

读秀通过文献传递，直接将相关学术资料发送到读者邮箱，使读者零距离获取珍稀学术资源。

使用超星与读秀，就相当于获得了260万种图书的馆藏，其图书搜索功能与OPAC系统相比有重大改进，并实现了电子图书与纸质图书的整合，相当于建立了一个馆际互借平台。

（2）中国期刊网

中国期刊网是由清华同方开发的中文期刊全文数据库，创建于1999年，通过“中国知网”（http://www.cnki.net/）来进行实时网络出版和信息服务。

①中国期刊全文数据库

简介：该数据库是目前世界上最大的、连续动态更新的期刊全文数据库，也是世界上应用最广、功能最全、数据量最大的动态知识信息库之一。

收录文献总量：截至2012年底收录9824种期刊，收录国内学术期刊7900多种。

出版时效：平均不迟于纸质期刊出版之后2个月。

更新频率：每日更新。

专辑专题：产品分为十大专辑——基础科学、工程科技Ⅰ、工程科技Ⅱ、农业科技、医药卫生科技、哲学与人文科学、社会科学Ⅰ、社会科学Ⅱ、信息科技、经济与管理科学，十大专辑下分为168个专题。

收录年限：自1915年至今出版的期刊，部分期刊回溯至创刊。

②中国博硕士学位论文全文数据库

简介：该数据库是目前国内相关资源最完备、高质量、连续动态更新的中国优秀博硕士学位论文全文数据库，至2012年10月，累计博硕士学位论文全文文献达170多万篇。

文献来源：全国404家培养单位的博士学位论文和621家硕士培养单位的优秀硕士学位论文。

专辑专题：产品分为十大专辑——基础科学、工程科技Ⅰ、工程科技Ⅱ、农业科技、医药卫生科技、哲学与人文科学、社会科学Ⅰ、社会科学Ⅱ、信息科技、经济与管理科学，十大专辑下分为168个专题。

收录年限：从1984年至今的博硕士学位论文。

③中国重要会议论文全文数据库

简介：该数据库文献是由国内外会议主办单位或论文汇编单位书面授权并推荐出版的重要会议论文。

资源特色：重点收录自1999年以来，中国科协系统及国家二级以上的学会、协会和高校、科研院所、政府机关举办的重要会议以及在国内召开的国际会议上发表的文献。其中，国际会议文献占全部文献的20%以上，全国性会议文献超过总量的70%，部分重点会议文献回溯至1953年。

出版内容：截至2012年10月，已收录出版的国内外学术会议论文集近16300本，累计文献总量170多万篇。

专辑专题：产品分为十大专辑——基础科学、工程科技Ⅰ、工程科技Ⅱ、农业科技、医药卫生科技、哲学与人文科学、社会科学Ⅰ、社会科学Ⅱ、信息科技、经济与管理科学，十专辑下分为168个专题。

收录年限：自1953年至今的会议论文集。

④中国重要报纸全文数据库

简介：该数据库收录2000年以来中国国内重要报纸刊载的学术性、资料性文献，至2012年10月，累计报纸全文文献1000多万篇。

文献来源：国内公开发行的500多种重要报纸。

专辑专题：产品分为十大专辑——基础科学、工程科技Ⅰ、工程科技Ⅱ、农业科技、医药卫生科技、哲学与人文科学、社会科学Ⅰ、社会科学Ⅱ、信息科技、经济与管理科学，十专辑下分为168个专题文献数据库和近3600个子栏目。

收录年限：2000年至今。

⑤中国年鉴网络出版总库

简介：该数据库是目前国内最大的连续更新的动态年鉴资源全文数据库。

内容：基本国情、地理历史、政治军事外交、法律、经济、科学技术、教育、文化体育事业、医疗卫生、社会生活、人物、统计资料、文件标准与法律法规等各个领域。

文献来源：中国国内的中央、地方、行业和企业等各类年鉴的全文文献。

专辑专题：年鉴内容按行业分类可分为：地理历史、政治军事外交、法律、经济总类、财政金融、城乡建设与国土资源、农业、工业、交通邮政信息产业、国内贸易与国际贸易、科技工作与成果、社会科学工作与成果、教育、文化体育事业、医药卫生、人物等十六大行业；地方年鉴按照行政区划分类可分为北京市等34个省级行政区域。

收录年限：1912年至今。

⑥中国工具书网络出版总库

简介：该数据库是高度集成、方便快捷的工具书检索系统。

收录范围：收录我国200多家出版社正式出版的语言词典、专科辞典、百科全书、医学图谱、图录（鉴）、年表等，共5762部工具书、1500万词条。

（3）万方数据库

万方数据库是1997年8月由中国科技信息研究所、万方数据集团公司联合开发的网上数据库联机检索系统，目前该数据库主要包括五个子系统：科技信息子系统、商务信息子系统、数字化期刊子系统、学位论文全文子系统、学术会议全文子系统。数字化期刊子系统目前已集纳了理、工、农、医、人文等5大类的70多个类目的2500多种科技类核心期刊，实现全文上网。

（4）维普中文科技期刊数据库

重庆维普中文科技期刊数据库（全文库）源于重庆维普资讯有限公司1989年创建的《中文科技期刊篇名数据库》，为了方便索取原文，后来发展成将其全文和题录文摘版一一对应，成为国内各省市高校文献保障系统的重要组成部分，包含了1989年至今的近9000种期刊刊载的1500余万篇文献，并以每年250万篇的速度递增。维普涵盖了社会科学、自然科学、工程技术、农业、医药卫生、经济、教育和图书情报等诸多学科。

（5）国研网

国研网是以国务院发展研究中心丰富的信息资源和强大的专家阵容为依托，而组建的经济类数据库，包括《国研报告数据库》、《宏观经济报告数据库》、《金融中国报告数据库》、《行业经济报告数据库》、《世界经济与金融评论报告数据库》和《财经数据库：十余种行业统计数据库》等。

（6）博看期刊库

简介：该数据库是目前全球最大的中文报刊网，收录了3000多种畅销期刊，主要分为10个子数据库，收录了涉及党政、时事、军事、管理、财经、文摘、文学、情感、家庭、健康、时尚、娱乐等40多类的主流畅销人文期刊。

博看网内容丰富，涵盖面广，每天更新80—100本杂志，每年可以增加20000本以上，新刊上线时间基本上与纸版杂志上市时间同步。博看期刊库提供了非常多的阅读选择，除了原文原貌的多媒体版，还提供电子版、语音版、下载版等多种阅读方式以满足不同读者的需求。

（7）龙源期刊数据库

龙源期刊网隶属于龙源国际集团，建于1999年，是全球最大的中文人文期刊网。到目前已有1600多种著名刊物和中国大陆流行刊物的电子版，并分为整刊版、专题版、原刊原貌版、有声版等内容，涵盖时政、党建、管理、财经、文学、艺术、哲学、历史、社会、科普，军事、教育、家庭、体育、休闲、健康、时尚、职场等领域。

（8）网上报告厅

网上报告厅是由北京爱迪科森信息技术有限公司推出的国内第一套大型视频专家报告库。它整合了中央党校、中央电视台、清华大学、中华医学会、中国经济50人论坛、中评网、解放军卫生音像出版社等权威学术机构的专家报告资源，开发了“学术报告”和“学术鉴赏”两大视频报告群，以及一个“精品课件”群，形成7大系列的专家报告，包括《理工系列》、《经管系列》、《文史系列》、《党政系列》、《医学系列》、《综合素质》等等。

（9）银符在线考试系统

“银符在线考试系统”是一个集考试、练习、交流、教学为一体的综合性在线模拟试题库。能够为同学们提供充足的考前模拟机会。

银符考试模拟题库主要包括：

计算机等级考试模拟平台（二级、三级）；

计算机水平考试（初级、中级、高级）；

金融英语考试模拟平台（初级、中级）；

商务英语（初级、中级、高级）；

经济类考试模拟平台（会计师、经济师等）；

研究生考试模拟平台（数学、政治、英语等试题）；

国家公务员考试模拟平台（申论、行政职业能力测试、公共基础知识等试题）。

（10）汇思智能学习平台

汇思智能学习平台是一款资源与功能并重的在线教学与考试系统。该平台涵盖目前高校大部分考试类别及考试资源，囊括了英语类、工程类、研究生类、医学类A、医学类B、经济类、公务员类、法律类、计算机类、综合类等题库专辑。

2. 外文数字资源

（1）Elsevier SDOL

SDOS(Science Direct Onsite)是由荷兰著名的学术期刊出版商Elsevier公司推出的名为Science Direct的电子期刊。该数据提供1995年以来Elsevier Science公司1700余种电子期刊的全文，包括数学、物理学、生命科学、化学、计算机科学、临床医学、环境科学、材料科学、航空航天、工程与能源技术、地理科学、天文学及经济、商业管理、社会科学等学科领域。

（2）EBSCOhost

EBSCOhost是美国EBSCO公司为数据库检索设计的系统，目前有近60个数据库，其中全文数据库10余个，以《学术期刊全文数据库》和《商业资源全文数据库》两种全文数据库最为常用。

学术期刊全文数据库（Academic Search Premier，简称ASP），共包括4300种期刊，其中3288种有全文链接。主题范围：生物科学、工商经济、咨询科技、通讯传播、工程、教育、艺术、医药学等领域。

商业资源全文数据库（Business Source Premire，简称BSP），共包括3010种期刊，其中2400余种有全文链接，主题范围：经济学、经济管理、金融、会计、劳动人事、银行及国际商务等领域。

（3）John Wiley

John Wiley Publisher是世界上著名的学术出版商，提供360余种电子期刊的检索、浏览及全文下载服务。该出版社期刊的学术质量很高，是相关学科的核心资料，其中被SCI收录的核心期刊近200种，涉及生命科学与医学、数学统计学、物理、化学、地球科学、计算机科学、工程学、商业管理金融学、教育学、法律、心理学等学科。读者可浏览1997年以来的WILEY全部学科的电子期刊。

（4）Springer 数据库

Springer 数据库是由德国施普林格出版公司提供的学术期刊及电子图书在线服务。Springer 电子期刊包含495种学术期刊，其中有189种核心期刊被“科学引文索引”（SCI）收录，有82种核心期刊被“社会科学引文索引”（SSCI）收录。学科范围包括生命科学、医学、数学、化学、计算机科学、经济、法律、工程学、环境科学、地球科学、物理学与天文学等，是科研人员的重要信息源。

（5）国道数据

国道数据是国内最早从事专题数据库开发、推广服务信息技术的公司之一，主要从事行业数据采集、整合。其外文数据库内容涉及经济、环境、外文教育、外文生物技术、外文通信工程、法律等多个领域。

四、拥有图书馆

通过以上介绍可知，图书馆为我们提供了优雅舒适的环境、丰富的文献资源、优质的服务，我们应该拥有图书馆。

我们知道，大学生的灵魂是引领学术风气，促进思想交流，陶冶品德操守，建设精神文明。因此，我们在大学里必须深入学习科学知识，广泛汲取各种新的思想和学术成果，不断提高自身素质，树立正确的世界观、人生观和价值观。大学四年的学习过程从某种意义上来说，就是接受文化（校园文化）熏陶的过程。

（一）图书馆——大学文化家园

校园文化是以学生为主体，以校园为主要空间，以育人为主要导向，以精神文化、环境文化、行为文化和制度文化建设等为主要内容，以校园精神、文明为主要特征的一种群体文化。

1. 图书馆是人文精神和科学精神的熏陶园地

图书馆是知识创新、传播和运用的基地，是培养创新精神的摇篮，是接受人文精神和科学精神熏陶的园地。牛顿上大学时，看到图书馆摆满了各种珍贵书籍，立下誓言："我也要努力奋斗！"这是受图书馆文化熏陶的典型例子。

2. 高校图书馆是校园文化培育和传播的重要场所

图书馆是知识的殿堂，这里有浩瀚的图书资料和网络资源，能使我们接触广博的知识，培养必要的专业技能。掌握获取知识的本领，学会在知识的海洋中畅游冲浪，是我们在大学阶段的主要任务，是顺利成长成才的重要基础，最能体现校园精神。

（二）关注图书馆

图书馆不仅提供图书、期刊借阅和电子资源利用等服务，还有其他更多的服务，比如敬文讲坛、文献检索课、文献传递、参考咨询、网络冲浪等。

（三）共建图书馆文化

图书馆是校园文化建设的主体，在充分利用图书馆的同时，我们也应积极主动地参与图书馆文化建设，共建校园文化。

1. 做个文明的读者

2. 参与图书馆工作

这是一所没有围墙的大学，这里是知识的殿堂，这里是信息的中心。我们期待在图书馆看到大家专注的身影，希望大家像博尔赫斯一样能感受到图书馆的文化气息，"只要一走进图书馆，就会产生浓浓的幸福感"，在以后也会感叹"那是一种美好的感觉"。

中国国家图书馆　詹福瑞

第24讲

论经典的耐读性

讲演时间　二〇一二年十一月二十四日

昨天我主持了王蒙先生的一场报告，演讲的题目就叫“现代性文化与阅读”，这个题目正是我今天要讲的起点问题。王蒙先生说现代性给我们这个现代社会带来了科技的进步，同时也带来了文化的解放，他的话叫“文化民主”。可是这种现代性也给我们的阅读带来了很大的冲击，这个冲击表现在两个方面，一个方面是视听代替了阅读，另一个方面是浏览取代了阅读。这都是王蒙先生的原话，他思考的问题恰恰也正是我近一年来在思考的问题。

我们现在的大众媒体造就了媒体大众，在这种情况下我们经常能看到文化狂欢，我称它为“文化解放”现象。在过去，文化掌握在少数人手里，只有读书人、贵族才能掌握文化，但是随着大众传媒的发展，每个人都会看电视，都会接受文化，这就和纸本阅读有了很大不同，即使不识字也可以从多元的文化渠道接受文化，但也带来了问题，就是去精英化、去雅化。前年，文艺报约我写一篇文章“为什么要读经典”，由于字数限制，我觉得这个问题我还没有说完，后来我开始深入到文化理论领域进行研究，这在西方是一个被称之为“文化战争”的命题。20世纪50年代，科德勒主编了一部书《西方世界经典著作》，大家对他收录的经典基本上都是比较认同的。时隔二十年，也就是到了上世纪70年代，大家对经典的合法性产生了质疑，纪洛里写了一篇文章，讲到现代作家对规范的著作进行审视的时候发现了一个问题，即所谓规范的作家大多是白人、男人。如果这个质疑可以得到证实，那么所谓的经典就预示着一个阴谋，即排除了大多数人的作品。为什么要怀疑经典的合法性，因为经典带有一种权力的影子，经典是由各种利益集团建构起来的，以致西方后现代不管是女性主义也好，西方马克思主义也好，全都对经典持一种否定态度，西方就把这场争论称为“文化战争”。我们国家在上个世纪90年代后期也进入了文化的焦虑期，一方面是受了西方文艺思潮的影响，另一方面也是为了重编现当代文学史。在理论界，从2005年开始，据我统计，全国举办过不少于五次经典讨论会。围绕着“经典”问题，他们基本上分成两派：一派是提出“什么是经典”的问题，这一派可以概括为本质主义派，从文学文本出发来解释它为什么是经典；另一派是问“经典是怎样形成的”，这一派就形成了经典的构成派。这两派并不是水火不容，也不是完全对立，只是思考问题的出发点不同，讨论问题的层次不同，二者之间完全是可以融合、互补的，也就是说经典本身就应该有自己的一种品质，只有经过阅读，只有经过传播，它才能在流传过程中形成经典。陶渊明人尽皆知，可是陶渊明在他的当代是无名的，在他死去一百多年后，萧统才发现了他，给他编了诗集、文集，写了《陶渊明传》，所以陶渊明的作品经历唐朝、宋代，才被称为经典。西方有一个臭名昭著的小说家叫萨德侯爵，萨德主义主张暴力是人的本性，这个著名的色情小说家也是在死后一百多年才被发现，而成为经典作家。所以说一部作品尽管写得很好，水平很高，也只有在作品的流传过程中被读者接受，才有可能成为经典。

一、经典的属性

从经典内部属性来看，要成为经典有以下几个方面：

第一，经典要具有传世性。

我给经典的定义是文化遗产，是人类文化遗产中的精华部分。希尔斯先生写过一本书《论传统》，他认为传统的东西应经历三百年以上的流传。我认为三百年的时间定义过于机械，但是至少要有近百年时间，尤其是要经过不同文化阶段、不同社会制度、不同意识形态的过程，才可能确定一部书的经典地位。但这仍是从理论上说，现实中每一部经典所历经的年代基本上都是千差万别的。

第二，经典要具有普适性、世界性。

经典所关注的、要解决的一定是有关人的根本性的问题，这样才能引起读者持久的关注。比如中国的《论语》、《离骚》、《三国演义》、《红楼梦》等，再比如西方的大家，像但丁、荷马、柏拉图，以及现代的卡夫卡、沃尔夫等。这些作家的作品都有一个共同的特征，就是要解决有关人、人性、人生这类根本性的问题。

第三，经典要具有权威性。

《辞海》在解释经典时说它是"传世的权威性的著作"，但关于经典的权威性还需进一步研究。按照恩格斯的说法，权威就是一部分人对另一部分人的服从，权威就是权力。马克思·韦伯在《社会科学方法论》里也有类似的看法，不过韦伯将权威升华了，他认为权威既有强制性也有合法性，但是这些用来解释人文社会科学著作还不太合适，因为人文社会科学著作对它的价值判断是有选择性的，见仁见智。关于权威性这点，我比较赞同伽达默尔《真理与方法》里的解释：权威是前见，即在阅读中作者所写的东西是我过去没有思考过的东西，没有解决的东西。

第四，经典还要具有累积性。

卡尔维诺写了一本书《为什么读经典》，在这本很有影响的书中，他给经典列了十四条定义，其中说到"经典是带着历代的文化气息走向我们"，我们不仅仅要看到它本身的文化气息，更要去探究解释它的一些文化著作。比如我们读《论语》，同时也要读何晏的《论语注》；我们读《庄子》，同时也要读向秀和郭象的《庄子注》。

第五，经典要具有耐读性。

经典的第五个属性，耐读性，就是我今天要重点讲的。卡尔维诺在《为什么读经典》里给经典下的十四条定义中有六条都涉及经典的耐读性问题。卡尔维诺认为，经典就是对一个人来说他正在重读而不是正在读的著作；经典是我们每一次阅读都会给我们带来新的东西的阅读；经典就是对读者永远诉说不尽的著作；经典是我们初读也像重读一样熟悉的著作；经典它既是陌生的又是熟悉的；经典作品是这样一些书，它们对读过并喜爱它们的人构成一种宝贵的经验，但是对那些保留这个机会，等到享受它们的最佳状态来临时才阅读它们的人，它们也仍然是一种丰富的经验。[①]当然也有人反对，迈克尔·泰纳就写了《时间的检验》，他说，说起经典，总有各种争议，似乎这是经典的一个属性。他说还有一种说法，经典因为深奥，所以对它的解读无穷无尽，关于阐释的无限性已经成为经典的一个特征。如果说经典对读者来说永不厌倦，读者在阅读中总会获得新的东西，我认为这是不对的。一些伟大的作品，其含义是清晰的，至少对个人来说是这样。一个人反复阅读一个作品可能只是他的喜好而已，并不是因为他要从里面获得什么新的东西。所以说一些有修养的人宁愿认为经典作品伟大，但却不再次去读它，因为他怕感到失望。所以关于经典的无限性，迈克尔泰纳就喜欢把它说成陈词滥调。而我认为这种无限性是有一定道理的，任何精神产品都是千差万别的，有的经典内容清晰明白，有的读者读了一次经典就领会了全部的内容，将前见变成了永见。所以说对精神产品的这种阅读确实具有不可穷尽性。但是不是所有的作品都永远值得我们阅读，只有那些经典的，人类遗产的精华，才具有阐释不尽的特质。

二、经典耐读的原因

第一，经典是原创的，带有一种创造性。

任何一部经典都是独创的，只有这样才能为人类的精神文明做出贡献。比如爱默生在《代表人物》里评价莎士比亚，写到“莎士比亚的聪明是独一无二的，他的活力和创造力是唯一的。”西方在捍卫文学经典方面里边有一个很有名的学者——哈罗德·布鲁姆，在他的书《西方正典》里面说到莎士比亚的活力来自于他给人的独特印象。比如在现代文学里，鲁迅先生创造的阿Q形象就是独一无二的，阿Q的形象是中国人的普遍形象，没有个人的意志，以应循的惯例作为自己的

①[意]卡尔维诺：《为什么读经典》，黄灿然、李桂蜜译，译林出版社2006年版，第1—7页。

意志，体现了中国人的生命、道德、理想，是四千年的传统造就的这种特质。这就是鲁迅先生通过他的创造性劳动为我们提供的独特的艺术形象。

除了小说，诗歌亦是如此，诗歌主要通过情思来表达思想的创造性。在封建社会里，一旦臣子遭到贬谪，就会想起屈原的《离骚》，把《离骚》变成忠君爱国思想的一种寄托，我们现代人也能从中看到一种积极探索境界的精神和一种坚守人格的品质。再比如，李白也是整个封建社会里面比较独特的形象，他的自负和骄傲让他总是自认为怀有不世之才，是罕见青衣，他认为自己一旦出山就可以大济天下，可以谋帝王之术、申管晏之谈。李白诗歌所塑造的自我形象，体现了“千军可以取其帅,匹夫不可以取其志”的一种气骨,还体现了纵横策士那种拜合一世的风操,同时还把道家的追求自由、个性的精神发挥得淋漓尽致。所以李白的诗有独特性、创造性。

第二，经典的内涵十分深厚，值得人反复阅读，每读一遍都会有新的收获。

《红楼梦》就是一部百科全书性的巨制，鲁迅先生曾说《红楼梦》“经济学家看见易，道学家看见淫，才子看见缠绵，革命家看见排满，流言家看见宫闱秘史”。即使是同一个读者，在不同的心态下看也会有不同的感悟。所以《红楼梦》可以满足不同读者的不同需要，也可以满足同一个读者在不同时期不同情境下的阅读需要。

第三，经典是深刻的。

经典关于人、人性、人生的探索都入木三分，直指事物的本质，所以经典是思想的策源地、灵魂的栖息地，对人类精神成长史具有决定性作用。我们说《论语》是儒家思想的策源地，《庄子》、《老子》是道家思想的策源地，卢梭的《社会契约论》、《论人类不平等起源和基础》是西方现代资本主义制度的思想奠基。

我们不能满足于现代社会这种快餐式的文化，这种文化是浅薄的，它往往给人带来一种娱乐性的消遣，不能给我们带来一种创造性的欲望，不能给我们带来一种深刻的思想洗礼……这是我们所担忧的，所以我在这讲经典就是要提倡大家读经典。

中国作家协会　刘兴诗

第25讲

从史前气候大移民到新灾变时期：人文科学与自然科学交叉研究

讲演时间　二〇一二年十一月二十四日

一、环境变迁与气候移民

文明和人类生存自来与环境关系密切，今如此，古尤甚。对环境条件依赖之深，非现代人类社会可以想象。在遥远的古代，脆弱的原始文明演变往往决定于自然环境的影响。究其根本原因，乃是生产力水平低下，对环境依赖必然特别严重，所谓“靠天吃饭”是也。笔者试从不同阶段简要解析之。

以最原始时期而言。例如，生活极其简陋、未脱蒙昧色彩的几十万年前中更新世的北京人至几万年前晚更新世的山顶洞人，相当于原始群初期和中期，其生活方式虽然脱离并超乎野生猿类，但是水平极其低下，不过在天地间苟且偷生而已。

进一步到最初的原始游猎时代。如《礼记·礼运》所云："未有火化，食草木之实，鸟兽之肉。饮其血，茹其毛"；亦即萧统《昭明文选序》所言："冬穴夏巢之时，茹毛饮血之世。"揆诸神话传说，即所谓燧人氏、有巢氏之类，食无固物，居无定所，采摘果实，追逐猎物，一切依靠天地之赐。这一尚不能自己生产的原始群末期，亦不过类似而稍高于野生猿类生活。其全然依赖自然，生存艰苦之状况，依据上述记载可想而知。

以上两个阶段，倘若大自然气候环境变化，导致草木凋谢、鸟兽迁移，自必会影响人类生存。于是他们不得不追逐动植物食料，如鸟兽般在一定距离内移动。此乃动物本能之常态，原始人类亦不能脱其食物链所决定的这种生存规律。由此可见，原始时期古人类之生活，对自然环境的强烈依赖性，是无法排除的现象。随着自然环境变化，其活动范围必然也随之而变化，从属关系十分明显。

晚更新世冰期结束后，进入六七千年前的全新世大西洋期，即全球性第一个温暖潮湿阶段，或称为全新世以来最适宜期，相当于我国神话传说中的神农时代，也即《圣经》传说中亚当、夏娃生活的"黄金时代"。原始人类经历了严酷的古冰期时代后，直到现在才普遍进入全球性的"春天"。环境适宜，推动了全球性原始农业井喷式发展，众多遗址到处出现，所形成的新石器时代文明进入一个高潮阶段。于是人们就从为了追逐食物而不断流动迁移，进入定居生活状态。我国北方仰韶、南方河姆渡等遗址，无一不在其中。对于上古历史中的这个新石器时代文明"井喷"现象，必须从全球性特殊优良气候出现的角度出发进行审视，否则就不能完全解释上述全球性新石器时代文明普遍发展的历史现象。

此时，生产力的发展，推动了社会组织形式演变，于是出现了较完善的原始母系氏族社会。从过去单纯依赖自然，发展至自主生产，人类生活条件有了大幅度改善，这不得不视为是此时完美的气候环境所赐。

继续发展至四五千年前，进入全新世亚北方期，一个全球性酷烈的灾变气候阶段，该阶段以持续性干旱和突发性洪水为特点。高山、高纬一些地方有冰川活动，形成"小冰河期"，其外围广大地区则遭受极度干旱和洪水的困扰，造成严重灾害。在这个气候期内，全球各地均受到不同程度的影响，北半球中纬地带尤为明显。这个时间段大致相当于从黄帝时期开始，经夏、商两代直至西周初年，即从父系氏族社会直至奴隶社会阶段。此时世界各地均有所谓“世界性洪水”和极度干旱的神话传说，例如大禹治水、诺亚方舟等。另外还有一些和大自然斗争的神话，如后羿射日以及大力神赫拉克列斯的众多功业等。东西方著名的“英雄时代”传说的产生，均与这灾变气候息息相关。

以中国而言，这个阶段的情况，可以在一些传说和记述中寻觅到相关答案。

二、中国与境外的原始时期气候移民

在这个灾变气候环境条件下，一些位处内陆的地方受影响特别严重。干旱给脆弱的原始农业带来沉重打击，迫使一些部落不得不纷纷离开原地，向环境条件较好的外地迁移。于是就在三四千年前左右，出现了规模化的移民现象。笔者根据其移民本质，试称为“气候移民”。我国北方可以黄帝和炎帝东迁、南方以古蜀族向东出山为代表。

（一）黄帝、炎帝集团东迁

《国语·晋语》云：“昔少典娶于有蟜氏，生黄帝、炎帝。黄帝以姬水成，炎帝以姜水成。成而异德，故黄帝为姬，炎帝为姜。二帝用师以相济也，异德之故也。”上古史中，黄帝常常简称为“帝”。《山海经·西次三经》记述：“西南四百里曰昆仑之丘，是惟帝之下都。神陆吾司之。”如果这个记述可靠，就说得明明白白了：黄帝集团最初居住在这个神秘的“昆仑丘”。“昆仑丘”在何处，乃是中国上古史里一个最大的谜团。从当时原始部落的活动范围来看，显然不是今天帕米尔高原附近的昆仑山。前人有许多离奇的考证，甚至以为在广西西南部的大明山，乃至西亚巴比伦，这当然不可信。现在一般认为黄帝和炎帝集团最初都生活在黄土高原：前者偏北，分布在黄土高原中部北部；后者偏南，大致在渭水流域上游一带，这已经成为定论。前面的《山海经·西次三经》又记述：“河出于东北隅，赤水出于东南隅，洋水和黑水出于西北隅。”这里的“河”就是黄河，直接将“昆仑丘”定位在黄河上游地方，绝对不是今天的昆仑山。所谓“昆仑”，有人认为在今天甘肃、青海、四川接境地区比较可信。《山海经·西次三经》还有一段记述："其神状虎身而九尾，人面而虎爪……有兽焉，其状如羊而四角。"另有一段文字："其神状皆羊身人面。其祠之礼，用一吉玉瘗，糈用稷米。"由此可以察见虎图腾和羊图腾的痕迹，与后世的羌人有密切关系，文中描述也和这里的自然环境暗合。《穆天子传》说："天子升于昆仑之丘，以观黄帝之宫。"其中的"天子"就是穆天子本人，既然他在那里寻觅黄帝遗迹，可见这个"昆仑之丘"也不是新疆的昆仑山。周穆王远游八万里的传说，最西也只到达今天的甘肃、青海一带的祁连山东段而已。

关于炎帝集团的最早的分布情况，《帝王世纪》有记述："炎帝神农氏，姜姓也。母曰任姒，有蟜氏之女，名女登，为少典正妃。游于华山之阳，有神农首感女登于常羊，生炎帝，人身牛首，长于姜水，因以氏焉。"《史记·补三皇本纪》描述炎帝："长于姜水，因以为姓。"姜水在何处?《水经注·渭水》曰："岐水又东迳姜氏城南，为姜水。"岐水在今陕西省的岐山县西，由此可以定位，炎帝集团最初居住在渭水上游一带，的确在黄帝集团以南。

前面说到四五千年前，出于全新世亚北方期，在全球性灾变气候影响下，生活在内陆的黄帝、炎帝集团不得不向东迁移，成为特殊的气候移民。关于部落大迁移的情况，可从《诗经·大雅·公刘》一段看出，文曰："笃公刘，匪居匪康。迺埸迺疆，迺积迺仓。迺裹餱粮，于橐于囊。思辑用光，弓矢斯张。干戈戚扬，爰方启行。"虽然这并非黄帝、炎帝时期，时代要晚得多，但是也能看出由于旧地环境不宜，部落首领公刘率领整个部落做好准备离别故土，向远方出发的情况。他要求大家在大袋小袋中装满干粮，配备好武器，向新的地方出发。这样一个个部落浩浩荡荡地迁移，前后延续许多年代，笔者所称"气候大移民"之壮观和迫不得已，就完全可以想象了。较晚的公刘如此，早期的黄帝、炎帝带领部落东迁自然也一样。现在一般认为，黄帝集团的东迁路线大致如下：东渡黄河后，穿过今天的山西省，越过中条山、太行山，进入河北平原北部。炎帝集团则大致从渭水向东，沿黄河到达今天的豫北、冀南、鲁西北一带。当时黄河经过河北，在今天的天津入海，黄帝、炎帝集团就在这里遇到了先此而来的蚩尤集团，产生了矛盾。《五帝本纪》有"诸侯咸归轩辕"一句话，表明黄帝集团在迁移过程中，团结联合了许多其他部落，因此战胜了蚩尤。在不断接触融合的过程中，终于形成了伟大的中华民族的雏形。

最后还有一个有趣的疑点，那就是关于黄帝集团的居住地方。《山海经·中次三经》还有一个说法：“青要之山，实维帝之密都。”所说的“帝”，前人也以为是黄帝。青要山之“要”和“腰”是通假字，由于山腰青色而得名，在今天河南新安县城西北42公里处，已开辟为自然保护区。黄帝集团穿越太行出山，这里应该是炎帝集团活动的地方，怎么钻出了黄帝？如果记载属实，就应该是炎帝，而不是黄帝了。

（二）古蜀族出山

古蜀族属于羌氐体系。研究古蜀历史最权威的著作《华阳国志》记述：“有蜀侯蚕丛，其目纵，始称王。次王曰柏灌。次王曰鱼凫。”古蜀同一族系的“前三王”，其活动代表了古蜀族发展的三个阶段。

第一阶段在距今五六千年前，古蜀族在首领蚕丛带领下，原本生活在岷江上游河谷内，以农业活动为主。距今约6000年的波西遗址、距今5500年至5000年的营盘山遗址、距今约5000年的绵篪姜维城遗址、距今约4500年的沙乌都遗址等，都可以作为代表。

第二阶段发生在距今4500年—4200年前。前述普遍性的灾变气候开始出现，附近贡嘎山等高山也形成了以冰进为特征的新冰期，严重影响深山河谷农业生产。于是古蜀族人不得不向东迁移，沿着两条路线出山。其一，顺岷江而下，迅速进入成都平原南部，建立都江堰芒城遗址（距今约4500年—4300年）、崇州双河村遗址（距今约4300年）、新津宝墩遗址（距今约4500年—3700年）等。其二，在柏灌带领下，翻越龙门山，到达盛产铜、金、玉等矿产的白水河（今龙门山镇），汇入湔江处。请再注意另一个有趣的事实：在岷江上游河谷里的营盘山遗址附近，有许多距今2500多年前春秋战国时期的石棺葬，以及其他后期的墓葬，全都属于又一个温暖潮湿的亚大西洋期，山中唯独缺乏灾变气候横行的亚北方期遗址。这岂不从另一个侧面显示在这个空白的时期内，古代部族大多迁移出山的事实？进入古气候环境的另一个新“黄金时代”，也就是相当于金沙遗址和春秋战国的亚大西洋期，似乎才重新有一些部族进入。

第三阶段开始于鱼凫时期。《华阳国志》记述“鱼凫王田于湔山”，最初仍旧在山中活动，以后沿湔江出山，顺着同一河流到达三星堆。凭借白水河附近的丰富矿产资源，发展为灿烂的青铜文明。可是这个阶段洪水频发，一次次冲破城堤，迫使古蜀人一次次在平原内继续搬迁，留下一个个遗址。直至以后，另一支在鳖灵的带领下，从南方进入成都平原，代替原本岷江山中的古蜀族。最后在今天的成都西郊建立金沙遗址，但又被洪水冲毁了。笔者在这一破城的古河床内，发现一根巨大乌木。经成都理工大学博物馆取样，进行碳14同位素测年，发现距今大约有2250年。考虑到我国碳14同位素测年一般均以1950年为基准，所以还应该加上50年。而实验室数据还有允许范围内的小幅度误差，所以这个冲毁金沙古城的事件，距离现在大约是2300年。这与秦惠文王九年（公元前316年，距今2328年）的秦灭巴蜀极其相近，两个事件几乎就在同一段时间内发生。从古蜀族历史可知，他们有一个最重要的迁移特点，即随着气候环境变化而迁移。古蜀族起初从龙门山中搬迁到山外成都平原，属于典型的气候移民，而恶劣的气候导致了重大的洪水灾害，一个个遗址又被冲毁放弃。古蜀族在平原上不断搬迁，最后到金沙遗址为止，这属于气候原因的洪水移民。和世界上别处古代文明不同，古蜀族历史是动态的，而不是静态的，说得确切些，整个古蜀族历史就是一篇连续搬迁的特殊移动史。“动态”和“静态”两种不同生活方式，营造出一部特殊的古蜀历史。

（三）雅利安人西迁

距今三四千年前，以持续性干旱为特征的全球性灾变气候，无疑对世界其他地区也产生了同样的影响。其中，地处欧亚大陆腹地核心的中亚地方尤为酷烈，这自必严重影响生活其间的原始部族。雅利安人西迁就是一个突出的例子。

在距今六七千年前的大西洋期，温暖潮湿气候几乎遍及全球，包括我国新疆在内的广阔亚洲腹地的古气候自然也朝优化方向发展。草原面积扩大，种植条件良好，形成了宜人居住的环境。于是居住在这里的原始部落，普遍从采集过渡为种植，从渔猎转化为畜牧。前者出现在阿姆河流域、费尔干纳盆地以及一些山前绿洲地带。这里环境条件更加优良，因此出现了原始农业，科彼特山前地带著名的哲通文化、花剌子模地区的卡拉遗址等，均可以作为代表。后者可以接近阿尔泰的中亚北部草原地带为代表，生产方式以畜牧为主。雅利安人生活其间，逐水草而居，是典型的游牧部落类型。

进入亚北方期后，亚洲腹地距离四面海洋比较遥远，海洋气团无法到达，这势必加强严重的干旱化。由于气候巨变，草原迅速退化，而人口和畜群又不断增加，更使不断恶化的环境无法承受。于是雅利安人不得不向外迁移，避免淘汰以求生存。从考古发掘可以推测，这一浩荡的“气候移民”，自气候环境初变就已经开始萌芽，至距今3500年前形成规模，其迁移路线有向西、向南两支。向西一支起始路线简单，主要沿咸海、里海、黑海“三海”一线的广阔草原地带逐渐西进，越过东欧大平原后，再分为几支进入欧洲不同地区，分别演绎为斯拉夫人、希腊人、拉丁人、凯尔特人、日耳曼人等，构成今日欧洲各地区的主要族群。向南一支则在经过中亚南部，越过兴都库什山脉后，再分为两支继续前进。一支转向东南，进入印度半岛，揭开了印度历史的“雅利安时代”；另一支向东，经过伊朗高原进入著名的“肥腴月湾”美索不达米亚平原，进一步到达西亚各地，构成了西亚各族。根据19世纪中叶德国语言学家马克斯·缪勒的观点，从中亚迁移而来的上述各地部族，都属于同一印欧语系，可以统称为雅利安人。雅利安人大迁移现象，就成为古代历史的一个重大课题。

三、结语

中国境内的黄帝、炎帝集团东迁和欧亚大陆腹地雅利安人西迁，是原始历史中的两个重大事件，对当时当地原住部族而言，自然会有诸多困扰，可谓是灾害性事件。可如果放大历史视野，从整个历史进程来说，积极意义就远比消极意义明显。试想，倘若没有“气候鞭子”的驱赶，也就没有这一重要的“气候大移民”现象，那么东方中国境内各个部族接触融合的过程，必将大大延缓，也就无法及时相互融合形成伟大的中华民族。雅利安人停留原地，也难以转化为西方各族，更别说推动相应的历史演变。后世民族学、历史学种种问题，自必都会是另一种景象。这就引出了一个值得思考的话题：针对某一历史对象，就具体时、地、人群而言，和用更加广阔、深沉的历史视野，亦即从更加全面和审慎的广度和深度观察，往往是两个不同的方面。福兮祸兮，如何界定？这需要我们从不同角度全面仔细评价，方能得出恰当的结论。

从研究方法来说，无论是对某一事件还是人物的评述，这种“微观”与“宏观”交互比较的做法，是十分必要的。当然历史是复杂的，在具体事件和大历史观可以相互调和的情况下，研究某些对象当然可以得出确切定论，而其他研究对象则未必。研究历史必须排除主观性，不能简单化、定型式、脸谱化。任何僵化的历史观，均有进一步商榷的必要。

天津师范大学历史文化学院　侯建新

第26讲

欧洲文明的概念及来源

讲演时间　二〇一二年十二月十日

我要先说说这个题目，我用的是“欧洲文明”的概念，而没有用“西方文明”的概念。“西方”的概念比较宽，比如美国、北美、大洋洲，甚至日本这样的发达国家都被称为西方国家。而“欧洲”这个概念，指的地理上的位置，以及跟欧洲相关的。另外，我们说到欧洲文明总是把它和希腊罗马联系起来，认为希腊罗马是欧洲的前身，然后进入中世纪，再到现代，这就是欧洲文明，这种说法是不正确的。我们今天要在欧洲文明和希腊罗马文明之间作出区分，欧洲文明总体来说是崭新的文明，是有别于希腊罗马的文明。在西方，这个观点在近一二十年来逐渐占据了主流地位。他们的主要依据是考古学的发现，在罗马废墟上建立起来的欧洲，和古典时代是一个完全不同的格局。因此，越来越多的学者倾向于认为欧洲文明是一种新文明，是有继承同时更有创新的文明。

一、欧洲文明是一种新文明

其一，从种族上来说，欧洲文明的主体和希腊罗马是不一样的，它是在罗马文明的废墟上建立起来的日耳曼蛮族王国。最后击垮罗马帝国的是日耳曼人，他们在废墟上建立新的不同王国后，称为欧洲的上层阶级。大约5世纪时，日耳曼人一批批地进入罗马帝国，他们语言相近，文明相近，但是属于不同部落，不同种族。他们建立了一系列的蛮族国家，我们知道最多的应该是法兰克王国。法兰克王国的中心在今天的法国、荷兰、比利时，就是西欧最核心的地区。法兰克王国后来分裂为三部分，分别成为今天法国、德国、意大利的前身。此外，还有西哥特王国、东哥特王国、汪达尔王国等。这些都和今天的欧洲国家密切相连。总而言之，这些蛮族国家是今天欧洲主要国家的前身。当然，他们的血统发生了很大变化，但是主体还是日耳曼人。在英吉利海峡的另一边就是不列颠岛，住着盎格鲁撒克逊人，他们也是日耳曼人的一个部落。他们跨过海峡，进入不列颠岛，成为了英格兰的主体。我们现在讲的欧洲主要指西欧，因为西欧在欧洲最有代表性，它的主要国家的前身是这些日耳曼人建立的蛮族国家，这些国家是今天我们欧洲的主要国家的来源。

其二，从制度上来说，今天的大学来自欧洲，而不是来自于希腊罗马。中世纪的创造中被称为“思想之花”的就是大学的创造，有法国、英国、意大利等国家建立第一批大学，之后又有德国，创立了近代以来新的大学模式。美国的大学，曾是欧洲人去办的学校，它的理念原则完全来自欧洲。例如哈佛大学，是莎士比亚的邻居哈佛拥有一笔资产后在美洲创办的，它的根在欧洲。城市也是中世纪的一个创造。欧洲中世纪的城市意味着一种权利，到了欧洲的城市，哪怕是个农奴，只要居住一段时间就拥有居民的资格，受到城市法律的保护，变成一个自由人。有特许权利的居民逐渐组成这样一个共同体，他们逐渐以工商为主，这就成为近代城市的前身。市民阶级的载体，就是在城市当中产生的。现代民主制度的一个代表是议会制度，这也来源于中世纪。议会制度在13世纪末就诞生于英国，当时称之为等级会议，比较成熟的议会制度在14世纪正式产生，但是这种政治制度跟希腊罗马的民主制度不一样。如今我们一提到民主制度，一定会想到是来自于希腊罗马，但是民主协商制度真正的起源还是在中世纪，对于个人权利的保护也是来自于中世纪。我们都知道"苏格拉底的审判"，苏格拉底是一个名望如此之高的人，最后却被判处极刑，就是因为多数人都同意。这种多数人同意即可审判的制度就是希腊时代民主制的典型特征。到中世纪民主制产生了变化，中世纪产生了一种个人的权利，对个人权利的保护，对少数人的容忍，这就是现代议会制度的前身。希腊罗马的民主制度是和城邦居民的身份制度联系在一起的，而这点在中世纪发生了很大的变化。我们现代民主制度的衔接，最直接的是欧洲的制度，而不是希腊罗马的制度。

中世纪在欧洲文明里产生了中产阶级，即之后资产阶级的前身，中产阶级再往前走就是第三等级，就是除了教会贵族、世俗贵族之外的一个等级，他们原本不是贵族，但依靠经营有了一定的资产，从而进入议会。随着时间的推移，他们在议会的发言权越来越大，以致最后他们通过掌控议会主要的力量战胜了王权，这便是英国的宪政革命。所以到了17世纪，国王虽在，可是国王不决定主要事情，没有决定权，决定权掌握在议会手中，任何争议都在议会里解决。中世纪不仅贡献了议会，而且贡献了一个阶级也就是以后的资产阶级。欧洲文明，说到底是一种资本主义文明，因为它产生一种新的制度，并对世界产生极大冲击。欧洲的这种制度创造了以往没有的生产力，从而出现了以往没有的世界市场，用马克思的观念来说，从此之后才有了真正的世界的历史。原来，人们的联系都是偶然的，是一个地区性的，真正全球性的联系是在全球市场成立之后，而全球市场的出现和资产阶级资本主义是不可分割的。这个结果，和欧洲文明密切相关。

其三，从宗教上说，基督教产生于罗马帝国晚期，但是很少有人把它归结于罗马帝国。基督教最初产生的时候是受到迫害的，历史上有"三百年教难"之称，直至罗马帝国晚期它才获得合法的地位，而基督教真正被普及、被共同信仰还是在日耳曼人占领欧洲以后。法兰克王国发展到查理曼大帝的时候，基督教占据了上位，法兰克王国的居民都要集体受洗礼加入基督教。而大规模的推行则是在中世纪，基督教便成为欧洲文明的重要源泉。

如此看来，欧洲文明基本上是独立的文明，但是它和以往的文明有着非常密切的联系，比如说和希腊罗马文明或是日耳曼人本身带来的文明。日耳曼人是一个群体，有自己的生活方式，其中最重要的是马尔科制度。因此，欧洲文明中也融入了很多日耳曼的传统。欧洲在建立之后的格局和希腊罗马时代基本上不一样，最主要的是欧洲的田制，欧洲的田制是敞田制（open field），一种从日耳曼那里流传下来的农耕制度。

二、欧洲文明和基督教的关系

我们说欧洲文明是一种崭新的文明，应该对它有更集中的关注和研究，我们可以分析它和希腊罗马文明有哪些关系，分析它和日耳曼传统有哪些关系，分析它和基督教有哪些内在的联系因素，这三个都是很大的题目，我们今天着重讲它和基督教的关系。

基督教是现代三大宗教之一，非常活跃，如果不理解基督教，那我们就无法理解欧洲文明。正是在这个意义上，欧洲文明又被称为基督教文明，基督教对欧洲文明影响太深了，大历史学家布罗代尔曾说，基督教在欧洲的影响，已经不是信神不信神的问题了，也就是不论你信不信神，你的生活都受到基督教的影响，例如出生时要洗礼，结婚去教堂，老了有宗教仪式，欧洲人生活的方方面面都和基督教相关。不过这是最表层的东西，而深层的内容是基督教和欧洲政治层面的联系。我们讲两者之间的联系，主要是说欧洲的政治框架、政治理念如何受到基督教的影响。布罗代尔的原话说，“基督教和欧洲生活的关系，甚至在无神论者身上也留下了痕迹，无论他是否意识到此点，伦理原则、对待生活和死亡的态度、工作的观念、努力的价值、妇女和儿童的地位，它们表面上可能与基督教情感毫无联系，不过一切还是源于基督教。”[①]所以，从这些方面来看，基督教的影响应该比希腊罗马文明、日耳曼传统更加深远。下面我们从三个方面讲欧洲文明和基督教的关系。

第一，原罪说。

原罪说是基督教教义的核心，它不是一种成套的理论，而是救世说，被称为基督教的基石。基督教信仰人是上帝创造的，人是有灵魂的，人身上有很多东西是其他生物没有的。人是可以和上帝沟通的，人有创造活力，人还被赋予了自由意志。例如《鲁滨逊漂流记》里主

①[法]费尔南·布罗代尔：《文明史纲》，广西师范大学出版社2003年版，第43页。

人公对待人和动物的态度是截然不同的。人的知与能是有限的，人是可善可恶的，人的唯一出路就是追随上帝，依靠上帝恩赐的能力来克服这种局限性。如果人背离了上帝，就会陷入矛盾，不能自拔。因此有人认为人的斗争是没有意义的，即使不断斗争，不断制造信仰，意图摆脱你永远不可能摆脱的终极困境，但这终究是不可能的。那么，原罪的概念是什么呢？圣经里以亚当夏娃偷吃禁果作为堕落的开端，因为亚当夏娃认为偷吃禁果后眼睛就会明亮了，这暴露了他们的野心，他们想和神一样一样行事，想不靠神的指引，因此唤起了人肉体中最本能的贪欲，这反映了人的骄傲自大和对上帝的反叛。由此可知，原罪就是人想做他做不到的事，用奥古斯丁的话来说就是两个字——“僭越”，你走到了你不应该去的位置。人盲目自大地模仿上帝，企图以自我为中心，这样人神的秩序就被颠倒了。原罪说认为，凡是人都有原罪，都会盲目地自我肯定，都会有比附上帝的心理。根据这样一个观点，从此之后，不论是国王、皇帝还是贵族都再也不能在道德上把自己打扮成完美无缺的人。人的原罪引向了权利原罪，这就形成了欧洲人心目当中对掌权者的态度。霍布斯曾指出“持续的孜孜不倦的对权力的追求是人类共同的欲望”，所以原罪说在人们心目中丧失了世俗权力的神圣性。国家是掌握权力的，权利实际上是有原罪的，这就为国家权利的对立面的形成预留了空间，因为我们无法给予国家权利以无限的信任，其实这就是中世纪以后议会产生的原因。议会就是国家权利的对立面，是对最高统治者进行限制的一个机构，这就是西方政治文明里最核心的东西。小布什就曾说，“西方文明一个非常重要的成果就是把统治者关在笼子里，我现在就站在笼子里讲话。”这是现代的政治语言，其实是能够在基督教的原罪说里找到依据的。为什么议会制度能够建立？因为人本身就对权利存有疑心和戒备。权利的互相制衡在罗马时代就有了，但真正作为系统运行实在中世纪以后，因为基督教的原罪说为它提供了坚实的理论基础，为议会制度的实践开辟了真正广阔的空间。

第二，政教分离的二元政治观。

圣经里有一个今世和来世的思想，还有一个思想就是掌握祭祀精神的要和世俗分开。耶稣曾经说，“我的国不属于这世界”，基督徒对来世的信仰降低了世俗生活在人们道德体系当中的地位。这和古典时代的观点是截然不同的。比如亚里士多德和柏拉图都认为哲学家能在世间创立至善的政权，而这在基督教看来是不可能的，因为哲学家也是人，人都是有罪的，一个不完美的人怎么可能创造完美的政权呢？人的本性都会有局限性，不可能达到至善，所以基督徒和国家拉开距离，以保留的眼光审视国家。他们一方面怀疑国家统治者，另一方面他们也需要国家来管教，国家可以管世俗的事情，但不能管精神的事情。耶稣有一句经典的话，“凯撒的物当归凯撒，神的物归神”，这就是基督教的二元政治观。比如君王要和祭祀分开，即掌管世俗的要和掌管精神的分开，祭祀不是国王的事情，而是祭司的圣职，所以国王是不能代表公众去祭拜神灵的。欧洲中世纪还有一场著名的斗争——“主教授职权之争”，它的核心是教会拒绝世俗权力的干预，这场斗争在西方被给予极高的评价，被称为“教皇革命”，也被称为“宗教解放运动”。这场斗争是将传统的君王精神职能割除的斗争，自此之后宗教的领袖由宗教来任命，国王无权干预，但是同时教会也承诺不干预世俗政权。

第三，上帝选民说。

基督徒认为自己是神的儿女，天国的公民，他们已经脱离了旧人成为新人。原罪的教义不仅使个人成为罪的承担者，而且使灵魂得救，这也完全是一种个人行为，从而使这种古老共同体的统一性让位于个性。基督教强调个性，旧约和新约是上帝和个人之约，所以灵魂得救也是个人的事情。你是不是选民你不知道，只能用你的行动和结果来证明你是不是选民，这种选民跟种族无关。以色列人说他们是上帝天然的选民，其实在圣经里已经排除了以色列人一定是选民之说，这就是说选民（或者说你灵魂的得救）是你个人的问题。这就是基督教所强调的个人和个性。历史上也多次出现基督教通过个人行为起作用的事件，比如中世纪的农奴可以作个人的遗嘱，这个遗嘱权是教会推动实现的，教会根据自身的一套理论解释道，“个人有权利作最后一种交代，就像他灵魂是否得救，是他个人的事情一样。”

英国学者戴尔的《转型时代》认为，欧洲的转型不是资产阶级革命，也不是在十五十六世纪，而是从十二十三世纪就开始了这样的转型，这种转型和它上层结构的变化是密切相关的。今天我们重点讲了基督教对欧洲文明有深远影响，且在欧洲文明的形成中占有重要的地位。我们说欧洲文明是一个独立的文明，同时它又不是一个原生的文明，它来源于古典文明，来源于日耳曼传统，也来源于基督教，这些构成了它的文明主体，而这样的文明经过几百年的发展，形成了之后的资本主义文明。它创造了一个新的时代，而且这个时代对世界产生了强有力的冲击，这就是资产阶级革命、工业革命以及工业革命之后对世界各国产生的冲击。欧洲文明的形成是有一套轨迹的，有它自己的历史发展脉络。

安徽省旅游局　吴浩

第27讲

历史文化与旅游开发

讲演时间　二〇一三年三月十四日

一、旅游业发展趋势简析

（一）世界上最大的产业——旅游业

自上个世纪90年代以来，旅游业就已超过石油、汽车、制造业，上升为世界第一大产业。国际旅游收入在世界出口收入中所占比重达到8.25%，超过石油出口收入（占6.5%）、汽车出口收入（占5.6%）和机电出口收入（占4.6%）。自此，旅游产业正式确立了世界第一大产业的地位并保持至今。

（二）旅游业的特点和优势

旅游业有以下特点和优势：关联度广，带动性强；促进消费，拉动内需；增加岗位，扩大就业；节能减排，保护生态；扶贫富民，协调发展；节约资源，环境友好；传播文化，扩大影响。这些特点和优势都非常符合当今社会科学发展观、可持续发展、结构调整、生态环境的要求。

（三）拥有繁荣旅游业是现代化城市的重要标志

在世界国际化、现代化大城市中，旅游产业具有十分重要的地位，世界上最著名的国际化大城市无一例外都是国际知名旅游城市。此外，旅游业是否高度发达是城市发展水平和阶段的重要衡量标识，也是现代城市国际化程度的重要体现。

（四）安徽旅游业

1. 安徽旅游业发展优势

安徽旅游业发展迅猛，潜力深厚，成长性很好，具有众多优势，主要体现在资源、区位、交通、市场、发展等五大方面。第一，资源方面的优势。安徽有着世界一流的山水，自然遗产与文化遗产都有，且有很多历史文化的东西尚未开发出来。这些历史文化方面的东西，在中华文明五千年发展的史书上都有所记载。第二，区位方面的优势。过去讲安徽有区位优势，我们还体会不出来，如今和四川、青海等旅游大省一比，我们安徽的区位优势就非常明显了。四川、青海等大省也有丰富的旅游资源，但是游客不方便进入，安徽则正好，紧靠着中国最大的游客产出区——长三角，而且西边和北边的游客进入也方便，例如湖北、重庆等省市都会给安徽输送大量游客。第三，交通方面的优势。现在高铁贯穿全省，交通非常便捷。以合肥为例，以前的合肥相当偏远，火车都很少到达，而现在的合肥是一个“米”字形的交通枢纽，这些都是安徽旅游业发展的优势。第四，市场方面的优势。安徽紧靠着长三角，南京、上海等地的很多游客经常到安徽新开发的旅游景点去，毕竟黄山费用高，所需旅游时间较长，一般人也就去一两次，但是他们可以利用周末或小长假去安徽新开发的景点，虽然知名度不那么高，但是风景特别好。第五，发展方面的优势。很多大城市已经发展成型了，而安徽是一个正在高速发展的省份，合肥从一个只有四五百万人口的小城市发展成一个区域性的特大城市，拥有一千两百万人口。这些年安徽全省旅游业的发展都特别好。

2. 长期渐进式的发展已经积聚了跨越发展的巨大能量

安徽旅游业的发展是持续渐进的，不像云南的发展是突变、跨越式的，短时间内建好机场、高速，旅游区一下就热起来了。安徽在过去因为资金方面的原因，是一种渐进式的发展，而经过这么多年的发展，已经积聚了跨越式发展的巨大势能。

3. 文史旅游必将是未来新的增长机遇

自然旅游资源已经开发得很好了，像黄山和皖西南大别山等，而文史旅游却是说得多看得少，所以这一块在将来肯定会给我们带来很多的发展机会。

4. 文史资源丰富与开发能力贫弱之间存在反差——认识反差和能力反差

我觉得目前历史文化的开发还是一个难点、制高点，也是一个闪光点，它现在存在最主要的反差一个是认识反差，就是资源的价值非常、品位很高，对于中国人来说，这种价值不用推广大家也都知晓，但是我们很多当地的领导，我们从事旅游行业的人，还有一些投资商，他们看不到历史文化的价值，却还热衷于搞主题公园，搞一些生态钓鱼、农家乐等这种很精彩的东西。有一些文史资源甚至在国家层面和世界文化层面上都有很重要的意义，但是他们没有意识到。再一个就是能力反差，一些原本有世界意义的、有国际影响力的东西用一个乡镇的水平就开发了，结果等于破坏了资源。所以，虽然今天我们说的是旅游，但是从历史文化上来说，我们从事旅游业应当加强对这些方面的关注。

二、差异化营销在开发城市旅游中的作用

现在从营销角度来审视，我们实际上是在中国进入社会主义市场经济的背景下发展，任何一个城市一个学校一个团体都有竞争的问题，所以我们发展旅游业，打造旅游产品一定要用营销竞争的观点来看。市场营销就是发现还没有被满足的需求并满足它，所以你的成功不是跟着成功的人干已经成功的事，而是找到人们想买却只有你能卖的东西。美国营销大师米尔顿·科特勒说，“市场营销的目标是让销售变得多余，如果你真能找到没有满足的需求并做好满足需求的工作，

你就不用在销售上下太多工夫。”美国竞争战略的营销大师迈克尔·波特说过，竞争战略是创造差异性，不要把竞争仅仅看做争夺行业的第一名，完美的竞争战略是创造出企业的独特性，让它在这一行业内无法被复制。迈克尔·波特还有很多关于竞争力战略的理论：竞争战略就是创造差异性，有目的地创造一整套独特、有利的定位，涉及各种不同运营活动的价值组合；战略并不是要涉及最佳的做法，战略是要选择一种做法可以使你与众不同、独一无二，通过不同的方式开展竞争；战略就是在竞争中作出取舍，其实质就是选择不做哪些事情，单纯追求增长的努力往往会淡化企业的独特性。

此外，《蓝海战略》一书中说道：在红海中，每个产业的界限已被划定并为人们接受，竞争规则也已为人所知。在这里，企业试图击败对手以攫取更大的市场份额，市场空间愈加拥挤，利润增长艰难缓慢，残酷的竞争让红海变得越发鲜血淋漓。与之相对，蓝海则代表着亟待开发的市场空间，代表着创造新需求，代表着高利润增长的机会。在蓝海中，竞争无从谈起，因为游戏的规则尚未制定[①]。

历史和文化是我们人类独特而不可复制的历史胎记，所以我们在做历史文化方面的旅游规划的时候，可以围绕这一点分析。例如安徽的历史文化，芜湖的历史文化，我们某一个地区的一个县一个乡它曾经有过的历史闪光点，我们把它开发出来、加以利用，那是很精彩的。我总结了一下，我们中国人比较喜欢完满美、圆满美，旧的东西一定要把它修好，如果把古埃及金字塔废墟遗址放在中国的一个县里，县长说不定会下令让推土机把它推了，修一条大路，两旁再弄点花草。古埃及金字塔废墟有四五千年的历史，经过岁月的洗礼，到处是断壁残垣，可以让我们看到原真的美。西方喜欢残缺美，例如断臂的维纳斯、古希腊雅典卫城废墟、古罗马元老院遗址等，他们保留历史的残垣断壁的真实性，因为那些都是物化的历史、凝固的文明。所以，我们现在要将这些废墟文化作为高层次的文化旅游精品，让我们越来越有国际视角的国内游客学会欣赏残缺美。

历史文化是非常重要的，我们抓得准、选得对，会增加我们的竞争力，增强我们产品的影响力。

①未战先胜——为自己独创的旅游产品安上“专利”保险丝。

---

①[韩]W. 钱·金、[美]勒妮·莫博涅：《蓝海战略》，吉密译，商务印书馆2005年版，第7页。

案例:《黄山—黟县—屯溪之旅》营销策划。

②上兵伐谋——将产品推进到别人轻易无法模仿的文化高度

案例:《马鞍山吟诗之旅》策划。

③陈仓暗度——从无字句处读书，自无问津处起步

案例:《皖东北史记、三国志之旅》策划,《长江中下游邮轮之旅》策划。

下面我给大家具体介绍其中两个差异化营销实战的案例。

第一个,《黄山—黟县—屯溪之旅》营销策划。

1. 策划要点

发挥安徽企业熟悉本省情况的优势，发现并开发黟县，将黟县西递、宏村设计包装成特殊产品，与屯溪一起整合到黄山线路中，率先将独具特色的徽州古村落民俗文化与黄山秀美的自然风光结合起来进行销售，创造出一个内涵较丰富、抗风险能力较强、崭新的黄山产品，与江浙沪旅行社所售黄山旧线路形成强烈的差异化区别，以此锲入日本市场，争取赢得日方大旅行社销售黄山新路线并与安徽直接合作，而不是通过江浙沪这些中介（以往日本游客进安徽旅游，通常都是和江浙沪的旅行社合作）。

我们很有自信，预计产品成功推出后市场会出现抄袭模仿的竞争趋势，因此在旅游产品没有专利保护的情况下，成功争取到各有关部门的支持，制定了独特的市场营销组合，聪明地为自己的新产品设置了有效的保护程序，从而不仅确保了自身的产品开发收益，并为更大程度的市场拓展奠定了基础。

一个安徽的小旅行社，在1989年全国旅游业面临空前的困难时，能运用差异化独创战略，凭借黄山这样一个当时并不完善的产品，率先一举突破日本市场，为全国国际旅游市场复苏启动做出巨大贡献!

2. 核心创意：充分开发黟县新产品的特殊功能并将其发挥利用到极致

（1）替代功效：恬淡田园风光有助于游客暂时避开都市喧嚣。

（2）补充功效：晴天锦上添花，雨天聊补缺憾、仍感不虚此行。

（3）迷惑功效：对市场来说是新奇吸引物，对抄袭跟进者而言是埋伏圈。

（4）保护功效：确保创新开发专利收益的保险丝。

（5）支持功效：继续拓展的助推器，战胜强大竞争对手的掩体。

3. 战略运用

（1）差异化战略：产品差异化、形象差异化、服务差异化。

（2）市场挑战者战略：敢于向市场领军企业挑战，为安徽省夺占市场销售份额。

（3）协调促销战略：在相同理念下，政府、旅行社、酒店、交通等各方面根据事先约定协调合作。

《孙子兵法》一书中说道："夫未战而庙算胜者，得算多也；未战而庙算不胜者，得算少也。多算胜，少算不胜，而况于无算乎！""善战者，先为不可胜，以待敌之可胜。""故善动敌者，形之，敌必从之；予之，敌必取之。以利动之，以卒待之。"

4. 主要战果

（1）安徽取得国际旅游市场的突破，为华东地区和全国旅游业的复苏开了先河，受到省政府和国家旅游局表扬。

（2）在极短的时间内让中日所有大旅行社瞠目结舌、措手不及、无法跟进，出现了奇特的市场现象。

（3）成功促使中日大旅行社于次年主推黄山，进入我们安徽"伏击圈"，与安徽直接组团合作。

（4）一举使黄山新产品跃升为日本旅华市场各旅行社争相销售的一线主流产品，极大地提升了黄山和安徽省在日本的知名度。

（5）来皖日本游客大幅增加，安徽独立开发的新产品获得丰厚回报，安徽国旅首次闯入全国国际旅行社100强。

可见，在我们安徽的历史上，这个案例的成功，在于用历史和文化素材给产品策划增加差异性，增强吸引力，丰富其抗御风险的能力，提升我们安徽旅游的竞争力。我们仅仅是将黟县的历史文化加进了黄山这个产品，从而形成了在产品差异化竞争方面的独特优势。

第二个，《长江中下游邮轮之旅》营销策划。

策划特点：首次将安徽黄山、九华山锲入长江游船旅游线，突破以往长江产品只有三峡的固定模式，成功将上游游览线延伸至中、下游，创造了长江旅游新产品，为长江下游沿江旅游大发展开路。

差异化营销实战案例分析：线路开发。

差异化产品的极致——特殊旅游，比如徒步旅游、自行车旅游、气功旅游。

美国徒步旅游者给旅行社来信，盛赞中国安徽：

You have done a wonderful job choosing fascinating places to visit. These are places that would be so hard to visit on one's own. I absolutely fell in love with the villages and scenes along the Xin'an River. I never thought that I would have the opportunity to see the rural China that has existed for so many centuries and that is fast disappearing...

你们出色地选择了迷人的旅游目的地，这是一些自己去玩很难找到的地方。我绝对是爱上了那些沿着新安江边伸展开的美景和村庄。我从未想到过我会有机会可以欣赏到中国的田园风光，她默默经历了那么多世纪的漫长岁月，并正在以很快的速度逐步消失……

Climbing the religious mountains was spectacular as well. Qiyun was a fascinating place with its Taoist shrines and grottos. It was exciting to be there during the National holiday and to see so many Chinese families visiting the shrines. Jiuhua was the experience of a lifetime. The Buddhist religion is still very much alive. It was totally unexpected to see so many temples being built. Attending the Buddhist ceremony at night was incredible. I felt like I had been transported several centuries back in time...

参观宗教名山引人入胜。齐云山的道教圣地和摩崖洞窟很有吸引力，看到国庆期间有那么多中国家庭来这里游览让人激动。去九华山更是难得的人生经历，佛教仍然富于活力，你完全想不到这里会建有那么多的庙宇。寺庙晚间的佛事活动令人难以置信，我觉得时光在倒流，一下子被拉回到几个世纪之前。

三、有历史的城市更具魅力

从需求方向探寻中国目前城市建设中的流弊，主要有城市建设利益化，城市文化粗鄙化，城市景观浅薄化，城市形象趋同化，城市历史虚拟化，城市消费奢侈化，城市休闲低俗化，城市娱乐商品化。

美国旅行社协会总裁兼首席执行官威廉·诺曼说道：“对艺术和历史感兴趣游客的庞大数量、结构、消费习惯和旅行方式都充分说明，历史和文化仍旧是美国人旅行体验的重要内容。旅行业将来有必要对这个市场予以密切关注。”文化观光类旅游需求是旅游市场长期发展的主流需求，按照国际惯例，当国民日常开支的恩格尔系数达到30%～

50%时，社会对文化的需求将有所提高。

《中国旅游业认知度》调查概述：

当计划前往中国度假时，大约2/3（64%）的调查对象会在中国停留至少2周时间，欧洲人这一比例更高达73%，而亚太地区为45%。

当问及对中国最深刻的印象时，排名前5位的依次是历史（61%）、食物（42%）、人（42%）、政治体制（41%）和中国制造（37%）。

潜在游客最感兴趣的旅游活动或名胜古迹排名前5位的是历史遗迹/纪念碑/寺庙、自然景观、观光游览、艺术文化和传统节日盛会。

因此，我们要合理开发并利用资源，探索并找出那些可以做成大项目的历史文化资源，要注意能与中国和世界相关的高点，省市领导经常挂在口边的亮点，需要各部门共同协力完成的难点以及当地人民期盼的兴奋点。

真正意义上的现代旅游经济有赖于拥有悠久历史文化的积淀。

现代旅游经济的核心竞争力在于旅游资源的品质，而旅游资源品质优劣的最大决定因素源于其深刻的历史文化背景。所以，现在有一些专家学者在讲，中国要提高国民素质。我在上海外国语大学进修的时候，有个外教出了个题目叫中国的这些教授们来研讨“Culture is more powerful than weapens”，我就说道，中国历史也曾经被少数民族征服过几百年，但是这些少数民族无一例外地被中华文明给同化了。

四、珍视历史，善为我用

我们安徽省拥有很多可以联系北京、上海、南京等世界著名城市的历史名人和名城，但是开发得不足，安徽巨大的历史文化软实力大多仍处在闲置状态。这里以凤阳为例，凤阳是明朝的开国皇帝朱元璋的老家，也是明朝第一座都城所在地。我曾经给安徽经济广播设计一个创意节目，叫“听故事游安徽”，其中就用了七八期讲朱元璋和凤阳。国家文物局于1982年指出，明中都遗址位于安徽省凤阳县城西北角的凤凰山南麓，由于兴建和使用的时间短暂，没有形成政治中心，但它在城市规划上的某些布局思想，包括它城内的宫殿布局，却影响了明北京城的规划。凤阳明中都皇故城始建于1369年，早于北京故宫48年，是紫禁城的母城。后来中都城废弃不建，才开始把南京作为都城来建。朱元璋一生都在遗憾没能在自己的老家建都城，当然他的第四个儿子朱棣下决心把都城搬到北京去了。实际上这是很精彩的历史，而我们的宣传却不够。北京城是按照凤阳明中都的图纸建的，而且凤阳明中都城午门须弥座浮雕的规制以及奢华程度均超过北京故宫，明中都城皇宫主殿巨柱石础是北京太和殿金銮柱石础的3倍！朱元璋派120万军民建了六年才建起了这些皇家的气派的东西，现在却有很多还埋在地下不为人知。已故原北京故宫博物院副院长单士元说，“中都宫殿应是北京紫禁城最早的蓝本，南京宫殿是一座不完整的中都宫殿的摹本”。中国社会科学院考古研究所原所长徐苹芳则说，“中都自洪武门至大明门的南北干街洪武街，与大明门前的东西横街云霁街，形成了宫城前的‘丁’字街，云霁街是贯通东西的横街。这种布局被明代北京城所继承。北京的宫城前的‘丁’字形街道局，盖仿自明中都城之规划”。明中都蟠龙巨础既大气包容，又华贵坚实，是安徽旅游形象标识的绝佳素材，也可以参考九条蟠龙的形象做个手镯或者工艺品，极富皇家气派，绝对可以彰显我们安徽的软实力。

中国许多世界闻名的大都会，其中叫得最响的名城有些却是安徽人命名的，例如北平、北京、天津、南京、西安等。朱元璋攻下北京元大都，改名为北平，朱棣迁都之后把它改成了北京。正是因为朱棣定都北平，改北平为北京，南京作为陪都，地名继续保留，形成南、北二京。实际上有我们安徽鸠兹的时候，南京还没有形成一个城市，上海最早的历史也可以追溯到我们安徽的春申君，楚国最后19年的政治经济文化中心就位于安徽寿春，合肥也曾是三国时期的最大战场，是攸关全国的战争枢纽。这些历史故事都非常精彩，因此，我们安徽的历史文化软实力应该得到很好的包装。持续的明史热，给安徽开发文史旅游提供了一个难得的机遇。《明朝那些事儿》一版再版，持续流行，也应该是我们发展安徽旅游的好机遇。有些东西是没法名留千古的，但是安徽的历史文化是大浪淘沙的结晶，我们应该把一些高流行度高传播度的东西开发出来。

安徽师范大学是安徽旅游教育非常重要的高等学府，在旅游教学、旅游研究、旅游规划等方面在安徽都是领先的、独树一帜的。目前安徽的高校里，虽然有很多211重点院校或者有名的一本院校，但是他们在旅游规划、旅游教学、旅游研究、旅游人才培养及产出等方面还是远远落在我们安师大的后面，而且我看在短期内追不上。我也衷心地希望安师大的老师和同学们不断地加强旅游研究，也更注重旅游的关联性，即它与历史文化的深厚联系。所以，我们在做旅游规划的时候，如果能够有效地找到历史文化的闪光点，会使我们的规划更上一层楼。最后，衷心希望我们安师大在芜湖旅游业的发展中做出更大贡献。

知名文化学者　董子竹

第28讲

论以中华文化为底蕴的新文明

讲演时间　二〇一三年四月十五日

中国文化的博大精深是无可非议的，但是在漫长的历史长河中，它留下的足迹是弯弯曲曲的，这个和历史的发展有关系，我们不能责怪。近一百年来，西学输入中国，在国内形成一股思潮，即想用西学的哲学原理来解释中国的文化。我们承认前辈对文化的解释，像冯友兰、熊十力、梁漱溟、马一浮、欧阳竟无等，也包括新中国成立以后的一些。但是，我们要认识到中国文化和西方文化是两个完全不同的体系。我们解释和分析的时候，是以西方文化的逻辑起点来分析中国文化，却没有找到中国文化自身的逻辑起点，所以产生了很多误会，偏颇也较多。

在我看来，用中国自己的体系来解释中国文化的，应该说臧宏教授是唯一一人。他找到了中国文化最基本的那个逻辑起点，并把这个逻辑起点叫做“本知论”。我今天就在这个基础上来谈一谈东西方文化的差异，同时我还想说明一个问题：人类文明正在进行着一次巨大的、划时代的转折。

从文艺复兴开始到18世纪的启蒙主义，在这个历史阶段，整个世界文明可以概括为：以古希腊文化为底蕴，以罗马文化为政治模式，以基督文化为平衡，形成了以美国文化为经典的统治着全世界的文化模式。然而20世纪发生了两次世界大战，到21世纪我们更是看到了文化的败象。所以，人类新文明怎么办？以什么文化为底蕴？以什么模式为基础？以哪个国家的文化为经典？

在我看来，中华文明的崛起绝不是偶然，在这二三十年里中国文化有了突飞猛进的发展，整个世界文明也将发生翻天覆地的变化。以古希腊文化为底蕴，以罗马文化为政治模式，以基督文化为平衡的文化模式曾发挥了伟大的历史作用，但是在长久的历史发展中，它已经落后了，必须要有一种新的文化模式来取代它。我们虽然不知道新文化模式的形态是怎样的，但有一点可以肯定的是它要以中华文化为底蕴，尤其是在这样一个伟大的时代、变革的时代，我估计这个变革大概要300年的历史，而现在才刚刚开始……

一、中国文化与当代西方文化有本质区别

我们在讲东西方文化差异的时候要从生命的底层来看两种文化的差异，而不能单单就表面现象加以评论。如今，我们有很多讲国学的人一直停留在道德层面、法制层面、政治层面，这是不够的，因为这些在哲学上属于“用”的层面，有一定的历史局限性。因此，我们一定要从“体”上来分辨两种不同的文化。

（一）思维方式

1. 西方文化：逻辑理性——辩证逻辑理性

（1）可复制性：逻辑理性是从亚里士多德开始的，辩证逻辑理性就是对逻辑理性本身的一种反触，辩证逻辑理性的标准就是逻辑理性所形成的智慧必须具备可复制性。例如，所有自然科学的观念和定义必须是可复制的，不可复制则不能成为真理，不能成为智慧。

（2）可把捉性：对事物具有把捉得住的特性。

（3）灵人分离：思维是思维，人是人。

（4）天人对立：即主客两分。

培根说过，“知识就是力量”，有了旧的知识就可以产生新的知识，因为知识本身具备可复制性，而具有可把捉性就意味着具有可操作性，有可操作性就能成为力量，就能形成物质财富，这就是整个西方文明最基本的思维方式。在这种思维方式中，概念和概念之间的分别是对立的；概念和概念之间的渗透和交融是到了辩证逻辑阶段才加以思考的，在形式逻辑阶段没有思考过。

2. 中国文化：实践理性——太极思维

中国文化的实践理性和逻辑理性是不同的，它不是把握一个概念，而是把握实际。庄子的《养生主》中解释“游刃有余”的时候，用刀、牛、人构成神会，神会很难用语言表达，但它仍是理性的，它不是巫术，也不是一种狂热，而是将概念和当下的实际结合在一起的实践理性，即当下具体把握。

由此，我们可以进一步说到太极思维，太极思维就是把一个点放到庞大的宇宙中去观察，在宇宙的运行中来看这个点，最典型的就是中医。中医在看病过程中通过望闻问切再结合五运六气来判断病情。这些都不可复制，一个人就是一个人，一件事就是一件事，而且这种“把握”很难用语言讲清楚，所以它叫做“言语道断”。此外，这也做到了灵肉合一，就是把握事情的感知和我自身的感受是一体的，同时也是天人一体的。

（二）价值观

1. 西方现代文化

西方的价值观即人是动物，所以西方的价值首先是提倡古希腊的九神精神，人的欲望第一，肉体的需求天经地义。

莎士比亚的《罗密欧与朱丽叶》表现的就是在文艺复兴时期，人们把两性的需求放在了最高地位。从14世纪开始，人性的解放实质上是欲望的解放，这样的要求在当时绝对是有积极意义的。但是，当这种价值观发展到极致的时候，就有麻烦了。正是因为有这样一种价值观，从而形成了对资源的占有，从14世纪到20世纪，人类全部的斗争都是围绕着资源的占有。因为只有占有资源，才能满足肉体的需要，这给人类文明留下了非常可怕的后果。资源是有限的，对资源的占有又变成了资本主义的强取豪夺，这样的强取豪夺既有经济手段，也有政治手段，其中政治手段的最高形式就是战争。人类在三千多年的历史发展过程中，从未像20世纪那样有如此大的战争，几千万人死掉，这是西方文明导致的。既然人的需求要放在第一位，那么强力就成了这个时代的真理，谁有强力，有暴力，谁就掌握真理，最后从强力暴力转化为智慧的强力和智慧的霸权，整个人类文明都是如此。我们没必要批判哪个国家，弱者不值得同情，强者也无需贬责，因为大家都是这种文明的牺牲品。

2. 中国心学

关于中国的心学，我建议同学们去看臧宏教授的宗密研究，它以“知”为中心，以“民德”为中心，而不是以肉体为中心。“知”是生命的根本，没有“知”的生命不能成立。为什么说人活着，就是因为人有知的能力。知即生，生即知，没有知，不能存在生，没有生命也无所谓知。知必须和能知、被知合为一体，客观主观合为一体，生命和知合为一体。离开了生命，离开了能知和被知，我们根本找不到知，找不到生命，也找不到世界，一无所有。这就是中国文化的核心，知的理性精神，就是生命的根本。

“知”有感性的、有理性的、有暴动的，有各种各样的知。中国人要求“大学之道，在明明德，在亲民，在止于至善”，这就是对知的理性要求，一种良知。宗教“阿弥陀”三个字翻译过来就是“知”，念“阿弥陀佛”实际上就是在念自己。此外，知天命，也就是太极思维，通过一个点知道天地是怎么运行的。《论语》中说“天之历数在尔躬，允执其中，四海困穷，天禄永终。”[①]就是说空间时间都在我们的知中，没有知，也就无所谓时间空间了，一定是先有知，才会知道时间和空间。这就是中国文化深邃的地方，是西方人理解不了的，这种意识的深层、理解的深层是我们远超外国人的。如果我们不把这种“知”，也就是我们自己的感知能力和感知过程搞清楚，我们就永远跳不出人是动物的这个死圈子。“知”是生命主体，“人不是动物”——这是我们与西方现代文明的根本分水岭。人类一天不能确认自己不是“动物”，就很难走出现代文明的灾难。

我们讲中国梦，首先要看中国文化能不能领导世界文化，如果我们在文化上走在了人类的前面，成为人类文明的导引，那我们的中国

① 《论语》，中华书局2006年版，第188页。

梦就会实现。而要实现这一点，我们必须解剖“知”字。任何一个“知”都是全宇宙运动的结果，不是孤立的眼耳鼻舌身意的结果。中国的《牡丹亭》和西方的《罗密欧与朱丽叶》是类似的，然而根本的区别是牡丹亭将肉体消解了，写的是两个“知”的碰撞，罗密欧与朱丽叶是两个肉体的碰撞，莎士比亚眼中的人就是动物性的人，而汤显祖笔下的人就是和宇宙合而为一的人，就是神！虽然汤显祖不敢说自己写的是神，而说是魂，实际上神就是魂，魂就是神。神也好，魂也好，说到底就是知。从这儿我们也能看出中华文化比西方文化要高级深刻得多啊。孔子说“知之为知之，不知为不知，是知也”；老子说“有物混成，先天地生”，“道之为物，惟恍惟惚，其中有象；恍兮惚兮，其中有物。窈兮冥兮，其中有精，其精甚真，其中有信。”可见，《论语》和《老子》两本都是为知论。佛家亦是如此，“知见立知，即无明本。知见不见，斯即涅槃，无漏真净”，意思就是当你的知不被知见，不被概念阻碍的时候就是真知，当你的知没有被概念所遮掩的时候就是真知。儒释道三家在对“知”的理解上是完全统一的。

从这里我们就可以知道，西方文明没有进入量子力学的思维阶段，它还在经典物理学的思维阶段，它把宇宙静止了思考，这样是违背辩证逻辑的，真正继承辩证逻辑并把辩证逻辑说到底的只有我们中国人。

（三）终极关怀

西方现代文化的终极关怀是满足欲望，满足享受。如今的商机就是满足人类肉体的需要，现在的文明已经把人的肉体需要呵护到了极致，在这种情况下还要提倡九神精神，只有九神精神才能挥霍，只有挥霍才能带动经济的发展。人类的欲望和文化所给予的定义本身就已经把人类推到了没有办法控制的狂热中。生命裂变为绝对的个体，当个体达到绝对化，就变成了“人是动物”，人不为己天诛地灭，这必然导致终极掠夺以及人类社会的终极对立，在这种文化中提出的民主、自由、人权是从动物的终极掠夺性中派生出来的观念。

中国文化的仁义礼智讲人不是不要欲望，而是要超越欲望，“欲”中知“天”，达“天”，“我即天”，透过我个人的欲望来看天意。例如，中国古代结婚，是肯定要看八字的，就是要看看天意要不要我们成为一对。虽然这本身包含了一种愚昧，但从这里也看到了婚姻的背后隐藏着天理，所以中国人认为婚姻是非常神圣的，这里面有很深的文化背景。我们不是不要欲望，而是通过欲望看整个人类社会是怎么变迁的，看整个世界文明是怎样发展的，看天意是怎么运动的，这是中国人对欲望的超越，它讲究从终极纠斗到终极和谐。

全球经济的一体化和肉体生命对于地球的绝对依赖，对于全人类的绝对依赖，这些现象都是摆在大家眼前的。马克思主义也发现，任何一个产品都是必要的社会劳动量。我们每一个人“终极救度”后将达到世间的“终极和谐”。在世间层面，“我即天，民即本”，“圣人无常心，以百姓心为心”，“普度众生”，“我与众生”因果互相酬。

二、世界科学技术的大发展，世界经济的大发展将会导致人类的宇宙观、生命观发生重大变化

今天，自然科学已经发展得当，世界经济已经发展得当，在这种情况下，人类的宇宙观、生命观肯定要发生变化。若是今天还未觉悟，也早晚会觉悟。

第一，宇宙生命的一体化，与生命之“知”的能量运动的一体化。比如现在我在跟大家讲话，如果没有空气的震荡，我说再多你也不知道我在讲什么，所以我认为是空气在跟大家讲话，是地球在跟大家讲话，是整个宇宙在一起进行运动。

第二，在自然科学、量子力学当中找不到鬼神，有负物质、反物质，但是都不是鬼，不是神。这也就意味着宗教文化的衰落。宗教文化开始衰落。宗教文化的衰落不是指宗教行为，其衰落是一个没有办法制止的过程。再者，宗教是世界斗争之源，这是宗教必然衰落的根本。例如，耶路撒冷是犹太教的圣地，是基督教的圣地，是全伊斯兰教的圣地，也是天主教的圣地，也是东正教的圣地，那么谁占有它？只有战争能解决问题，这也就注定了战争是他们的必然归宿。在这种情况下，如果战争是宗教的必然归宿，那还要这个宗教做什么呢？因此，宗教的衰落是不以人的意志为转移的。

第三，借民主、自由的普世价值引发了“众生平等”的意识。“众生平等”的意识是对的，佛学说生命是“一室千灯，灯灯辉映”，即灯与灯互相辉映，谁也离不开谁，但每盏灯又是独立的。这就引出了众生本来平等的观念，一切众生本具佛性。

第四，基因科学对人的差异性的研究，表明人性的差异并不只是

后天的，而且也是先天的。如今，基因科学已经开始了这方面的研究，我们知道人有什么潜在的病，在基因当中都会有体现，以及人为何会暴躁，也和基因有分不开的关系。这个时候，人就不只是一个孤立的动物了。基因科学的研究成果告诉我们，孤立的动物只是生命的表现形式，而基因表明我们是全宇宙的集合体，也就是所谓的集合性。集合性是指全宇宙的能量聚合在一起，称为当下这个人，如果我们不掌握宇宙，那我们就是宇宙的奴隶；如果我们掌握宇宙，那我们就是宇宙的主人，那我们本身就是上帝，无需另外找上帝。

第五，人类现行的这个所谓的现代文化在大发展中，也造成了人类强烈的末日感，环境污染、精神混乱、核威胁的形成，都说明这个文明已经不堪重负了。

三、以欧美为经典样板的自由掠夺型经济模式、民主分赃型政治模式的衰落

美国金融危机的本质是以美元为中心的自由掠夺型经济模式的衰落。从人类社会第二次世界大战以来，形成了美元中心制，这种以美元为霸权的掠夺在人类社会是最高级的掠夺，虽然它的掠夺本身是动物性的，但是它是最高级的。因为美元每天的流量在美国市场上市4000亿美金，美国人即使每天不做其他事而只收取这流量的百分之一，也可以获取40亿美金，因而美国人最害怕的就是美元在世界地位的动摇。美国所有的军事霸权，都是围绕美元的经济霸权，而当下美元的霸权地位没人动得了，无奈的是它自己发生了危机，就因为它是掠夺性的。实际上，美元的危机是自作自受。

欧债危机的本质是民主的分赃政治经济模式的式微。欧洲地区的人民福利高，生性懒，爱享受甚过工作而且所有财产私有制，政府没有足够的资金供给人民时就会提高税收，而这又会引起民主抗议，从而造成一个恶性循环，出现欧债危机。

中国经济的竞争力是任何国家很难比拟的，中国的工人既有文明素养，又勤劳吃苦。不仅如此，中国的工业配套完整也是一大优势。此外，中国的交通是第三大优势。中国几乎到处都是高速路，交通非常便捷。再者，在中国很难见到动乱，企业最怕的就是工人因为动乱而罢工，中国还算是个相当安稳的国家。

中国不走西方的路，就是胜利，就是人类的胜利，这意味着只有

中国能为人类文明走出一条新路。中国经济的崛起是在为新文化的诞生奠基，因为新文明的文化基因主要存在于中国古文化中，中国古文化将成为未来文明的底蕴。

四、怎样学习中华文化

学习中国文化当然要学习理论知识，但是最重要的学习是在实践理性中学习。那么怎样学习中华文化呢？这里邓小平的四句话就够受用了。

（一）不争论

（1）永远不从概念与体系出发；

（2）尽可能排除先入为主的观念；

（3）排除不了的观念就是该有的观念。

中国的心学，不在理论家那里，也不在哲学家那里，而是在邓小平那里。如果我们真正从哲学的高度，从生命的高度，从思维方法高度学好了邓小平理论，那我们就基本掌握了中国文化。

（二）发展是硬道理

“天行健，君子以自强不息”，这是人类的本性，人类必然进步，中国必然强大，有着丰富的先进生命观的中华民族的强大与进步，就是对人类的最大贡献。我们这个贡献并不会在将来统治全人类，而是将彻底改变全人类的命运。

（三）摸着石头过河

（1）抛弃一切自以为是的聪明；

（2）尽可能避免陈旧生命观的干扰；

（3）不被一切学问体系所迷惑；

（4）永远坚持实践第一，干中学，学中干，每时每刻都相信实践是检验真理的唯一标准；

（5）心中有大局，脚下有石头。

（四）白猫黑猫都是猫，逮住耗子就是好猫

（1）不要有先入为主的偏见，接受实践把“我”引到的这个境界。

就像我们中国，只要不走西方的道路那就是胜利，虽然我们还有无数的问题，慢慢往前走总会有出路。中华民族是怎么都走不到西方道路上的，如果可以走到的话，在明末就走到了。明末时期，中国的所谓人性解放的文化远远超过文艺复兴，例如汤显祖超过莎士比亚，八大山人超越了米开朗琪罗，《金瓶梅》同样远超《十日谈》，《西游记》胜过《堂吉诃德》。明末的长三角地区富可敌国，资本主义早就萌芽了。以明朝的条件若想发展成英国的君主立宪，是完全可能的，但是中国就是没走这条路，究其原因，是天地宇宙给了中国人更大的任务。再到孙中山时期，孙中山短命，因此中国也没法走西方道路。之后是蒋介石，蒋介石的垮台只有短短的一两年时间，1946时蒋介石还把中国共产党打得到处跑，1947年两军对垒，1948年蒋介石就兵败如山倒。如果说我们中国该走西方道路的话，为什么蒋介石会大败？这就是天地给人类留了一线生机啊。虽然我们看现在的社会毛病多多，其实哪个进步的社会不是毛病多多呢？我们要着眼的是中华的大发展、大趋势。

（2）对待自己的生命实践运动，永远不以个体眼前的利益、功利为根本实效标准，而以自我的“明明德”为终极追求。

（3）不以某个学问体系作为根本实效标准，以自己是否发现了自我“能知”被遮的状况为标准。

（4）永是内省的减法，而不是以丰富知识为目的，我的能知上应该减去一些什么观念。

这后三点我就不展开讲了，大家自己领悟。

最后，我要告诉大家，未来的文明一定是几大消融。第一，国家和国家的界限消融；第二，民族和民族的界限消融；第三，宗教和宗教的界限消融。我强调的是消融，而不是用强力暴力的办法，它是一种慢慢的隐尽，它是随着人类的觉悟而慢慢隐尽。第四，地域和地域之间的界限消融。最后，人和人之间的差异、对立和矛盾会被消解。

南开大学商学院　徐建华

第29讲

图书馆职业特征与图书馆员职业幸福感规划

讲演时间　二○一三年五月十五日

我今天要讲的这个题目，其中的“图书馆职业特征”比较简单，还容易说，但是“图书馆员职业幸福感规划”这个问题就比较复杂了。这几年我一直在这个圈子里，除了做志愿者以外，我还一直在做实证研究，几年下来跑了500多个图书馆，关于图书馆员的研究主要有以下几个方面：快乐感受、工作满意度、不良心理体验、离职倾向以及图书馆员的刻板印象等。所以我就想结合我的研究和大家沟通一下，看看是不是能够给大家一些建议。

我觉得影响幸福感的因素有以下几个：健康、婚姻、家庭、收入、职业、环境。

图书馆与员工能够合力控制的只有职业，职业本身是不可控的，但个人职业是可选择的，个人的职业规划与发展也是可以自己把握的。

图书馆工作是一个正在发生变化的职业，传统时代的图书馆职业有低增长、超稳定、对政府依赖性强、公众关注度不够、边缘化这几个特征，然而这种职业特征所带来的不良后果很多，比如全社会的图书馆职业认同感较低，图书馆从业人员的自我感受和自我评价低、缺乏成就感、行业凝聚力和向心力较低、因人成事等。

新技术时代到来之后，图书馆也迎来了很多机遇，表现在以下这几个方面：

（1）图书馆工作的专业化程度在提高；

（2）技术的自信在提升；

（3）形象的改善；

（4）研究与服务之间的界限在模糊；

（5）多学科人员的融合；

（5）自我提升和改变的意识在增强，空间在扩大。

实际上这些变化是职业环境、内容和自省在发生变化，与传统时代相比，新技术时代图书馆职业的特征有：

（1）为政府填平社会信息鸿沟（为政府尽责任）；

（2）为大众争取平等阅读权利（在某种程度上是为社会公平、和谐、稳定而努力）；

（3）职业无高下，服务是基本；

（4）职业是高尚的，工作是重要的。

那么，承担如此重要责任的图书馆员们，自身应该如何工作和发展呢？自身的快乐与幸福应该如何规划呢？我个人觉得，一个图书馆员，其自身的婚姻、家庭、健康都是独立的，而作为图书馆和个人共同努力的成果，从一种职业的角度来说，图书馆员要找到并抓住机遇。比如能为读者提供直接支持，提升自我效能；扩大开放，秉持职业精神；有长远的职业生涯规划和管理。

一、如何做好职业生涯的规划和管理

（一）新技术时代图书馆员职业生涯管理的原则

（1）不是为了职务的提升，而是有一个圆满的、可享受的职业过程和离开职业后的高质量生活；

（2）选择了图书馆职业就是选择了我们人生的未来；

（3）关爱自己；

（4）充实自我（学习、深造）；

（5）自己的命运在某种程度上是可以自己掌握；

（6）营造小环境；

（7）根据自己特点，培养核心竞争力（不可复制、不可替代）；

（8）拼不了爹，很难拼实力，但可以拼意识（越早越好）。

（二）实施职业生涯规划和管理的重点群体

（1）应该是每一位图书馆员的职业自觉；

（2）越是条件好的图书馆越应该普遍提倡；

（3）越是年轻越应该及早规划；

（4）越是有现代技术背景和自我期许高的越应该重视；

（5）馆长（自身的年轻化、全员形象、领导效果、规范承诺、在员工职业发展中要看到一线光线）。

综合来说，每个人都应该对自己负责，对自己的职业发展负责，对自己的人生负责；每个人都能获得成功，每个人的目标是不一样的，每个人成功的路径是不一样的。

适应、改造和退出是组织生存的原则。一个人在组织中应该生活在主流之中，而不应该自我边缘化。从职业发展的角度来看，一个人不应该过多地调整自己的职业，因为每一个职业过程都应该是自己实现职业目标的阶梯。

二、职业生涯开发与管理的体系和功能

（一）图书馆职业构成

1. 馆员分类

按照工作岗位的不同，图书馆员可分为管理人员、业务人员和辅助人员，其中管理人员和业务人员是图书馆的主体。

2. 职业分析

（1）管理人员

职务差别体现在管理层次上，有小组负责人、部门主任、副馆

长、馆长等，管理职务的晋升是循级而上。

（2）业务人员

根据业务部门的不同，有采访、分编、流通、阅览、参考咨询、情报分析、技术、古籍、特藏等,所在部门不同，承担工作不同。

（3）职称

有助理馆员、馆员、副研究馆员、研究馆员等。

（二）传统的职业发展

1. 职务

业务人员的经验和技能有了提高，有能力承担更大范围的责任，同时馆内又有职位空缺之后，就会被晋升为基层管理人员。随着管理技能和工作能力的提高，又有可能向上晋升为中、高级管理人员。

2. 职称

职称晋升关系到工作人员的个人利益，更体现工作人员的业务素质，在当今人事管理中，待遇很多情况下是与职称相连的。

（三）传统职业发展的缺陷

1. 职务

工作人员的职业变动意味着管理岗位的升迁，但由于管理层人数以及年龄等限制，不可能所有的工作人员都能得到进一步的发展。

当然，对于一些专注于自己的业务技术领域，并且希望在专业范围内获得发展的人来说，管理职务并不那么吸引人。

2. 职称

同样有学历、成果、馆型、比例、年资等限制。

3. 结果

（1）过于单一、难以全部实现。

（2）图书馆不能充分了解员工的职业需求、能力状况，无法发挥员工的发展潜力。

（3）个人得不到能够施展个性和能力的职业空间，致使馆员缺乏职业成就感和职业归属感，降低对组织的忠诚度，从而发展前景差，不能很好地实现个人价值，难以安心。

（4）图书馆的发展缺乏内在动力。

4. 影响

（1）员工缺乏工作积极性。

（2）增加了图书馆在人力资源管理方面的成本支出。

（3）使尚未进入图书馆工作的一部分人才不愿意进入图书馆，无形中又加剧了图书馆专业人才的匮乏。

（4）危害图书馆事业的可持续发展。

（四）职业生涯

1. 职业生涯（occupational career， work career）

职业生涯又称职业发展，它是指与一个人职业有关的生活、经验及其发展过程，实际上是一种职业自觉。广义的职业生涯包括职业目标的确定、职业能力的取得、职业兴趣的培养、择业、就业，直至最后完全退出职业劳动这样一条完整的发展链。

2. 职业生涯开发与管理

职业生涯开发与管理是组织开展和提供的用于帮助和促进组织成员实现其职业发展目标的行为过程，包括职业生涯设计、规划、开发、评估、反馈和修正等一系列综合活动，并通过员工和组织的共同努力与合作，使员工的个人目标与组织的发展目标相一致。这需要通过个人和组织双方来实现，其中组织的作用更大。

3. 个人和组织的侧重

个人要有自身职业生涯规划的意识，并努力实行。组织则要了解员工，帮助他们形成职业生涯规划，同时，搭建平台，帮助员工尽快实现职业目标（明确一个目标，搭上一把梯子）。

对个人来说，这是职业自觉，对组织而言则是责任。

（五）图书馆员职业生涯开发与管理流程

1. 必要性

（1）是图书馆留住人才的有效手段。

（2）是图书馆内部人力资源得以有效开发的保证。

（3）是图书馆其他资源得到合理运用的保障。

2. 个人

职业生涯的开发与管理是指个人为了达到职业目标，实现自我价值，对自己一生职业发展道路的设想和规划，它可以帮助员工增强对职业环境的把握能力和对职业困境的适应能力，了解自身的优势与不足，这些都有助于员工个人提升职业目标，实现自我价值的最大化。

3. 组织

组织的职业生涯开发与管理以员工为中心，以员工的全面发展为出发点，根据员工的实际状况和组织的需要，由管理人员与员工共同设计出员工的职业生涯通道，为员工提供既适合个人发展又反映组织目标和文化的工作岗位。

同时，职业生涯开发与管理有助于掌握组织内部员工的现状、需求、能力和目标，并将之与自身状况以及未来发展方向相调和，从而可以更加合理、更加有效地利用资源，是一个满足员工和组织内人力资源需要的互动过程。

4. 互动

对于组织来说，这是为了适应外部环境的变化，确保在需要时可以得到具备合适资格和经历的员工，并保证员工的献身精神与忠诚度。

对于员工来说，则是为了自身在其职业生涯中不断提高工作能力，最大限度地发挥潜能，实现人生价值。

5. 职业生涯分期

职业准备→进入组织→职业生涯初期→职业生涯中期→职业生涯后期

（1）个人职业生涯管理要点：了解自己、了解职业，培养和提高职业能力、设定目标、确定职业发展路径、检查实施，最重要是把握好职业准备、进入组织和职业生涯初期这三个阶段。

（2）职业准备阶段

在本阶段，也就是在选择进入图书馆之前，应该对这一职业有基本的了解和清楚的认识。认识是建立在详细分析图书馆职业的优、劣势及内、外部环境基础之上的，要明白图书馆的职业特征——在图书馆，无论达到什么层次，都不可能获得社会名声，而只有专业知名度。只有具备了这种清楚和正确的认识，才不会在进馆以后，在心理上产生很大的偏差和落差。当今图书馆界普遍存在自我评价较低现象，其主要原因之一就是职业准备阶段的准备不足。

（3）进入组织和职业生涯初期

这是易变型职业期，更需要职业自觉。

第一，图书馆员应该确立职业生涯规划意识，明确自己的目标和方向，学习和强化图书馆意识，掌握图书馆工作的方法和技能，最好能有一个擅长的专业领域，或对某些领域具有持续的兴趣。

第二，尽可能地使自己的个人目标与图书馆的组织目标一致，接受图书馆职业生涯管理的指导，并为之持续努力。

第三，尽快适应图书馆文化，为更好地提升职业能力和实现自我职业目标打下良好基础。

（4）职业生涯中期

在个人职业生涯规划已经确立的前提下，坚持不懈地努力，以实现自己的职业目标。

个人职业生涯中期管理的任务：保持积极进取的精神和乐观的心态；面临新的职业与职业角色选择决策；成为一名良师，担负起言传身教的责任；维护职业工作、家庭生活和自我发展三者间的均衡；注意身心保健。

个人职业生涯中期管理的技术：适当考虑降低职业生涯目标；树立终身学习的理念。

（5）职业生涯后期

①大多员工的进取心、竞争力和职业能力明显下降、不安全感增加；

②要适时调整心态和个人职业生涯目标；

③处在上升状态，达到个人事业巅峰的，应向指导、帮助他人职业生涯规划和管理方向调整；

④处于停滞或下降状态的，则要调整心态，保持继续学习新事物的热情；

⑤任何图书馆的改革，受影响最大的必然是这个群体，要想不致被边缘化，就得调整心态，继续学习，在职业生涯后期，再上一个职业高峰；

⑥培养年轻人。

6. 组织的职业生涯管理

（1）帮助工作人员制定和执行职业生涯规划；

（2）针对不同群体开辟不同的职业生涯道路；

（3）对不同的职业生涯阶段采取不同的管理措施；

（4）提供各种培训；
（5）帮助员工扫清职业生涯道路上的障碍；
（6）对外发展；
（7）横向途径；
（8）多重职业途径；
（9）工作内容的重新设计（扩大化、丰富化）；
（10）轮岗（平行降级）。

（六）职业生涯发展路线

职业生涯发展路线主要有三条，一是沿等级维度垂直移动：沿阶梯向上；二是沿职能维度横向移动：能力与技术的成长；三是进入内圈的移动：获得影响力和权力。

1. 职业准备阶段

由于人还未进馆，图书馆还不能对之进行直接管理，但人们会在这一时期形成工作选择观，所以图书馆应通过持续不断的工作与努力，塑造现代图书馆明晰的形象，并利用一切途径，开展各种活动，向社会、向公众广泛宣传和展示，以吸引处于职业准备阶段的合适人才。

此外，图书馆应做好本馆的人力资源规划，明确员工职业生涯管理的具体措施，做好招聘工作，选拔合适的人员进入图书馆。

2. 进入组织

（1）做好招聘工作，选拔合适人员进入图书馆。
（2）在招募时提供较为现实的未来工作展望。
（3）新员工入馆后，要做好培训，除了与实际工作有关的技能培训外，还要加强图书馆组织文化方面的教育，使新员工能够尽快地融入组织。
（4）向新员工灌输职业生涯规划和管理的意识，督促其设定职业生涯目标。
（5）为新员工挑选好第一任上司，帮助他们适应工作。

3. 职业生涯初期

这是图书馆与新员工相互了解的时期，图书馆方面要注意观察和考察新员工所承担的每一项工作，以了解他们的实际能力，并且尽可能分配带有挑战性的工作，这样，既能让新员工全面展现自己的能力，也能在此基础上对他们的实际状况做出分析，确定其今后职业生涯的发展方向。

此外，针对易变型职业生涯特点，图书馆要指导和帮助他们做好自身的职业生涯规划，明确职业目标。

4. 职业生涯中期

在职业生涯中期，双方更要遵循共赢原则。就图书馆而言，应提供不间断的培训，努力搭建一个能够帮助员工实现职业生涯目标的平台，并提供一切便利，使之能够保持在这一领域中的优势，能够不断地得到发展，尽早实现自身的职业生涯目标。另外，图书馆要加强和员工之间的沟通，按照员工不同的需求（因人而异）开辟不同的畅通的职业生涯通道，以预防职业生涯中期的危机。

5. 职业生涯后期

对于处于后期，又处于停滞或下降状态的员工，图书馆应帮助他们适时调整心态，重新明确目标，使之在职业生涯后期，能够再上一个高峰。这样做，不仅是对他们负责，同时也是对年轻同志的昭示，以赢得他们对图书馆事业的忠诚。

（七）与职业生涯有关的几个要点

1. 职业“停滞”

“停滞”是一种自然现象，当无法前进时，我们就会感到不安。这种不安是因为现状激不起一点热情，而未来又一片渺茫，从而陷入所谓的“停滞期”。

（1）“停滞期”的特点

“停滞期”是无法避免的，每个人都会遇到，不同的是人们对待它的态度。“停滞期”是一个描述的中性词，本身没有褒贬色彩，它是职业历程中的正常阶段，不正常的是个人的感受。此外，停滞者的年龄将越来越年轻，停滞人口的比例决定于全体人口的素质和经济因素，我们个人无法改变。

（2）职业停滞员工的类型

①新员工：目前的工作绩效水平不能达到组织的工作岗位标准，碰到挫折就垂头丧气。

②明星员工：工作绩效水平很高，但自己感觉目前岗位（工作）的激励不大。

③静止员工：进一步晋升的机会不大。

④枯萎员工：绩效水平没有达到组织可接受的水平，晋升机会为零。

（3）解决职业停滞的对策

为了解决“职业停滞”的问题，可采用多重职业生涯发展道路、鼓励团队的产生、岗位轮换等对策。此外，还有一些其他方法，例如职称评价指标的多元化、薪酬体系的宽带化、馆员论坛——BBS的创建等。

2. 知名馆长

（1）角色

决策者、领导者、管理者、创新者、引导者、服务者。

（2）作用

①提高向心力、凝聚力，提高员工自信心和自豪感；

②增加话语权，可以顺畅表达需求、获得资源；

③提升本馆的行销力和行业内的辐射能力。

（3）做法

①成为内行和专家，积极参加学术活动，争取行内关注；

②敬业乐岗，努力提高自身修养；

③参与社会活动、注重公共关系、适时展示形象；

④提高知名度、美誉度；

⑤搭建平台。

3. 明星馆员

明星馆员是指对图书馆的未来和发展具有重要价值、能产生较大影响的人，通常情况下是指在行业中具有相当知名度和专业影响力的人才群体。明星馆员是图书馆的核心，他们的规模及影响大小，将决定图书馆的未来发展方向和长期命运。

4. 心理契约

心理契约是指在任何一个组织中，每一成员与该组织其他成员之间，总会有一套不成文的期望，这些期望可以作为对经济内容要求的补充。心理契约的本质是对无形的心理内容的期望，也就是一种心理约定，而约定的核心成分，是双方都隐含的、非正式的相互责任，即强调员工对组织和自己责任的认识。

5. 继任管理与离职管理

继任管理是用来识别和培养组织内部的高潜人才，以填补关键领导岗位或专业岗位的一系列业务流程。离职管理是管理员工离开公司的行为，是对人才“选用育留”的最后一环，也是最重要的一环。

三、建立共赢

为了使每一位馆员树立神圣的职业责任感、使命感和崇高的敬业精神，图书馆在进行宣传教育的同时，还要兼顾馆员的个人发展，充分认识每位馆员实现自我价值的需要，使每个人得到与其工作成绩相匹配的薪酬，关心馆员的满意度，关注其学术成就与晋升机会是否平衡，从而找出社会贡献与个人价值实现的最佳结合点。

将馆员的个人发展与图书馆的整体发展融为一体，使馆员在贡献之余，也得到自身的成功，从而创造出组织与个人的共赢局面 。

在很多情况下，图书馆能否赢得图书馆员献身精神的一个关键因素是图书馆能否为他们创造条件，使他们有机会获得一个有前途、有成就感和能够自我实现的职业。

（1）寄语馆长：作为馆长，既要考虑自己的职业生涯，更要考虑全馆员工的职业生涯，同时，还要为他们搭建一个能够实现其职业目标的平台，任重道远，值得尊敬；馆长们为中国图书馆事业所付出的一切，将随着中国图书馆事业的蓬勃发展，永远被铭记。

（2）最终目标：无论在任何时候，都要给自己找到提升和发展的空间，并给别人留下空间，关爱自己，关爱他人，明确目标，享受高质量的职业生涯。我们要坚信：职业是高尚的，工作是快乐的。

南京大学社会学院　彭华民

第30讲

抗逆童星
——社会工作的介入

讲演时间　二〇一三年六月一日

这个题目看起来也许不起眼，但是生活中我们每个人都和抗逆力有关系。最新的研究发现，我们人有智商、情商和逆商，这个逆商就是抗逆力，你的抗逆力和你的成长、你的人生发展、你的家庭幸福直接相关。那么这个抗逆力到底是什么呢？在社会工作中如何做？我们自己身上的抗逆力是如何体现的？我们如何提升自己的抗逆力？下面我就来详细地讲述这个抗逆童星的项目。

一、抗逆力的概念与风险因素、保护因素

（一）抗逆力的概念

抗逆力（resilience），又译为弹性、复原力、心理韧性。

首先，抗逆力是一种能力，即个体在困境中积极克服困难的能力。其次，抗逆力也是一种内生的优点，这个优点是人们在人生过程中能够体现出来的，有些人体现的多，有些人体现的少。再次，抗逆力是可以培养的，但必须依靠正确的环境。

举个例子来说，我认为邓小平就是一个抗逆力很强的人，他的人生几起几伏。文化大革命前后，邓小平跌到了他人生的低点，但是后来他又站起来了，出来主持工作，达到了他事业的一个新高度。一般人做不到邓小平这样，他们落到低谷便很难再起来。所以我认为邓小平是一个最典型的抗逆力强的人。还有一个例子——乔布斯，他的苹果公司的创立和发展并不是一帆风顺的，他也在这过程中遭遇过种种困难，但是他也顽强地从低谷中爬起来带领苹果公司团队创造一个又一个新高度。由此可以看出，乔布斯也是一个抗逆力很强的人。所以，我认为，但凡事业成功的人，都是抗逆力很强的人。

抗逆力不单是个人能力的问题，人的发展性资产，也能够使抗逆力得到增强。我们个人在生活中有两方面的资产可以贡献于抗逆力的提升。第一个是外在的，即积极的生活经验；第二个内在的，即内在的品质，包括正确的价值观、自我认同、责任、能力等，它们能够帮助我们做出正确的判断和选择。我认为正面的态度价值非常重要，因为它能够激发人的自我力量，从而勇敢地面对逆境。自我认同也很重要。有的同学什么也不认同，感觉这个班也不好，学校也不好，老师也不好，家乡也不好，自己就好像是一个火星上长大的人一样，没有一个认同的群体，这非常危险，会严重降低抗逆力。我认为，我们只有认同那个群体的成长和成果还有所有的荣誉，才能感觉到这些和自己有关，才会高兴；如果都不认同，那我们就不会觉得生活中有亮光，谁也不管我我也不管谁，我们就很容易脱离这个社会走向绝路。此外，责任也是很重要，因为责任，所以我们觉得应该继续奋斗。人们经常劝要跳楼自杀的母亲想想家里的七旬老母、七岁幼儿，这就是

劝她用责任的力量去抵抗逆境。

抗逆力的重要性：当我们在面对创伤和逆境的时候，抗逆力能帮助我们复原，正确面对逆境，使我们的生活恢复正常。

（二）风险因素

抗逆力的风险因素是指个体生活环境中造成其在生存和发展上容易出现消极结果的因素。很多孩子在面对逆境时可能会有风险，第一个是学习成绩的失败，第二个是社会的调节、同辈的调节、老师的调节，第三个是健康问题，第四个是贫穷，第五个是精神问题，第六个是面对法律强制执行。这是根据英文文献翻译的，这些都是对孩子来说成长过程中可能会存在的风险。关于抗逆力，我们不单把它看成一种能力，还要把它作为一个发展性资产，使抗逆力得到增强。研究发现，如果学生有丰富的发展性资产，他们的抗逆力就会比那些没有那么多发展性资产的人强，这其中有抵抗风险的能力，也有一种健康生活的状态，这个健康不仅是生理的，还有心理的。因此，我们可以培养孩子的抗逆力，教他们要乐观，要有正确的态度，要有积极的评价。

有一次我在网上看到一个网友写的《生活中会缩短寿命的十大风险》，他把搬家也列到风险中了，还有换工作。在我看来，搬家的风险就是我可能搬家之后半年或一年内找不到自己的东西，这也是搬家带来的焦虑。但是我要说这个只是我们写出来的风险，实际上的风险比这个多得多。我给大家说说我的亲身经历，刚到南京的时候，有一天晚上我在租的房子里看《非诚勿扰》，听到隔壁咚咚咚的声音，但是我看也没看就睡觉了。第二天小区物业来问我昨晚有没有听到什么声音，我就和他说听到了，第三天民警也来问我同样的问题。到了第四天，我就发现很不对劲，因为房子周围来了很多的人，于是我才得知我的邻居跳楼了。后来我才知道跳楼的是一个独居的老太太，她的子女都不愿和她住，于是那一晚她砸了东西后从顶楼跳下去了。之后很长一段时间我都没有缓过神来，我心想自己是一个做社工的，我在那里住了两年却从来没有关心过我身边的这个邻居，这个独居的老人，以至于她出现问题之后没有人向她伸出援手。且不要说我自己研究抗逆力，在那一段时间连我都需要人来支持我。我跟很多人讲过这个事情，好多人都没什么反应，我很受伤，然后我跟社工讲，社工建议说应该在每一个社区设立一个服务中心。这是我们个人生活中的风险，其实不一定是你丢了东西才有风险，很多风险本身就在你生活中存在着。

（三）保护因素

抗逆力的保护因素是指在个体的环境系统中与风险因素相互作用，能够减轻风险因素的消极影响，从而保护个体成长的因素。

说到培养抗逆力这一点，我相信且深信社工在这个方面做得非常好。抗逆力这个概念不是社工自身的理论，而是借用了心理学术语，心理学上有很多关于抗逆力的研究，但社工借用以后，把它作为社会工作服务的一个重要内容，帮助服务对象提高抗逆力，他们在这个方面有很多的创新。

这里有一些促进或提升抗逆力的策略：

Be loving and supportive 爱和支持；

Foster positive attitudes 积极的态度；

Nurture positive emotions 积极的感情。

在促进抗逆力的过程中，我们要明确自己的期望是什么，有期望才能往前走，另外还要帮助鼓励他人。同学们要记住一句话：如果你能帮助他人，说明你是一个有能力的人；你如果是一个有能力的人，你就有自信走到路上。别人特别爱向我问路，可能觉得我这个形象给人一种安全感，所以我不厌其烦地跟别人说“跟着我走吧”。别人跟着你走，这说明你有能力并且被别人信任。所以帮助别人能够使自己有能力、有信心，不要放弃任何一个帮助别人的机会，因为你的能力能够通过帮助别人得到提高。

营造一个和平的环境也很重要，另外，减轻压力、养成良好的习惯、具备相关的基本医学常识，这些都有利于抗逆力的提升。

（四）我们要怎么做

单单认识了解抗逆力的概念，并没有多大的作用，我们要把这个概念操作化，变为可实施的行动。抗逆力有五个主要成分：Self-konwledge and insight（自知之明和洞察力）、Sense of hope（希望的理念）、Healthy coping（健康的应对）、Strong relationships（强社会关系）和Personal perspective and meaning（个人观点和意义）。

1. Self-konwledge and insight（自知之明和洞察力）

Knowing who you are（知道自己是谁）

Having a clear sense of what you believe and how you feel（对自己的信仰和感觉有非常清晰的认识）

Identifying your strengths and weakness（认同你自己的优点和缺点）

Positive self-esteem（自我评价）

Strong inner locus of control（内控力）

Independence（独立自主）

要明白你自己的目标，发现积极的动机，明确自己的优势和面对的挑战，并且知道自己的伦理准则是什么，认识到自己的自控能力是有限度的。

2. Sense of hope（希望的理念）

我们要相信环境情景会越变越好，相信未来会越来越比过去好，对生活中的服务对象做具体的分析，使他们保持积极的态度。除此以外，我们还要保持乐观的心态，学会幽默，也要学着感恩，学着把感谢之词放在嘴边。再有，我们要学会多元化的服务模式，适应多元化的案主，寻找积极的专业发展，寻找合适的have fun的方式。

3. Healthy coping（健康的应对）

首先要学习一些技巧，积极地去平衡工作中的各种正面负面的压力，在这个过程中要学会认定自己的压力、反应的情况，平衡自己的生活，比如学习和睡眠等。其次，我们应当学会调解技术（modulation），学会用安全的方式解决问题，使用技术，运用各种资源，也可以向社工寻求帮助。

4. Strong relationships（强社会关系）

首先，要了解人类的基本需要什么；其次，要和他们保持积极良好的关系；再次，要有一个支持网络，遇到事情时可以寻求帮助，但不要光依靠别人，自己也要帮助别人，学会包容、多元化；最后，要有团队精神并学会解决冲突的方式。

5. Personal perspective and meaning（个人观点和意义）

Morality and integrity 德和正

Spirtuality 灵性

Coherent life meaning 生活意义

二、抗逆小童星项目

（一）抗逆小童星社会工作服务的社会背景与意义

（1）社会背景：流动儿童数量庞大、生活存在一定风险。

（2）研究背景：流动儿童的困境、流动儿童研究视角的转向。

（3）服务意义：系统地探讨环境因素的影响、流动儿童抗逆力的内涵和表现、流动儿童整合性的保护机制。

（二）抗逆力：从问题取向转向优势视角

抗逆力（resilience）研究的兴起与学者对风险（risk）的关注有关，主要在心理学、教育学、社会工作等领域展开研究和实践，社会工作中问题取向研究和实务范式存在不足。

对有抗逆力的儿童的研究。例如，加梅齐和鲁特（Garmezy，Rutter）通过追踪研究发现，大多数的儿童，尽管生活在高危环境中，仍然健康地发展，符合传统意义上的“成功”的年轻人；韦尔内和史密斯（Werner & Smith）认为大多数儿童具有自我矫正的倾向（self-righting tendency），即使在逆境中，仍然能够发展出能力、自信和照顾等技能。儿童抗逆力成为困境儿童研究和干预的新范式。

抗逆力理论由于采用优势视角（strength perspective）——引导研究者关注风险中个体的资源或优势，从而实现了范式的转换，同时也激发了项目组全体成员开展社会工作干预的全新理念。

（三）儿童抗逆力内涵在研究历程中的演变

儿童抗逆力最初被视为个体抵抗逆境的固定品质，主要是指在个体发展过程中提升其适应高危环境的成功的适应力。（Buchanan，2002）

抗逆力并不是一种要么有，要么没有的固定品质，儿童在其生命周期的不同阶段或多或少都具备一定程度的抗逆力。

最新观点之一是：儿童抗逆力是儿童成功适应的结果或者是危险因素和保护因素相互博弈的过程。其核心包括三个部分：暴露在困境中；抵消困境影响的资源或者优势的出现；展示积极适应结果。（Masten，1998，刘玉兰，2011）

（四）抗逆小童星项目设计：儿童抗逆力操作化

一级变项	二级变项	解释
抗逆力	乐观感	自我价值感、对自我积极认识
	归属感	积极地关系维护， 对学校、社区和城市的归属感
	效能感	控制感、解决问题能力、 情绪管理、目标感、主动性
	抗逆力总变量	乐观感+归属感+效能感

评估调查之后的结论——

结论一：低收入社区流动儿童具备一定程度的抗逆力，但是仍然有54.3%的流动儿童抗逆力水平低，不如其他儿童。

结论二：影响低收入社区流动儿童抗逆力的风险因素较多，主要集中在家庭层面。调查发现学校和社区因素的调节作用不明显。

结论三：低收入社区流动儿童抗逆力的保护因素较少，来源单一，大多数保护因素来自家庭，这说明现有的社区、学校系统对流动儿童的保护作用应该加强。

（五）服务实现预期目标内容

（1）有效地协助南京HY社区外来工子弟小学儿童认识自我和社区资源，提升了他们的安全意识和利用资源的能力，使得他们能够有效地运用身边的资源去处理各种困难，提升问题解决技能。

（2）有效地协助流动儿童提升社交技巧，使他们能与家长、同辈、教师建立正面的社交关系，懂得与人相处和沟通的技巧。

（3）有效地协助流动儿童认识自我的情绪，帮助他们合适地表达情绪，并有效地控制不恰当的情绪，习得相应的情绪表达技巧。

（4）有效地协助制定流动儿童认识目标的相应规则，从而提升其目标感，进一步促进其学习能力的提升。

（六）以小组活动为中心的抗逆小童星活动

通过活动使流动儿童的效能感、乐观感和归属感增强，提升流动儿童的抗逆力。基于此，本项目组设计了八个系列的小组活动：

小组活动一：我是小童星（认识自己，建立关系、规则）

小组活动二：情绪连连看（认识正面和负面情绪）

小组活动三：情绪的秘诀（学习情绪管理、行为调整）

小组活动四：小乌龟的一天（乐观感，正面面对问题）

小组活动五：目标进行时（效能感，目标与实现）

小组活动六：沟通大作战（关心与关系）

小组活动七：资源大作战（归属感、寻找资源解决问题）

小组活动八：我们的梦想（使用抗逆力，建立新目标）

（七）以小组活动为中心的儿童自信心辅导服务

儿童组：

（1）发掘及巩固组员的优点和长处；

（2）让组员正确处理自己的缺点和不愉快的情绪；

（3）提供相应的方法，并尝试建立良好的人际关系。

家长组:

（4）增进家长对子女能力的认识；

（5）鼓励家长协助子女完成小组的任务，并巩固所学习的正确行为。

（八）抗逆小童星社会工作服务效果

1. 儿童活动的目标达成度

流动儿童认为，他们通过活动习得了增强抗逆力的技巧，对于未来的成长和发展有很大的帮助。具体来看，每一目标中比较同意和十分同意的比例分别是：

（1）76.0%的儿童认为其习得了相应的沟通技巧；

（2）76.9%的儿童表示知道能够在哪里寻找资源；

（3）79.6%的儿童对情绪了解得更加清楚；

（4）79.9%的儿童知道了处理生气的方法；

（5）74.2%的儿童能够认识到自己的优点；

（6）75.8%的儿童能更加积极地看待自己；

（7）79.4%的儿童能够澄清自己的梦想。

2. 对社会工作者和活动的满意度方面

流动儿童对活动的满意度高达81.0%，对工作者的满意度也达到78.4%，具体情况如下——

（1）74.5%的儿童认为工作员给了他很大的鼓励；

（2）77.3%的儿童认为工作员协助其作出改变；

（3）81.3%的儿童认为工作员协助其处理好自己的问题；

（4）82.6%的儿童认为工作员让其有机会说出自己的困难；

（5）80.0%的儿童认为工作员对其帮助很大。

3. 对活动形式的满意度

流动儿童对工作员讲授、个人发言分享、角色扮演、小组讨论和家庭作业这五项小组活动中采用的形式都比较满意。具体而言：

（1）82.6%的儿童认为工作员讲授对其帮助很大；

（2）73.2%的儿童认为个人发言分享的形式对其帮助很大；

（3）78.5%的儿童认为角色扮演的形式对其帮助很大；

（4）77.5%的儿童认为小组讨论的形式对其帮助很大；

（5）72.5%的儿童认为家庭作业的形式对其帮助很大。

（九）关于提升低收入社区儿童抗逆力的建议

（1）提出“家庭—学校—社区”三位一体的低收入社区流动儿童整合保护机制；

（2）强化学校对流动儿童的保护作用；

（3）以学校为依托，有效整合社区、家庭和社会资源，形成系统干预方案。

中国社会科学院历史研究所　卜宪群

第31讲

新世纪简帛整理与研究的新趋势

讲演时间　二〇一三年九月十七日

我今天给各位汇报的是新世纪以来中国简帛研究的一些基本情况。所谓新世纪以来就是指2000年到现在，当然我现在这个文章是写到2012年左右。我们知道历史研究是离不开材料的，从20世纪以来中国史学发展的一个显著特征就是史学的材料（特别是新材料），能够推动学术研究，带动学科建设与人才培养。那么如果从材料的角度来说，20世纪有几大材料呢？第一个是同学们所熟知的甲骨文，它推动了殷商史的研究；第二个是简帛，它推动了战国秦汉史的研究；第三个是敦煌、吐鲁番文书，它推动了唐宋历史的研究；此外还有安徽的徽州文书，80年代以后，在我们的老校长张海鹏先生的推动下，形成了一门学问，叫徽学研究。这是从大的方面来说，其实20世纪以来还有很多新的材料，比如碑刻资料、出土资料以及新发现的档案等。

如果我们做学术研究时不关注新材料，拿前辈史学家的话来说，那就是你还没有入流。为什么这么说呢？因为新材料不仅补充了传世文献的不足，同时带来了新的问题意识，使我们能发现新的问题。在20世纪以来的一百多年当中，简帛的发现与研究是一个非常重要的领域。从20世纪二三十年代发现晋简、敦煌简开始，一直到今天，简帛的发现是层出不穷的，可以说，简帛本身就已经形成了一门新的学科——简帛学。

一、简帛发现与公布的若干特点

（一）经科学发掘或抢救性发掘整理的简帛资料公布加快

什么叫科学发掘或抢救性发掘呢？我们知道，现在的考古主动发掘的并不是太多，除了古人类或者是早期文明还多一点，现在大多数的发掘都是带有抢救性的发掘。随着大规模的经济建设，很多的地下文物重现于世，一旦被他人挖了之后考古部门就要进行抢救性挖掘。所以科学发掘和抢救性发掘就是一个主动发掘和被动发掘的关系。

我梳理了一下21世纪以来新发现和公布的资料，主要有这样一些：

（1）2000年，湖北随州孔家坡M8号墓抢救性发掘出土约属于西汉前期的简牍780余枚，主要内容为日书、历日和告地书。

在战国到秦汉时期的很多中下层官僚的墓葬中，我们都发现了这种书，这反映了当时一种普遍的社会信仰，就是我们经常讲到的汉武帝“罢黜百家，独尊儒术”，以儒家思想来实行统一，但是我们从日书来看，当时社会下层普遍信仰的还是像日书、历日这样的东西。所谓日书是古人从事婚嫁、生子、丧葬、农作、出行等各项活动时选择时日吉凶宜忌的参考之书，其本质就是古代民间一种“选择时日吉凶的数术”。历日就像是我们今天的日历。所谓告地书，就是一种丧葬用具，是古人在丧葬活动中，为死者办理迁徙地下事宜而模仿现实生活有关迁徙文书写成的死人迁徙文书。按照民间的说法，就是死者到“阎王”那里的“介绍信”，记录的是墓主人的基本情况。2006年，文物出版社出版了湖北省文物考古研究所、随州市考古队编纂的《随州孔家坡汉墓简牍》一书，公布了全部图版、释文和注释。

（2）2002年，山东日照汉代海曲故城抢救性发掘出土属于武帝时期的木牍4枚、竹简39枚，木牍内容为遣策，竹简主要为“视日”。

“视日”是一个直观的名称。2002年《考古发现》对这批文物作了介绍；2003年文物出版社出版的《2002年中国重要考古发现》，对文物简牍做了介绍；《文物》2010年第1期公布了M106号墓的发掘简报；刘绍刚、郑同修的《日照海曲简〈汉武帝后元二年视日〉研究》一文，公布了视日简的全部释文及部分照片。

（3）2002年，湖南省龙山县里耶战国古城1号井出土简牍3.8万余枚，其中绝大部分为秦代简牍。

这些秦代简牍的内容分为：书传类（往来书、司法文书、传、致、私书）；律令类（律、令、式）；录课类（录、志、课）；簿籍类（簿、记、籍、阀阅居劳、计表）；符券类（符、券）；检楬类（检、楬、函封、标题简）；历谱；九九术、药方；里程书；习字简。

这些均系秦代洞庭郡迁陵县地方行政文书档案。《文物》和《中国历史文物》2003年第1期，选释了其中的几件行政文书；2007年，湖南省文物考古研究所编著的《里耶发掘报告》一书中，又新公布了秦代户籍文书的若干新资料；2012年的《里耶秦简[壹]》，由文物出版社出版，公布了第五、六、八层出土的简牍。

（4）新世纪以来，荆州地区有一系列抢救性的简牍新发现也相继公布，如：

①谢家桥1号汉墓出土竹简208枚，竹牍3枚，主要内容为遣策和告地书；

②印台墓地出土竹木简2300余枚，木牍60余方，主要内容为文书、卒簿、历谱、编年记、日书、律令及遣策、器籍、告地书等；

③纪南镇松柏1号墓出土木牍63块，主要内容为遣策和各类簿籍、律令，其中最有特色的是南郡及江陵西乡等地的户口簿、正里簿、免老簿、新傅簿、罢癃簿、归义簿、复事算簿、见（现）卒簿、置吏卒簿以及叶（牒）书、律令（文帝时）、周偃功劳升迁记录等，内容十分重要。这些墓葬均属西汉前期，最迟为武帝早期。

（5）2002年，在甘肃玉门市花海乡十六国前后凉时期墓葬中发现了晋律注残本，有标题的是《诸侯律注第廿》，约存5000字。

我们知道中国的法律中，晋律是一种非常重要的法律，它对唐律有很大的影响，但是晋律现在我们没有了，对晋律的情况了解甚少。

因此，这一次简帛的发现十分重要，它在其中对晋律作了很多注解，我们编辑的《简帛研究》也对它做了一个初步介绍。

（6）2003年11月至2004年2月，湖南郴州苏仙桥古井群出土吴简140枚（含残片）和晋简近千枚。吴简内容为簿籍、文书、书信、纪年等；晋简为西晋惠帝时桂阳郡郡府档案，涉及桂阳郡及属县的基本情况。2005年以来，这批简的内容逐步公布。

（7）2003年，长沙走马楼发掘清理万余枚西汉武帝时的竹简，经专家初步考证，这些简牍是汉武帝时期的行政文书，其性质大部分属于司法文书，涉及汉代的诉讼制度、法制改革、统计制度、交通邮驿制度及汉长沙国的历史、法律、职官、郡县、疆域等诸多方面。

（8）2004年，长沙市东牌楼建筑工地第七号古井发掘出土的东汉简牍共206枚。

2006年，文物出版社出版了《长沙东牌楼东汉简牍》，公布发掘报告及相关研究报告，包括东牌楼东汉简牍图版、释文和论释。报告中说到简牍内容分公文、书信、杂文等，年代在汉灵帝（168—189年）时，简文有建宁、熹平、光和、中平的纪年，并附上了《整理号与出土号对照表》。此批简牍数量不大，但提供了较丰富的历史信息。

（9）2004年，安徽天长安乐镇纪庄汉墓出土34枚木牍，属于西汉前期至武帝年间。

这批木牍的内容包括公文书、书信、药方、礼单等，其中书信类木牍占了绝大多数。并且，我们首次发现了汉代县级上计文书，书信中所含内容对于推进汉代地方行政制度史、汉代官僚社会交往史和汉代社会生活史以及江淮地区地方史研究，均具有重要价值。

（10）2004年至2005年，在广州南越王宫署遗址J264号井中，发掘西汉南越国木简百余枚，主要内容为籍簿和法律文书。簿籍主要包括入籍、门籍、物籍等，以及《谪令》等法律文书和大批职官、机构、郡的名称，填补了广东地区简牍发现的空白，是南越国考古的重要突破。它的发现扩大了南越国史的研究范围，从很多方面弥补了南越国史料记载的不足，具有非常重要的学术价值。

（11）2006年，湖北云梦睡虎地77号汉墓发掘出西汉文景时期简牍2137枚，主要内容为质日、日书、典籍、算术、法律类文献。我们知道在20世纪70年代发现了一大批叫睡虎地秦墓竹简，推动了我们关于秦代法律的研究，这批材料也补充延伸了这方面的资料。

（12）2008年，甘肃省永昌县水泉子村M5抢救性出土1400余枚简牍，内容主要包括《仓颉篇》和日书。2009—2010年，部分照片、释文和考释公布。

（二）上个世纪发现的简牍材料经过专家的精心整理也逐渐刊布于世

大家可能没太注意，前面的这些材料，从发现到公布最长的时间也不超过十年，一般三五年就整理公布了。而上世纪发现的简牍材料经过专家的长时间精心整理也在新世纪初逐渐刊布于世。

1972至1974年在肩水金关遗址发掘出土的肩水金关汉简，历时38年，《肩水金关汉简》第一卷（上、中、下三册），于2011年由中西书局出版。

1972年在山东临沂发掘的银雀山汉墓竹简的部分内容，历时38后，2010年文物出版社出版《银雀山汉墓竹简·贰》，刊登了图版、释文和注释，内容包括论政论兵，阴阳、时令、占候，文学、杂技类等。

1973年河北定县八角廊四十号汉墓发掘出土的典籍简在新世纪继续公布。2001年第5期《文物》发表《定州西汉中山怀王墓竹简〈六韬〉释文及校注》，公布了《六韬》释文。

1973—1974年发掘的长沙马王堆2号和3号汉墓简牍，历时31年，《长沙马王堆二、三号汉墓》（一），于2004年由文物出版社出版，收录了遣策、医简及典籍简释文。

1983—1984年在湖北江陵张家山发掘的张家山汉墓竹简的主要内容，经张家山汉简247号汉墓竹简整理小组历时近20年的努力，于新世纪之初公布于世。

1986年甘肃天水放马滩发掘出土的简牍，包括日书、地图和志怪故事，历时23年，由中华书局于2009年出版《天水放马滩秦简》一书，公布了全部秦简的图版和释文。

1987年于湖南发现的古人堤东汉简牍90余枚，内容包括汉律、医方、官文书、书信、礼物谒、历日、九九表等，在2003年全部释文及部分照片公布。

1987年在于湖南慈利发现的战国楚简一千余枚，主要内容为记事性典籍，以记载吴越两国史事为主，并附有议论，堪比传世文献《国语·吴语》、《逸周书·大武》等，也有《管子》、《宁越子》等书佚文，竹简残损严重。这是一次十分重要的发现，2004年，张春龙《慈利楚简概述》介绍了部分内容。

1990—1992年发掘的3.5万余枚（有字简2.3万余枚）敦煌悬泉汉简，其时代自武帝至东汉安帝，是西北汉简的一次极为重要的发现。悬泉简内容宏富，与以往西北简内容大体集中、相减特点似显著不同，如大量的诏书、官府通行文书、司法律令文书、簿籍、私信、典籍等，具有很高的研究价值。自2000年以来，悬泉简的部分内容被逐步公布。

1992年，朝鲜平壤市乐浪区贞柏洞364号墓出土了120枚左右的《论语》竹简，同时出土的还有西汉元帝初元四年（公元前45年）写成的户口簿木牍，近年来也得以刊布。我们知道从汉代开始，朝鲜半岛的北部是四郡进行直接行政管理，当时政府的档案都是用汉文写成的，但是朝鲜就是不公布这些资料，也不给看，让我们着实没有办法。

1992年在湖北沙市萧家草场26号汉墓抢救性发掘出土的35枚竹简，内容为遣策，2001年中华书局出版《关沮秦汉墓简牍》一书，收录了周家台三〇号秦墓出土的历谱、萧家草场26号汉墓出土的遣策，公布了图版、释文和注解。1993年在湖北江陵王家台15号墓出土秦简394支，4000余字，其内容为《归藏》，确证了以往"《归藏》为伪书"的看法不能成立。新世纪之初，王明钦《王家台秦墓竹简概述》一文对此作了相关介绍。

1994年于河南新蔡葛陵抢救性发掘出土的1500余枚楚简，内容系楚平夜君生前的占卜记录和随葬遣策。2003年，大象出版社出版的《新蔡葛陵楚墓》一书，公布了全部照片和释文。

1996年湖南长沙走马楼抢救性发掘清理出东汉至三国吴简10万余枚，内容包括户籍、赋税簿籍、官文书、司法文书、私信、名刺等，是研究三国孙吴历史的重要材料。新世纪以来，整理组已整理《长沙走马楼三国吴简·竹简》（一）、（二）、（三），文物出版社分别于2003、2007、2008年出版。

1999年在湖南怀化抢救发掘的沅陵虎溪山一号汉墓出土竹简千余枚，内容为黄簿、日书和美食方。其中黄簿的发现为首次，也最有特色，记载汉初沅陵侯国的行政设置、吏员人数、户口人民、田亩赋税、大型牲畜、经济林木数量、兵甲船只及以上各项增减和增减原因，还有道路交通、亭聚、往来长安的路线和水路里程等许多内容，具有极高的史料价值。自2003年开始，虎溪山一号汉墓竹简的内容逐步公布。

1999年至2002年间在内蒙古额济纳旗汉代烽燧遗址中采获汉简500余枚，以西汉中期至东汉初期为主，内容以行政文书为主，涉及相关时期政治、经济、军事等诸多领域。其中以王莽时期文书的发现最为珍贵。2005年，广西师范大学出版社出版《额济纳汉简》一书，公布了图版、释文等。

2008年，甘肃省永昌县水泉子村M5抢救性出土1400余枚简牍，内容主要包括《仓颉篇》和日书。2009—2010年，部分照片、释文和考释公布。

（三）散落海外简帛资料的整理或经收购回归整理的简帛资料数量增多

《香港中文大学文物馆藏简牍》整理了香港中文大学文物馆历年收购的简牍259枚，包括战国简10枚，西汉简189枚，东汉简40枚，东晋木牍1枚，另有残简8枚和空白简11枚。据整理者介绍，这批简牍对于日书、简牍制度、汉代经济制度史研究有很高的价值。

《英国国家图书馆藏斯坦因所获未刊汉文简牍》一书，公布了斯坦因第二次中亚考察时所获的未曾刊布的敦煌汉简2300余枚。

上世纪末由上海博物馆从香港市场购回的战国楚简，主要内容为古文献，自2001年以来，上海古籍出版社已出版《上海博物馆藏战国楚竹书》七册。

2007年，湖南大学岳麓书院从香港收购两千多枚秦简，经整理现已出版《岳麓书院藏秦简》（壹）、（贰），共收录了300多枚秦简，主要内容为《质日》、《为吏治官及黔首》、《占梦书》三部分。

2008年，清华大学从香港文物市场购回2400余枚战国竹简，其内容为《尚书》等诸多典籍，具有重大学术价值。2010年和2012年，中西书局分别出版了《清华大学藏战国竹简》第一册和第二册。

2009年，北京大学从海外抢救回3000多枚秦简和西汉竹书，《文物》2011年第6期发表的北京大学藏西汉竹书简报《北京大学藏西汉竹书概说》和系列论文，首次比较全面地介绍了整体情况和主要内容。该批简属于书简，时代在汉武帝后期，有《老子上经》和《老子下经》（尚未见过《老子》此种命名方式），《仓颉篇》（存字1230

个），另有180多个古医方的医书和两篇文学作品。

2009年，浙江大学接受了校友捐赠的一批流传境外的战国楚简，经整理，释文于2011年由浙江大学出版社出版，但是，学者们对这本书的真实性也有很大的质疑。《浙江大学藏战国楚简》内容可分为古书、日书、卜筮祭祷、遣册，其中古书有《左传》。

二、已公布简帛的再整理受到关注

（一）延居汉简

对于汉简本文，首先必须下些考证的功夫，因为相隔两千多年，汉简中许多文字的书写、日常用语以及有关名物制度的现实意义，都必须有所考证，才能确切明白它的历史意义和历史内容。但考证只是一种手段，起的是桥梁作用，研究汉简的最后目的，必须归结到基本的历史联系。常常注意到基本的历史联系，才不致纠缠在许多细节或无关宏旨的争执意见上而不能自拔，必须把汉简所反映的情况和当时历史的全部发展过程加以考察。

（二）张家山汉墓竹简

《张家山汉墓竹简》的特点有三个：

一是增补了若干新释读的字。

二是经过研究者认真的工作，新发现了若干完整和残断的竹简，不仅补充了《二年律令》的相关律文，还增加了新的律条。

三是全面地介绍了学界有关《二年律令》和《奏谳书》的研究收获。

本书在保存原整理小组注释的基础上，引用传统文献、出土简帛、历代学者以及张家山汉简的最新研究成果，对《二年律令》中的各篇律令进行集释，并以“案”的形式对简帛、文献及各家之说作出评判。

（三）尹湾汉墓简牍

张显成、周群丽著的《尹湾汉墓简牍校理》一书，在以往尹湾简牍释文的基础上，对释文进行了新的校理并增添了《字表》。本书分上下两编。上编为《尹湾汉墓简牍校释》，下编是《尹湾汉墓简牍字表》，末附参考文献。上编将简牍分为22种文献，逐一进行标点、注释、考证、篇题和篇章解读；下编分“凡例”、“检字表”、“正文”三部分。

（四）额济纳汉简

一是将释文中的部分字尽可能改为通行体。

二是不改动异体字、假借字、错字，但在按语中说明。

三是补漏释，删衍文，纠误释。

（五）里耶秦简牍

《里耶秦简牍校释》一书在已公布图版、释文的基础上，进一步缀合断片、复原简册、校订释文并加以断读，校释勾稽简文与其他里耶简牍、其他秦汉简牍以及传世秦汉文献的关联，探求其内涵。

（六）综合性再整理

2003年，中国简牍集成编辑委员会和甘肃五凉古籍整理研究中心等学术机构共同组织国内数十位专家学者编纂了《中国简牍集成》，并由敦煌文艺出版社出版，全书共17册，一千多万字，对20世纪的出土简牍进行了全面的文字整理、标点、注释。这本书的“集成”主要体现在——

一是相关简牍照片资料的“集大成”。

二是学术界相关研究成果的“集大成”。

三是课题组专家学术见解的“集大成”。

三、新世纪简帛研究的新趋势

（一）简帛文书学、文献学与学术史等基础性问题研究加强

关于基础性问题研究的加强，我列了一系列的著作，如下：

李天虹《居延汉简簿籍分类研究》

李均明《秦汉简牍文书分类辑解》

张显成《简帛文献学通论》《简帛文献论集》

沈颂金《二十世纪简帛学研究》

骈宇骞、段书安《二十世纪出土简帛综述》

李均明等《当代中国简帛学研究》

以上这些都是关于简帛文献书、文献学的研究。

（二）对相关历史问题的研究在以往基础上进一步深化

1. 战国楚史研究

陈伟主编的《楚地出土战国简册研究》10卷本，从地理、习俗、宗教、文字、语言、思想和文献等多角度，探讨了楚地出土的战国简册文本复原及内涵，推进了楚史、楚文化及战国历史的研究。这也是对地域性简牍开展综合性研究的一次尝试。

2. 秦汉魏晋史研究

（1）地方行政研究。对秦汉郡县乡里地方行政、文书制度与吏员设置及管理制度等政治制度有了更深入的认识与分析，特别是里耶秦简、三国吴简的发现，使我们对秦代乡里和三国吴乡里的吏员设置系统与行政运作方式、文书制度的认识，较以往清楚了许多。悬泉简的发现对于汉魏邮驿制度及西北地方史的研究具有重要价值。

相关论著主要有以下这些：

张金光：《秦制研究》，上海古籍出版社2004年；

卜宪群：《秦汉官僚制度》，社会科学文献出版社2002年；

邹水杰：《两汉县行政研究》，湖南人民出版社2008年；

蔡万进：《尹湾汉墓简牍论考》，台湾古籍出版有限公司2002年；

廖伯源：《简牍与制度——尹湾汉墓简牍官文书考证》（增订版），广西师范大学出版社2005年；

臧知非：《简牍所见汉代乡部的建制与职能》，《史学月刊》，2006年第5期；

卜宪群：《从简牍看秦代乡里的吏员设置与行政功能》，《里耶古城·秦简与秦文化研究》，科学出版社2009年；

卜宪群：《从简帛看秦汉乡里的文书问题》，《文史哲》2007年第6期；

韩树峰、侯旭东：《吴简研究》第一、二辑（关于三国孙吴州郡县乡吏的研究），崇文书局2006年。

（2）爵制研究。秦汉政治制度中富有特色的赐爵制因简帛的发现而研究进一步深入，对爵名与爵等、官、爵的关系，爵与其他各项制度的关系等问题的认识更具体翔实。

（3）律令制度研究。新出材料中有大量材料属于法律文书，关于法律文本、法律制度、律令体系、法律思想文化、法律与社会关系的研究在新世纪继续成为学界关注热点，有众多论著涉及：

曹旅宁：《秦律新探》，中国社会科学出版社2002年；

曹旅宁：《张家山汉律研究》，中华书局2005年；

蔡万进：《张家山汉简〈奏谳书〉研究》，广西师范大学出版社2006年；

李力：《"隶臣妾"身份再研究》，中国法制出版社2007年；

朱红林：《张家山汉简〈二年律令〉研究》，黑龙江人民出版社2008年；

孙家洲主编：《秦汉法律文化研究》，中国人民大学出版社2007年；

曾加：《张家山汉简法律思想研究》，商务印书馆2008年。

（4）土地、赋役、户籍制度与相关经济史研究。延续上个世纪以来的热点，睡虎地秦简、张家山汉简、三国吴简等揭示出来的土地制度、赋役制度、户籍制度等社会经济问题仍是新世纪学者们关注的焦点。战国秦汉三国土地制度形态、名称及其所有权的性质、实施时间以及相关赋役制度等问题研究进一步深化，学者们虽有较大的认识差异，但也在不少方面取得了共识。特别是吴简"吏民田家莂"中提出的众多田制、租税概念，使孙吴的土地制度和赋役研究有了突破性进展。由此也开展了多层面关于吴史的研究，例如：

于振波：《走马楼吴简初探》，文津出版社2004年；

于振波：《走马楼吴简续探》，文津出版社2007年；

高敏：《长沙走马楼简牍研究》，广西师范大学出版社2008年，其中收录了其研究走马楼吴简的多篇文章；

《吴简研究》第一辑（崇文书局，2004年）和第二辑（崇文书局，2006年），集中收录了吴简研究的相关论文。

户籍、户口简的发现使新世纪户籍、户口研究被学者们关注。里耶、天长、吴简长沙东牌楼、乐浪、松柏等简中的户籍户口资料，是学者们研究最为集中的部分。对于相关时期的傅籍、课役、家庭结构与类型、户籍与人口管理、不同社会阶层户籍状况等问题的研究也有了更深入的发展。

（5）思想文化与社会史研究。简帛文献中有许多关于典籍和基层社会的资料，相关研究也在继续推进，如清华简与古文《尚书》的研究，郭店简、上博简、马王堆帛书等与中国古代思想文化研究，相关著作有以下这些：

刘国忠：《走近清华简》，高等教育出版社2011年；

郭沂：《郭店竹简与先秦学术思想》，上海教育出版社2001年；

彭浩：《郭店楚简〈老子〉校读》，湖北人民出版社2001年；

魏启鹏：《马王堆汉墓帛书〈黄帝书〉笺证》，中华书局2004年；

池田知久：《马王堆汉墓帛书五行研究》，中国社会科学出版社2005年；

裘锡圭：《中国出土古文献十讲》，复旦大学出版社2004年；

朱渊清、廖名春：《上海馆藏战国楚竹书研究（续编）》上海书店出版社2004年；

彭裕商、吴毅强：《郭店楚简老子集释》，巴蜀书社2011年。

（6）社会生活史的研究。简帛提供了当时官僚出行时的种种物质待遇，各种名刺和书信的发现揭示了官僚的社交形式和社会生活。

（7）人际交往形式。简帛记载了大量基层人物的各种类型的活动，是我们研究基层社会阶层的鲜活资料。如新近发现的天长汉简就有丰富的内容，特别是乡里社会阶层情况，简帛提供了丰富的资料，使我们对乡里社会结构有了充分的了解；又如三国吴简与“吏民”的研究，里耶简与迁陵县基层社会研究。

（8）关于国家社会建设的资料简帛多有记载。出土简帛中有不少材料记录了国家对残疾人、老人和孤寡妇女及穷困、贫弱者的法律优待及保护措施，简帛材料中还有保护动植物和环境的相关资料，促进了社会史、环境史的研究。

（三）多学科研究的趋势加强

1. 语言文字与语词研究

日益丰富的简帛材料使简帛语言文字研究成为可能，同时也越来越受关注，语言文字研究又分为语言文字工具书和文字学研究。西南大学文献研究所在这些方面做出了突出成绩，例如黄文杰的《秦至汉初简帛文字研究》一书，对该时期简帛文字字形的主体来源、文字形体的突出特点、演变规律、形近字辨析、疑难字词考释等作了深入分析。

曾宪通归纳本书的创新意义有四：

第一，全面收集和系统整理秦至汉初的篆隶资料。

第二，运用历时与共时分析、定量与定性分析相结合的方法，揭示汉字发展的内部规律，指出篆隶是一种古文字起了变化而今文字尚未定型的过渡形态，说明篆隶的特点是笔画平直化、结构过渡性和偏旁部件具有时代特征等。

第三，具体而微地描述和分析秦至汉初简帛文字形体变异的现象与规律。

第四，充分吸收学术界已有成果，考释出一系列过去不识或疑难的字词。

2. 书法学研究

从书法的角度整理研究简帛在新世纪渐多。新世纪以来出版的有：重庆出版社编纂的多卷本《中国简牍书法系列》，吉林文史出版社编纂的《秦汉简牍墨迹选》，文物出版社出版的《中国法书全集：先秦秦汉》，湖北美术出版社出版的《简牍帛书书法字典》等。2009年，中国艺术研究院中国书法院主办了“渊源与流变——简帛书法创作研究展”，并且同时组织举办了“简帛书法研究论坛”，还出版了《简帛书法研究》文集。

据有关报道，北京简帛书法艺术院也于2011年成立，《中国简帛书法大字典》工程同时启动。2011年文物出版社、长沙简牍博物馆还共同主办了“国际简帛书法邀请展”。湖南省书法家协会还成立了简帛书法研究委员会。

3. 档案学研究

新世纪以来，也有一些文章从档案学的角度对简帛展开研究。张志强《尹湾汉墓简牍档案探究》一文，从档案学的角度对尹湾汉简进行了分析，指出尹湾简牍填补了我国汉代档案，特别是地方档案之不足，对汉代档案文书的保管、归档和利用来说无疑是增添了新的研究内容，值得档案界认真关注并加以探讨。刘敏《从居延三简档案史料论“民爵”》一文，依据居延旧简、新简和额济纳简等所谓“三简”的档案资料，探讨了汉代的“民爵”问题。

4. 经济学、管理学、会计学、审计学研究

李孝林等著《基于简牍的经济、管理史料比较研究》一书，是多

位从事经济学研究的专家涉足简帛研究的成果，从经济学、管理学、会计学、审计学等多学科解读简帛材料，提出了许多单纯史学或简帛学学者难以提出的新问题。

例如，从商业经济学的角度看，本书以简帛材料为依据，提出汉朝合伙经营形式已比较完备，承包经营制在东汉已经产生的看法；从商业管理学角度看，提出秦汉已经建立了比较完备的商业内部控制体系的观点；从兵物管理角度看，提出秦汉已经有了盘点等诸多现代管理思想，而其分类管理思想则是现代实物管理的雏形；从统计学角度看，认为简牍反映了我国统计台账、统计表、统计报表的渊源所在；从审计学角度看，认为简牍反映不晚于战国晚期，我国已经建立了听计、查账，就地审计和送达审计相结合的多种审计方式，以及查询法、比较分析法等审计方法，通过审计发现问题，对会计账务进行调整，重新确定余额；从会计学角度看，认为简牍反映了我国复式簿记早在西汉已经产生，从而纠正了日本学者“中国固有的簿记只能称为单式簿记”的说法。

5. 医学研究

罗宝珍《简帛病名研究》及其博士论文《简帛病症文字研究》，对战国楚简、秦汉简帛中的病名进行了统计，认为总共有病名400余个，并对简帛病名的用字现象和考释方法进行了分析，这是继张显成《简帛药名研究》之后，为简帛医学研究做出的一项很好的基础性工作。相关的整理专著论文还有马继兴的《出土亡佚古医籍研究》，张延昌的《武威汉代医简注解》，严建民的《五十二病方注补译》，裘锡圭的《居延汉简所见疾病症称和医药情况》，张光裕、陈伟武的《简帛医药文献考释举隅》，杨峰、赵京生的《从简帛医书看〈内经〉足六脉病候》，丁媛、张如青、汤晓龙的《论出土简帛文献中白勺病因思想》，图娅的《简帛医书经脉命名剖析》等。

从总体上看，传统史学研究方法是简帛学研究的主体，但多学科的介入也是新世纪简帛研究的趋势。这对于简帛学的深化与拓展十分有益。

今天我用了近两小时的时间把新世纪以来的简帛研究的基本特点、走势向各位同学做一个介绍，希望大家能够关注这个新兴的学科。

安徽师范大学美术学院　陈琳

第32讲

后现代语境下的当代艺术掠影

讲演时间　二〇一三年十月十日

一、后现代艺术现象之溯源——杜尚效应

马塞尔·杜尚，纽约达达主义的核心人物，他的出现改变了西方现代艺术的进程。第二次世界大战之后的西方艺术，主要是沿着杜尚的思想轨迹行进的。其中很有名的一个作品就是《泉》(1917)，它是一个现成品，虽然我们说的现成品通常指我们生产出来的工业用品，包括生活用具等所有你能拿到的东西。但是在这样一个环境下，现成品就变成了艺术品，只要我们用艺术的态度去对待它。

美国哲学家杜威这样评价杜尚："杜尚以后想再取得哗众取宠的效果是不可能的。"所谓哗众取宠，其实正是对杜尚不可替代作用的肯定。观念艺术家约瑟夫·科苏斯则认为："自杜尚以后，艺术就在观念的层次上存在着。”这也是对杜尚的艺术史作用的真实认定。杜尚确实是个划时代的艺术大师，他对艺术的否定力量又是肯定艺术的巨大力量，他破坏艺术的同时又为艺术打开了一扇新的大门。

杜尚效应引发了装置、行为、身体、波普、大地、捆包、事件、偶发、概念等各种各样五花八门的创造，在种种创造中，挪用现成品像酵母一样到处发酵。

二、后现代艺术

（一）后现代艺术的定义

一般认为后现代艺术应从60或80年代开始算起，尚有争论。也有人认为后现代即杜尚之后，凡是杜尚之后按照杜尚的那个线路走都是后现代艺术。

后现代主义与后工业时代关系密切，后工业时代是高度信息社会，自动化和电脑化给人类现代化生产提供新的跃进的可能。后现代主义的本质是反现代派的，风格一半是现代派，一半是别的什么（可能是恢复传统，可能是倾向大众，也有可能是本外混杂），艺术家有意识地不确定自己的身份。

（二）后现代主义的特点

延续性：它既对抗它的前身——现代主义，但又反对提出一个新的思想和秩序。

广泛性：打破国界、地区、民族、艺术种类、文化领域及艺术家与观众之间的界限，具有全球性的广泛空间。

包容性：它将自然、历史、传说、未来、抽象、具象以及人类过去和今天的所有文化因素都包容进来，呈现出前所未有的自由面目。

（三）后现代艺术的策源地：美欧并行

二战后，伴随着波普艺术在美国的大红大紫，美国成了与欧洲齐头并进的西方艺术的代表。

至于当代艺术到底是什么样的，我们可以关注西方艺术展览的两个盛会：威尼斯双年展和卡塞尔文献展。

（四）后现代艺术的创作倾向

这里先补充一个概念：装置艺术，它指的是艺术家在特定的时空环境里，将人类日常生活中已消费或未消费过的物质文化实体进行艺术性地有效选择、利用、改造、组合，以令其演绎出新的展示个体或群体所包含的丰富的精神文化意蕴的艺术形态。

尼采说“重估一切价值”，比如一个垃圾桶的价值可能远远比不上一颗钻石，但是要是把一张画有垃圾桶的艺术品展览出来，它的价值就可能更胜钻石；海德格尔也曾说“物品与艺术品”、“聆听存在的声音”；詹姆逊也认为“艺术是人工制品”，那么现成品为什么不能是艺术品呢？德里达提到过“符面、符意、符指”，“场地+材料+情感”的综合展示艺术，一个杯子在一幅作品里面，它的符面、符意、符指三个部分就脱离了，它就会有另外的解释。

1. 延续、发扬杜尚的观念艺术传统

例如博伊斯、汉斯·哈克等，他们的作品对社会问题更加保持了一种知识分子的心态，有种以艺术干预和改变社会的愿望。

（1）约瑟夫·博伊斯（Joseph Beuys，1921—1986）

他被誉为“后现代主义的欧洲美术世界中最有影响的人物”，“德意志民族的良知”。他认为“生活本身就如同一种创作性表现，世界的未来将是人类的一件艺术作品。”

他宣扬“人人都是艺术家”、“扩展艺术的概念”及“社会雕塑”的理念，希望艺术能重塑个体精神状态，在艺术观念的缔造中思考构建暖性社会的艺术目标。他的意思就是说我们每个人都应该对这个社会负有责任，我们每做一件事情都应该对社会的前进起到一定的推动作用。所以，他的作品很多都是这样的，例如他十分经典的作品《如何向死兔子解释图画》，“在博伊斯的案例中，我们不能说他有多种作品，因为他只有一件作品，那就是他的一生。”换句话说，他关注的是人类学意义上的物体和文化关系。

（2）汉斯·哈克（Hans Haacke）

政治性观念艺术家，他的作品包含着政治的意味，他还会用一些方法让我们觉得很好玩。比如说他会使用民意测验记录、数据统计等方式表达政治观，非常有社会责任感。例如《沙普尔斯基等处，曼哈顿不动产，实时社会系统，1971年5月1日》、《信息》都表现了他对文化政治的关怀。

2. 通俗而生活化的一路

（1）安迪·沃霍尔（Andy Warhol，1928—1987）

他被誉为20世纪艺术界最有名的人物之一。他有一些说法很有意思，比如“我从不阅读，我只看画面。”很多人也根据他的这句话说读图的时代到来了，他还说，“我想成为一台机器”，因为复制是当代社会一个非常大的特点，“你仔细想想看，百货商店就是一个博物馆。”

他始终抱着中性的态度创造作品，并认为艺术品是日常大众体验的复制品的观念，已经取代了传统美学定义（即艺术品是艺术家个人独特思想与情感表现的结晶），艺术家不再是天才的个人，而是文化工业中的生产者之一。

（2）基思·哈林（Keith Haring，1958—1990）

他是1980年代纽约派中最主要的领导人物，是涂鸦艺术家。他最喜欢“空心小人”，这个形象也反复出现在他的作品中。

（3）让·米歇尔·巴斯奎特（Jean-Michel Basquiat，1960—1988）

他是二战后美国涂鸦艺术家，新艺术的代表人物之一。他的涂鸦作品中包含有诗意的象征，哲学化的内涵和讽刺性的寓意。

（4）克莱斯·奥登伯格（Claes Oldenburg）

他说“艺术是快乐的东西”，“我仿制这些东西有一个教诲性的目的，因为我要人们习惯于普通物品的威力。”

3. 强调感官刺激的一路

如杰夫·昆斯、达米尔·赫斯特等，他们的艺术通常以某种惊世骇俗的面貌出现在公众面前。

（1）杰夫·昆斯（Jeff Koons）——艳俗艺术家

他有两句名言，“未来伟大的艺术家将是那些伟大的谈判者”，“让我们一开始就是商品”。

他借助经纪人、收藏家之力策划了名望和财富。经他之手，平凡化为神奇，色情变为前卫艺术。他充分认识到社会和传媒的力量而且运用自如。

（2）达米尔·赫斯特（Damien Hirst）——暴力美学代表

他的作品旨在揭示科技社会的荒谬，充满暴力与死亡的元素，例如《冰冻》《现代医学》《离散的母子》，表现生物生命的有限性。

4. 随机应变的一路

以蔡国强为代表，这一路艺术家充分利用东西方文化差异，采取以东打西的方式，没有固定的套路，因时因地而变，以万变应不变。他们深入东西方文化的对话，表现了破坏与建设的双重性。例如《草船借箭》（1999）；观念艺术计划《威尼斯收租院》；北京奥运视觉特效；上海APEC焰火设计……

5. 影像—视像方式

采用这种方式表达的对象很广泛，既可以针对社会文化问题，也可能仅仅针对极为个人化局部的一已所得，这种媒体的使用有逐步扩散的趋势。

（1）白南准（백남준 NamJune Paik）

说到影像视像，我们首先要感谢白南准，这是一位开山鼻祖一样的人物。

他是国际著名影像艺术家、世界级大师、Video艺术之父、现代艺术大师、激浪派大师、多媒体艺术家，他并非画画出身，但是他却开拓了新的领域。

（2）比尔·维奥拉（Bill Viola）

这是一位国际公认的视像装置艺术先驱、视像魔术大师，他通过录像手段研究和探索人类精神世界，梦、记忆与联想、情感世界、生与死都是他所要表现的主题。

（3）辛迪·舍曼（Cindy Sherman）

1954年出生于美国新泽西，是现代艺术和摄影领域里的大明星。她通过自扮自拍的方式完成了《历史肖像》等系列，阐述了对艺术史的见解，先后获得了包括美国国家艺术奖、古根海姆纪念奖、哈苏国际摄影大奖等在内的很多重大奖项。

（4）克里斯托和珍妮·克劳德（Chrystal，Jeanne Claude）——包裹艺术家

他们认为，艺术家有多重身份。酝酿和构思作品时，是一个幻想家；准备阶段，他是一个管家；在说服别人接受他的艺术和观念时，是一个政治家；在他将自己的设计草图印制成精美的印刷品出售的时候，是个精明的商人；在包裹实施的时候，他是一个头戴安全帽、手拿指挥旗的工程师；只有在作品最后完成时，他才像一个艺术家，面对媒体和镜头，阐释自己的艺术。

克里斯托的艺术项目“被包裹起来的德国国会大厦”（1971—1995年）：经过24年的努力争取，德国国会于1995年以292对223票通过。1995年6月24日，90个专业的登山者和120个安装工人用了14天才将包裹拆除，这个“浩大工程”会牵涉到政治、经济、法律、外交等等方面，考验的是当代艺术家如何充分调动整合社会资源的能力，如何把握艺术与社会活动的界限而使自己仍然作为艺术家留在艺术史上。

他们说，“我们的作品都有关自由，自由的敌人是拥有，因此消失要比存在更永久。”

（5）朱迪·芝加哥（Judy Chicago）——女权主义者

她是“女性主义艺术”的开山鼻祖，身兼艺术家、作家、女性主义学者、教育家、知识分子数职，代表作品有《女人之屋》《晚宴》《生育计划》《大屠杀计划》等。她创立支持女性主义艺术的非营利组织“穿越花朵”（Through the Flower）。

（6）科苏斯（Joseph Kosuth）——概念艺术家

他是美国艺术家，概念艺术的代表者。杜尚的现成品构成了从“外表”到“观念”的变化，这是概念艺术的开端。他继承杜尚的衣钵，迅速走向文字表述，这是艺术家强调观念性的极端化结果。

三、后现代艺术现象分析之行为艺术

（一）行为艺术的概念和代表人物

行为艺术也称行动艺术、身体艺术、表演艺术等，是以艺术家自己的身体为基本材料的行为过程，通过艺术家自身身体的体验来达到一种人与物、与环境的交流。行为艺术强调、注重艺术家的行为过程意义，强调观众参与，消解艺术家与观众的心理距离，强调行为过程具有平凡中的艺术深刻性特征。行为艺术旨在打破“艺术与非艺术”、“艺术与生活”的传统界线。

1. 伊夫·克莱因（Yves Klein）(1928—1962)

伊夫是20世纪后半叶对世界艺术贡献最大的四位艺术家之一，他的作品重在体现“蓝色化”、“坠入虚空”、“自动绘画”，代表作是《宇宙的产生》。

2. 大野洋子（1933年—）

她是日裔美籍音乐家、先锋艺术家约翰·列侬（John Lennon）的第二位妻子。她曾说："来吧，剪下我的衣服，随便哪里。每个人剪下的面积不要大于一张明信片，并请将这碎片送给任何一个你爱的人。"

3. 谢德庆

1978年至1986年，他实行了五个"一年行为"，并在1986年底到1999年底的13年间尝试行为艺术"尘世"（Earth）。

（1）1978年9月30日到1979年9月29日：把自己关在笼子里，不与外界交流，不阅读、书写、收听广播或看电视，由朋友照顾饮食。

（2）1980年4月11日晚上七点到1981年4月11日晚上六点：在一年中的每个小时，都将卡片插入打卡机打卡，且打完卡之后，必须马上离开装有打卡机的房间。

（3）1981年9月26日下午两点到1982年9月26日下午两点：一整年都待在户外，不得进入任何建筑、车子、地铁、火车、飞机、船、山洞、帐篷，他随身只带了一个睡袋。

（4）1983年7月4日到1984年7月4日：他与另一位行为艺术家琳达·蒙塔诺用一条八英尺长的绳子绑在一起一年，其间两人必须同时间待在同房间内，永不孤单一人，且两人不可彼此接触，每天可用录音机录下各自的生活和对话，直到一整年过完。

（5）1985年7月1日到1986年7月1日：一整年都不做艺术、不谈艺术，也不看、不读艺术，不去任何画廊和博物馆。

（6）1986年12月31日，谢德庆36岁，他宣布了13年计划，在这13年中，他会创作艺术，但是不会公开，这一次的"作品"在结束时被他称作"Earth"。2000年1月1日所制明信片的宣言则是用报章杂志的字体剪贴法，拼成I KEPT MYSELF ALIVE. I PASSED THE DEC 31, 1999.（我让我自己活着，活过了1999年12月31日。）

（二）后现代艺术的特征

简而言之就是观念性，一切都在观念的状态下去做的。在这理论背景下，美术发展形态主要有三个阶段。

1. 第一阶段——从古希腊罗马到19世纪现实主义时期

这个阶段，主要探讨艺术是如何模仿自然，艺术与它模仿对象的关系，如何表达、用什么方式、媒介才能最合适地传递出美的对象等问题。

2．第二阶段——从康德开始，经里格尔、克罗齐到格林伯格学说

在这一阶段，艺术逐步脱离模仿论的框架，其走向大致上有三种倾向：形式主义倾向、情感的表现、抽象的道路。

3．第三阶段——从杜尚的概念艺术到今天的观念艺术

随着文化领域中后现代思潮的全面覆盖，西方观念性艺术成为了艺术领域中的主流现象。1996年，科瑟斯给观念艺术下了一个并不周全的定义："观念艺术，简单地说就是将这样一种理解作为其基本教义，即艺术家通过意义进行工作而非形状、颜色或材质。"

（三）艺术的观念性在学术层面上的表现

（1）强调思想性与批判性，强调艺术的当下性；

（2）反对对象化；

（3）反对审美中心主义；

（4）崇尚智性因素（寻找到与日常语言方式有异的方式，寻找"差异性、陌生化"的处理过程）；

（5）摒弃风格（现成品的集成）；

（6）反对收藏（过程状态、反感商业烙印）。

观念性艺术创作往往会触及性别、种族、身份、个人生存状态、环境、地缘政治、文化格局等问题，当代艺术家比的是大脑、心灵感应和精深的思想。能否成功就在于是否能寻找到自己和人类交流的语境。"此刻"的艺术作品不仅要满足视网膜的功能，更要重铸文化精神、智慧和思维方式。

（四）后现代艺术中的东方基因

后现代艺术在一定程度上受到禅宗、道家思想的影响，禅的精神与后现代主义艺术在美学意义上有着交融、互渗关系。后现代主义艺术不确定性中所包含的随机性、偶发性与东方禅宗及道家思想有着内在的联系。

1．约翰·凯奇（John Milton Cage）

"机遇"（chance）音乐的代表性人物，他认为艺术和生活的界限应

该被剔除，世界本身就是一件艺术品。他将日常生活的噪音接受为音乐，并抹去艺术创作中个人控制的痕迹，其创作深受远东哲学、美学尤其是佛学禅宗和中国《易经》的影响。

《4分33秒》（首演于1952年），首次将“silence（无声）”这个概念展现在音乐舞台上，清空了节奏结构。在他看来，无声也可以成为音乐，音乐的最基本元素不是演奏，而是聆听。

《0分00秒》，通过表演者的行为——坐在椅子上打字、喝水等一系列行为来构成整部作品。他几乎完全取消了原来意义上音乐构成的基本因素——乐音，最大限度地将音乐予以泛化 。

2．徐冰

2004年，徐冰获得世界视觉艺术最大奖项——首届“Artes · Mundi国际当代艺术奖”，他做了一个和禅宗很接近的作品叫《本来无一物，何处惹尘埃》，这部作品意义非凡。

四、当代中国艺术的浮光掠影

1989年2月，《中国现代艺术展》在中国美术馆隆重举行，出现了现场孵蛋、洗脚、卖对虾、撒放避孕套等种种行为艺术，然而“枪击”事件、“恐吓信”事件导致国家美术馆两次闭馆……此次大展对艺术传统的来说是“为了告别的演出”，是以行为、装置、多媒体为主导的新“观念艺术”在中国前行的开始。

（一）中国实验艺术“四大金刚”——徐冰、谷文达、黄永砯、蔡国强

尹吉男在接受《新周刊》采访时说：“中国当代艺术不再是内部事件，以中国有名的海外‘四大金刚’为例，如黄永砯的把艺术史放在洗衣机里搅拌的‘纸浆艺术’；蔡国强的擅用火药；谷文达的‘中国简词’；徐冰《鬼打墙》的拓印和印刷，完全就能和中国的传统的四大发明对应起来。这些‘新国粹’，是传统艺术在当代的效用。他们走出去，把中国的古老文化的新的力量也带出去了。”①

1．徐冰：中国当代艺术的骄傲

1999年获得美国文化界的最高奖项麦克阿瑟“天才奖”。他的《天

① 《中国实验艺术“四大金刚”简介》，《新周刊》2011年10月1日。

书》《鬼打墙》等作品的问世，让国际当代艺术界开始关注到中国和中国的艺术。

（1）《天书》

《析世鉴——天书》（Book from the Sky，1987—1991）

整体装置由几百册大书、古代经卷式滚动条以及被放大的书页铺天盖地而成，由徐冰手工刻制四千多个活字版编排印刷，制作工序极为考究，是个无人能懂的“文字空间”。徐冰自己说：“天书就好像戴着面具，它非常漂亮地吸引你来，却又拒绝你，你想知道为什么，它又不告诉你，这里面是有荒诞性的，而我做得越认真，它的荒诞性就越强。”

（2）《新英文书法》

将英文字词以中文方块字的造字原则重新排列组合而创造出独特的“英文方块字”字体，西方观众不但能够阅读这貌似中国书法的作品，更能够亲身体验书法创作的乐趣。

（3）《地书》

这是徐冰运用几年来搜集整理出的一套“标识语言”写成的，读者不管是何种文化背景的人，只要他被卷入当代生活，就可以读懂这本书。

（4）《文化猪》、《蚕花》“动物系列”

徐冰说：“优秀的艺术家并不在于你认识了一个最伟大的主题，最深刻的内容，那是哲学家的任务，关键在于你用什么样的艺术语言来表达你认识到的这个观念，而这种艺术语言必须是非常特殊的，并且是全新的表达方式。”

“好的艺术家确实都是绝好的思想家，包括杜尚，他们对时代与艺术文化之间的关系认识得太清楚了。他们完全是思考型的人，又极富智慧，这种智慧就是可以把很多材料用最简捷的方式，‘直指人心’地表达出来，这就是他们的天才。”

2. 谷文达：让我解放的还是中国文字

1981年至1987年执教于中国美术学院，1987年移居美国纽约，创作装置艺术《碑林》、人发系列装置艺术《联合国》、行为艺术系列《文化婚礼》。

3. 蔡国强：我希望踢出自己的套路

蔡国强1957年出生于福建泉州，1981年至1985年就读于上海戏剧学院舞台美术系，1989年至1991年就读于日本国立筑波大学综合造型研究室，1995年至今在纽约居住和工作。1996年，蔡国强完成了来到美国的第一个作品，《有蘑菇云的世纪——为20世纪作的计划》，用壮美而充满悲剧色彩的蘑菇云来象征20世纪充满了矛盾的文化，以及几乎属于美国的这个20世纪。

4. 黄永砯：使用易经为展览作占卜

黄永砯1954年出生于福建厦门，1982年毕业于浙江美术学院油画系，现居巴黎。他参加了1999年第四十八届威尼斯双年展、2000年上海双年展、2002年广州三年展，其作品颇受注目，被誉为20世纪的代表艺术家之一，代表作是《中国绘画史和西方现代艺术简史在洗衣机洗两分钟》(1987年装置艺术)。

他说，“不同文化之间的交融，在我看来有两种方式：一种是我在1987年所作的《中国绘画史和西方现代艺术简史在洗衣机洗两分钟》，这种方式在现实中并不存在；另一种方式是‘以东打西，以西打东’，这是现实的。问题是我们准备选择哪个作为眼下攻击的目标?”

（二）中国特色的实验性

中国并不存在西方意义上的狭义的实验艺术、先锋派和前卫艺术，只能说是带有现代性、后现代性、后殖民性，以及亚洲新兴工业国家经验的精英艺术。

其中有一种艺术叫政治波普。这一前卫艺术形式和中国“文化大革命”中的领袖崇拜、群众革命大批判等视觉形式杂交、结合，代表人物有王广义、张晓刚等，代表作有王广义的《大批判系列》、张晓刚的《大家庭系列》。

还有一种艺术叫玩世现实主义。这是方力钧、岳敏君等一批出生于20世纪60年代的艺术家开始关注市场经济活跃后骚动的社会环境，他们对那个时代的注解是“具有小市民色彩的泼皮风格”。

（三）旅外艺术家

中国还有两个殿堂级的海外艺术家：赵无极和朱德群。20世纪中期，他们将中国的传统绘画与西方油画相结合，走出了自己的风格，并被国内外艺术界认可。

20世纪90年代，蔡国强、徐冰、张洹等成为第一批受到国外艺术界认可的中国当代艺术家。

五、陈丹青

讲陈丹青的意义在于他有特殊性，他的身上含有当代一些变化的基因，非常明显。

陈丹青1953年生，毕业于中央美术学院，1980年以《西藏组画》轰动中外艺术界，被公认为具有划时代意义的经典之作。他从美国回来之后，有人质疑他的绘画是不是江郎才尽，但是他自己说，"我不必向外界证明我是画家。"

陈丹青新身份是当代最具影响力艺术家、作家、文艺评论家、学者，并在近十年获得诸多荣誉，例如"影响中国的五十位公共知识分子"（2004年），"中国十大精英男士"（2005年），"中国收藏界十大人物"（2008年），"大时代锐仕"（2011年），"最受读者关注作家"（2011年），"浙江大学人文学院荣誉教授"（2011年），"中国理想主义者"（2013年）。

下面是他演讲的题目（部分）——

《鲁迅与死亡》（上海交通大学）

《还原美国梦里真实的纽约》（北京大学）

《异端的命运》（北京歌德学院2007）

《视觉文化语境中的美学与美术的对谈》（南京大学）

《如何成就大师》（南京师范大学艺术学院）

《文学与拯救》（北京师范大学）

《中国符号与中国文化》（中国科技大学）

《读书的困境》（云南大学）

《讯息与主见》（北京航空航天大学）

《苏俄影响与中国美术》（中央美术学院）

《谁养活了艺术家——世界艺术赞助史浅说》（北京大学）

《寻找艺术教育的原点》（西安美术馆）

《阅读与书写》（暨南大学）

《漫谈归国十年》（北京首都图书馆）

《机会与困境・兼谈毕加索》（上海世博园中国馆）

《历史还是现实?》（理想国沙龙）

《谈谈中国艺术》（北京师范大学）

他的文集（部分）——

《纽约琐记》上下集（吉林人民美术出版社）

《陈丹青音乐笔记》（上海音乐出版社）

《外国音乐在外国》（广西师范大学出版社）

《多余的素材》（山东画报出版社）

《退步集》（广西师范大学出版社）

《退步集续编》（广西师范大学出版社）

《与陈丹青交谈》（上海文艺出版社）

《笑谈大先生》（牛津大学出版社）

《荒废集》（广西师范大学出版社）

《外国音乐在外国》（广西师范大学出版社）

《跟陈丹青聊天》（湖南文艺出版社）

陈丹青的价值就在于他很好地把握了时代的脉搏，完成了一个艺术家想要完成的事情，例如表达思想、传达意愿，希望对社会起到一些作用等。他现在这样的社会身份，可能比当一个艺术家的影响力会更大，他完成了艺术家和思想家的兼容。

波伊斯说“人人都是艺术家”，所以在座各位都是艺术家。后现代的语境下，我们要思考的是什么可以被称之为艺术，又有哪些人可以被称之为艺术家。不争的事实是，随着艺术从古典到现代再到当下，后现代艺术理念对我们产生的影响是前所未有的，也是无从回避的！

中国人民大学国学院　王子今

第33讲

文化史视野中的盗墓现象

讲演时间　二〇一三年十一月二十一日

我今天报告的题目是《文化史视野中的盗墓现象》。我们中国最普遍的丧葬形式就是土葬，我们可以看到很多地方都有墓葬集，分布十分密集，唐诗中说“遍看原上累累冢，曾是城中汲汲人”（〔唐〕杜荀鹤《登城有作》），可见，古墓是标志人生结束的终止符。作为墓主安息的居所，同时也储存了他所生活时代的若干文化信息。但是，古代墓葬遭到破坏的现象时常出现，其原因主要有以下两个。

一是异常的自然灾害会使古墓遭到破坏。古代的许多诗文里都有相关记载，例如“大雨过常，旧墓下湿，崩坏者多”（《晋故中书侍郎颍川颍阴荀君墓志》）；“兵火焚诗草，江流涨墓田”（〔唐〕齐己《乱中闻郑谷吴延保下世》）；元稹《酬郑从事四年九月宴望海亭次用旧韵》诗：“嵌空古墓失文种”，注文曰：“墓在州城西山上，《图经》：湖水到山，迎棺柩入海，今所存古穴耳。”

二是正常的生产开发也会使古墓遭到破坏。相关记载如下：

“古墓犁为田，松柏摧为薪。白杨多悲风，萧萧愁杀人”（《古诗十九首》）；

“城边路，今人犁田昔人墓”（〔唐〕顾况《短歌行》）；

“民田坏冢多”（〔唐〕周贺《送康绍归建业》诗）；

“迴瞻郊郭外，古墓犁为田”（〔唐〕寒山《诗三百三首》）；

“丘坟变城郭”（〔唐〕元稹《古社》）；

“昔人墓田中，今化为里闾” （〔唐〕白居易《冀城北原作》）。

但是人们也注意到了，破坏墓葬的最通常的情况之一，是有明确目的的盗掘。

盗墓，作为历史上一种特殊的社会现象，虽然动机各有不同，但往往都联系着生界和死界，现世和往世。

古墓的盗洞，有时可以透露出前代文明之光，但盗墓者的行为更多地造成了古代文化遗存的破坏，这也是我们不能不特别注意的。鲁迅《花边文学》中，有一篇《清明时节》，其中说到历史上的“掘坟”。鲁迅说，清明时节，是扫墓的时节，关于扫墓的宣传，“或则激论沸天，或则欢声动地”。“坟有这么大关系，那么，掘坟当然是要不得的了。”鲁迅随即回顾了历史上的“掘坟”故事：

> 元朝的国师八合思巴罢，他就深信掘坟的利害。他掘开宋陵，要把人骨和猪狗骨同埋在一起，以使宋室倒楣。后来幸而给一位义士盗走了，没有达到目的，然而宋朝还是亡。曹操设了“摸金校尉”之类的职员，专门盗墓，他的儿子却做了皇帝，自己竟被谥为“武帝”，好不威风。这样看来，死人的安危，和生人的祸福，又仿佛没有关系似的。
>
> 相传曹操怕死后被人掘坟，造了七十二疑冢，令人无从下手。于是后之诗人曰：“遍掘七十二疑冢，必有一冢葬君尸。”于是后之论者又曰：“阿瞒老奸巨猾，安知其尸实不在此七十二冢之内乎。”真是没有法子想。
>
> 阿瞒虽是老奸巨猾，我想，疑冢之流倒未必安排的，不过古来的冢墓，却大抵被发掘者居多，冢中人的主名，的确者也很少，洛阳邙山，清末掘墓者极多，虽在名公世卿的墓中，所得也大抵是一块志石和凌乱的陶器，大约并非原没有贵重的殉葬品，乃是早经有人掘过，拿走了，什么时候呢，无从知道。总之是葬

后以至清末的偷掘那一天之间罢。

至于墓中究竟是什么人，非掘后往往不知道。即使有相传的主名的，也大抵靠不住。中国人一向喜欢造些和大人物相关的名胜，石门有“子路止宿处”，泰山上有“孔子小天下处”；一个小山洞，是埋着大禹，几堆大土堆，便葬着文武和周公。

如果扫墓的确可以救国，那么，扫就要扫得真确，要扫文武周公的陵，不要扫着别人的土包子，还得查考自己是否周朝的子孙。于是乎要有考古的工作，就是掘开坟来，看看有无葬着文王武王周公旦的证据……①

一、盗墓行为的源流

山东泗水尹家城新石器时代龙山文化遗址发掘的65座墓葬中，有5座较大的墓葬破坏比较严重，人骨和随葬品被扰乱，大部分骨骼和部分随葬品被取走或扬于墓上的扰乱坑内。

泗水尹家城遗址发掘报告的执笔者指出，这些被扰乱的墓葬，“大多是从墓室正中或棺椁的两端有目的下挖，直至棺室，此类墓葬内的人骨所剩甚少，究其性质有二：一是属于迁出葬，拣走了人骨的主要部分；一是应属掘墓扬尸的性质，当与战争有关。”

此外，墓葬中随葬品数量增加所反映的私有财产的出现与私有制的发生，被看作文明进程起始的重要标志之一。古来有“事死如事生”、“事亡如事存”的说法。于是，财产的占有，有时并不因生死的界隔而发生根本变化。马克思《摩尔根〈古代社会〉一书摘要》中提到，生前认为最珍贵的物品，都与已死的占有者一起殉葬到坟墓中，以便他在幽冥中能继续使用。在人们的意识中，当财富成为生世炫耀的光荣的同时，似乎也可以成为死后生活的保障。而在宗法制度下，政治权力及社会权力的继承者要明确正统身份，维护正统地位，丧葬礼仪也是表明“尊尊”“亲亲”之关系的重要形式。于是，传统社会的道德秩序，规定了“厚葬”的合理性。

商王陵墓区中的墓葬多经历代盗掘。王陵的浩大规模以及零星精美随葬品的发现，使我们可以推知当时葬事的豪华。殷墟妇好墓，是甲骨文发现100年来，殷墟考古发掘70年来，所发现的唯一一座尚未

①鲁迅：《鲁迅全集》第5卷，人民文学出版社2005年版，第483—484页。

经历盗掘的王室贵族墓。

墓中出土器物共1928件，其中青铜器468件，种类器形齐全，几乎包括了以往殷墟出土铜器的所有品种，制作精致，纹饰华美，造型凝重。随葬玉器755件，工艺水平极高。又有绿晶、绿松石、孔雀石和玛瑙珠47件，水晶制品2件。珍贵的象牙雕刻品等，也显示出当时上层社会生活的奢贵。妇好虽然是王室贵族，但是与商王还是有地位尊卑高下的差异。通过妇好墓的考古发现，可以推知殷商帝国最高权力者商王的墓葬，随葬品一定会更为豪奢富丽。

在周人专政的年代，礼制对于丧葬的规定细致而严格。不同阶层死者的丧仪、墓穴、葬具以及随葬品的规格，都有明确的制度。按照周时正统礼制的规定，死者生前的地位越高，则丧仪越隆重，棺椁越华美，随葬越丰厚。从已经发掘的西周贵族的墓葬出土情况看，事实与礼书记载的贵族列鼎而食的制度大体相合。

春秋时期，“礼坏乐崩”，厚葬之风兴起。

《韩非子·内储说上七术》：“齐国好厚葬，布帛尽于衣衾，材木尽于棺椁。桓公患之，以告管仲曰：‘布帛尽则无以为蔽，材木尽则无以为守备，而人厚葬之不休，禁之奈何？’管仲对曰：‘凡人之有为也，非名之，则利之也。’于是乃下令曰：‘棺椁过度者戮其尸，罪夫当丧者。’夫戮死，无名；罪当丧者，无利：人何故为之也。”

齐桓公虽然有反对厚葬、禁止厚葬的言论，但是有关齐桓公墓的历史遗存，却证明他本人实际上也可以称得上是厚葬的典型。

齐桓公墓在西晋永嘉末年被盗掘。据《括地志》记载：“齐桓公墓在临菑县南”，“晋永嘉末，人发之，初得版，次得水银池，有气不得入，经数日，乃牵犬入中，得金蚕数十薄，珠襦、玉匣、缯彩、军器不可胜数。又以人殉葬，骸骨狼藉也。”

《吕氏春秋》里讲到了，战国晚期的盗墓行为，国家执法部门已用严威重罪来禁止盗墓行为，但因为当时厚葬已经成为风气，陪葬品的诱惑力太大，不能使盗墓者有所收敛。“国弥大，家弥富，葬弥厚。含珠鳞施，夫玩好货宝，钟鼎壶滥，轝马衣被戈剑，不可胜其数。诸养生之具，无不从者。题凑之室，棺椁数袭，积石积炭，以环其外。奸人闻之，传以相告。上虽以严威重罪禁之，犹不可止。且死者弥久，生者弥疏；生者弥疏，则守者弥怠；守者弥怠，而葬器如故，其势固不安矣”。

《孔子家语·曲礼子夏问》：“季平子卒，将以君之玙璠敛，赠以珠玉。孔子初为中都宰，闻之，历级而救焉。曰：‘送而以宝玉，是犹曝尸于中原也。其示民以奸利之端，而有害于死者，安用之？且孝子不顺情以危亲，忠臣不兆奸以陷君。’乃止。”

战国时期的思想家的论著里面很多内容都涉及对盗墓行为的谴责，同时也指出了厚葬是导致盗墓的最主要的缘由。

《庄子·外物》一书中说到庄子和儒学学者论战，他批评儒学的学者也从事盗墓这样的活动：儒以《诗》、《礼》发冢，大儒胪传曰：“东方作矣，事之何若？”小儒曰：“未解裙襦，口中有珠。”“《诗》固有之曰：‘青青之麦，生于陵陂。生不布施，死何含珠为？’接其鬓，压其顪，儒以金椎控其颐，徐别其颊，无伤口中珠。”

《汉书·刘向传》里面也说道：“逮至吴王阖闾，违礼厚葬，十有余年，越人发之。及秦惠文、武、昭、严襄五王，皆大作丘陇，多其瘗葬，咸尽发掘暴露。”

墓主被推定为秦景公的秦公1号大墓，是迄今所发现的先秦时期规模最大的墓葬，也是我国迄今为止应用科学考古方法发掘的最大的墓葬。

从墓葬形制、随葬品规格数量以及殉葬人数等现象看，秦公1号大墓是“厚葬”的典型。可能正因为如此，秦公1号大墓曾经多次严重盗掘。

发掘工作开始时，一揭开墓上耕土层，即发现盗洞247个。发掘至墓壁第3层台阶平面，仍有60多个盗洞。发掘到椁室时，仍然有10数个盗洞。盗洞的年代，据推断，自汉代一直延续至唐、宋时代。秦公1号大墓，是迄今所知发现盗洞最多的1座墓葬。

《史记·货殖列传》中的相关记载如下——

“中山地薄人众，犹有沙丘纣淫地余民，民俗懁急，仰机利而食。丈夫相聚游戏，悲歌忼慨，起则相随椎剽，休则掘冢作巧奸冶，多美物，为倡优。”

“故壮士在军，攻城先登，陷阵却敌，斩将搴旗，前蒙矢石，不避汤火之难者，为重赏使也。其在闾巷少年，攻剽椎埋，劫人作奸，掘冢铸币，任侠并兼，借交报仇，篡逐幽隐，不避法禁，走死地如骛者，其实皆为财用耳。”

“田农，掘业，而秦扬以盖一州。掘冢，奸事也，而田叔以起。博戏，恶业也，而桓发用富。行贾，丈夫贱行也，而雍乐成以饶。贩脂，辱处也，而雍伯千金。卖浆，小业也，而张氏千万。洒削，薄技也，而郅氏鼎食。胃脯，简微耳，浊氏连骑。马医，浅方，张里击锺。此皆诚壹之所致。”

司马迁举例时，将“掘冢”列于仅次于“田农”的位次，是耐人寻味的。这至少可以反映，当时“掘冢”行为是相当常见的营生方式。

《史记·游侠列传》：“郭解，轵人也，字翁伯，善相人者许负外孙也。解父以任侠，孝文时诛死。（郭）解为人短小精悍，不饮酒。少时阴贼，慨不快意，身所杀甚众。以躯借交报仇，藏命作奸剽攻，休乃铸钱掘冢，固不可胜数。”

《汉书·王莽传下》：“赤眉遂烧长安宫室市里，害更始。民饥饿相食，死者数十万，长安为虚，城中无人行。宗庙园陵皆发掘，唯霸陵、杜陵完。”

《后汉书·刘盆子传》：“遂入安定、北地。至阳城、番须中，逢大雪，坑谷皆满，士多冻死，乃复还，发掘诸陵，取其宝货，遂污辱吕后尸。凡贼所发，有玉匣殓者率皆如生，故赤眉得多行婬秽。”

《三国志·魏书·董卓传》：“初平元年二月，乃徙天子都长安。焚烧洛阳宫室，悉发掘陵墓，取宝物。”

《后汉书·董卓传》：“（董）卓自屯留毕圭苑中，悉烧宫庙官府居家，二百里内无复孑遗。又使吕布发诸帝陵，及公卿已下冢墓，收其珍宝。”

《三国志·魏书·后妃传》载文德郭皇后语，也说道：“自丧乱以来，坟墓无不发掘”。

《太平御览》卷三五引《典略》记载：“从兴平元年至建安二年，其间四岁中，咸阳萧条。后贼李堪等始将部曲入长安，居（董）卓故坞中，拔取酸枣藜藿以给食，发冢取衣盖形。”

根据曹操政敌的指责，这位汉末崛起的军阀，也曾经组织军队从事对陵墓的发掘。《文选》卷四四《为袁绍檄豫州》是袁绍举军进攻曹操时发布的檄州郡文。其中说到曹操发掘梁孝王陵墓事：“又梁孝王，先帝母昆，坟陵尊显，桑梓松柏，犹宜恭肃，而（曹）操帅将吏士，亲临发掘，破棺裸尸，略取金宝，至令圣朝流涕，士民伤怀。”

曹操军事集团的盗掘行为，并不仅仅限于发掘这一座陵墓，许多平民墓葬也受到破坏。据说曹操甚至在军中专门设立了指挥盗掘陵墓的官职："又特置发丘中郎将、摸金校尉，所过隳突，无骸不露。"

《三国志·魏书·诸葛诞传》："黄初末，吴人发长沙王吴芮冢，以其塼于临湘为孙坚立庙。（吴）芮容貌如生，衣服不朽。"

《太平御览》卷五五八引《抱朴子》："吴景帝时，于江陵掘冢取板治城。后发一大冢，内有重閤石扉，皆枢转开闭。四周徼道通事具，高可乘马。又铸铜为人数十枚，长五尺，皆大冠衣，执剑列侍灵坐。皆刻铜人。背后石壁，言'殿中将军'，或言'侍郎'，似公主冢也。破其棺，棺中有人，鬓已斑白，鲜明面体如生人，棺中有白玉璧三十枚藉尸，兵人举出死人以倚冢壁，一玉长一尺，形似冬瓜，从死人怀中出，堕地。两耳中及鼻中，有黄金如枣。此皆骨骸有假物而不朽之效也。"

《艺文类聚》卷四〇引《从征记》："刘表冢在高平郡。（刘）表之子（刘）琮擣四方珍香数十斛，著棺中。苏合消疾之香，莫不毕备。永嘉中，郡人发其墓，（刘）表白如生，香闻数十里。"

《水经注》卷二八《沔水》："（襄阳）城东门外二百步刘表墓，太康中为人所发见，（刘）表夫妻其尸俨然，颜色不异，犹如平生。墓中香气远闻三四里中，经月不息。今坟冢及祠堂犹高显整顿。"

韩愈的《题广昌馆》："白水龙飞已几春，偶逢遗迹问耕人。丘坟发掘当官路，何处南阳有近亲。"

唐代宗大历二年（767）十二月，郭子仪父亲的墓葬被盗掘。

在御前说到此事时，郭子仪承认自己所统领的军队也多有破坏陵墓的行为："臣久主兵，不能禁暴，军士残人之墓，固亦多矣。"

唐德宗兴元元年（784）诏书，有指责"朱泚反易天常，盗窃名器，暴犯陵寝"的文句，涉及军阀集团盗掘帝陵的事实。

《资治通鉴》有唐昭宗天复二年（902）"盗发简陵"的记载。简陵，是唐懿宗陵，唐懿宗于乾符元年（874）二月甲子日入葬，昭宗是懿宗第7子。也就是说，唐昭宗李晔的父亲唐懿宗李漼的陵墓，在入葬28年之际即被盗掘。唐昭宗在位时，竟然无力保护自己父亲的陵墓。

《新五代史·杂传·温韬》："（温）韬在镇七年，唐诸陵在其境内者，悉发掘之，取其所藏金宝。""而昭陵最固，（温）韬从埏道下，见宫室制度闳丽，不异人间。中为正寝，东西廂列石床，床上石函中为铁匣，悉藏前世图书。钟、王纸墨，笔迹如新。（温）韬悉取之，遂传民间。”“惟乾陵，风雨不可发。”

《通典》卷八六《丧制四》：“闻乾陵玄宫，其门以石闭塞。其石缝铸铁，以固其中。今若开陵，其门必须镌凿。”

《大金国志》卷三一《齐国刘豫录》：“西京兵士卖玉注椀与三路都统，（刘）豫疑非民间物，勘鞫之，知得于山陵中，遂以刘从善为河南淘沙官，发山陵及金人发不尽棺中水银等物。以谷俊为汴京淘沙官，发民间埋窖及无主坟墓中物。”

我们刚开始介绍过，鲁迅也曾经对这个历史事实有所揭露，另外到近代我们都熟悉的一个情形就是清东陵的盗掘，孙殿英这个军阀公开地用工兵部队来盗掘清帝陵。1928年6月，奉系军阀集团28军岳兆麟部收编的土匪马福田团占据马兰峪，有意盗掘东陵宝物。驻扎在距东陵约10公里处马伸桥，亦早有盗掘东陵之心的军阀孙殿英于是以剿匪为名，于7月2日晚令属下第8师师长谭温江率领一个团进击马兰峪，迫使马福田西逃。谭温江部于是直奔东陵。韩大保旅亦进驻陵区。次日，在孙殿英的直接指挥下，官兵谎称进行军事演习，驱逐守陵人员，切断交通道路。又于深夜用炸药炸开裕陵与定东陵墓门，官兵蜂拥而入，破棺掠尸，将能够抢夺的珍宝洗劫一空。

文强先生曾经回忆1943年3月在太行山区与孙殿英共事时，听到孙殿英述说当年盗掘东陵的情形。他承认乾隆皇帝和慈禧太后的墓，确是用炸药硼开的。他回忆道：

> 乾隆的墓修得堂皇极了，棺材里的尸体已化了，只留下头发和辫子。陪葬的宝物不少，最宝贵的是颈项上的一串朝珠，有一百〇八颗，听说是代表十八罗汉，都是无价之宝。其中最大的两颗朱红的，我在天津与雨农见面时送给他作了见面礼。
>
> 还有一柄九龙宝剑，有九条金龙嵌在剑面上，剑柄上嵌了宝石。我托雨农代我赠给委员长或何部长，究竟雨农怎样处理的，由于怕硼皇陵案重发，不敢声张。慈禧太后的墓硼开后，墓堂不及乾隆的大，但陪葬的宝物就多得记不清楚。从头到脚，一身穿挂都是宝石，量一量大约有五升之多。
>
> 慈禧的枕头是一只翡翠西瓜，托雨农代我赠给宋子文院长了。她口里含的一颗夜明珠，分开是两块，合拢是一个圆球，分开透明无光，合拢呢，透出一道绿色的寒光，夜间在百步之内可

照见头发。听说这件宝贝可使尸体不化，难怪慈禧的棺材劈开后，老佛爷好像在睡觉一样，只是见了风，脸上才发黑，衣服也有些上不得手。

我将这件宝贝夜明珠托雨农代我献给了蒋夫人。宋氏兄妹收到我的宝物之后，引起了孔祥熙部长夫妇的眼红，接到雨农的电告后，我选了两串朝鞋上的宝石送去，才算了事。那把九龙宝剑，究竟赠给了委员长还是何部长，到于今还不明白，有便请代我打听，但也不必当面去问雨农，不然，会显得我太小气了，千万千万，拜托拜托。①

商承祚《长沙发掘小记》回忆1941年往长沙时所见“盗墓之风，甚为嚣张”的印象：曾至长沙东门外杜家山、董家坟、穿眼塘、王家崙等处巡视，见已掘古墓，穴孔相属，满目疮痍，令人惊心，始讶其多而盗者之众也，而商估闻风麇集，见盗掘之物，则高价收估，致使盗墓加剧，土夫横行，物价腾踊，民生凋敝。当政者或狼贪鼠窃，或养痈遗患，古物被危，罪应加等。

1935年12月14日的《中央日报》记载：洛阳为历代故都，名胜古迹，遍地皆是，尤以帝王陵寝，先贤丘墓，丰碑高冢，远近相望，俗语云：“洛阳邙岭无卧牛之地。”其陵墓之多，可以想见，惟是大小陵寝，皆是先民遗迹，历史上之价值，何等伟大。乃近有不逞之徒，专以盗墓为事，昏夜聚集，列炬持械，任意发掘，冀获微利，不惟残及白骨，抑且影响治安。近更变本加厉，益肆披猖，入土新柩，亦遭盗发，抛露棺椁，残毁尸骸，倘系贫户茔葬，白骨尸身，辄扬晒墓外，以泄盗掘者徒劳无获之恨……

二、盗墓技术的历史记录

盗墓技术千百年来很多方式都是一脉相承的，有些方式是一直继承下来的。

《吕氏春秋》里面就讲了，战国时期的盗墓行为就是看到一个大的陵墓，推想到下面一定有非常丰富的随葬品，于是就在旁边盖一个房子，每天晚上从地下往里面掏一个洞，日夜不休，必得所利。“视名丘

①文强口述、刘延民撰写：《文强口述自传》，中国社会科学出版社2003年版，第188—189页。

大墓葬之厚者，求舍便居，以微抇之，日夜不休，必得所利，相与分之。”

这个情形在清代毕沅《吕氏春秋新校正》中这样解释，“有人自关中来，为言奸人掘墓，率于古贵人冢旁相距数百步外为屋以居，人即于屋中穿地道以达于葬所，故从其外观之，未见有发掘之形也，而藏已空矣。噫！孰知今人之巧，古已先有为之者。小人之求利，无所不至，初无古今之异也”。

宋代魏泰《东轩笔录》卷七也有记载：“寿州张侍中、抚州晏丞相，俱葬阳翟。地相去数里。有发冢盗，先筑室于二冢之间，自其家窾穴以通其隧道。”

清代纪昀《阅微草堂笔记》卷九《如是我闻三》：“康熙中，有群盗觊觎玉鱼之藏，乃种瓜墓旁，阴于团焦中穿地道。”

《清稗类钞》大家应该听过，清代笔记用起来很方便，里面的条目分类很清楚，其中在盗墓这块说到一个叫“焦四”的人，《清稗类钞·盗贼类》“焦四以盗墓致富”条：

广州剧盗焦四，驻防也，常于白云山旁近，以盗墓为业。其徒数十人，有听雨、听风、听雷、观草色、泥痕等术，百不一失。

一日，出北郊，时方卓午，雷电交作，焦嘱众人分投四方以察之，谓虽疾雷电，暴风雨，不得稍却，有所闻见，默记以告。焦乃屹立于岭巅雷雨之中。少顷，雨霁，东方一人归，谓大雷时，隐隐觉脚下浮动，似闻地下有声相应者。焦喜曰：“得之矣。”

翌晨，焦召集其徒，建篷厂于其地，日夜兴工，力掘之。每深一尺，必细辨其土质。及掘至丈余，陡闻崩裂声，白烟一缕，自穴口喷出，约炊许而尽。

焦乃选有胆勇者数人，使手炬，坐竹筐，悬长绳以下。谓若有不虞，当振铃为号，以待救援。

约尽五丈余绳，筐顿止。逾时，有铃声，引下穴诸人以上，述所见。

或谓穴底有数大殿，或谓中藏十余柩，或谓正中一棺面列铜人，高可数尺。焦悉颔之。

入夜，焦乃选十余人，令持炬下穴，则见穴有三殿：中殿金棺，列铜人数具，貌狰狞；前为飨殿，鼎彝具备；后殿残破，有柩十数，盖当时殉葬人也。

及启棺，则见尸之长鬣绕颊，骨肉如石，叩之有声，中实金珠无算。其卧处，铺金箔盈尺，卷叠如席。

亟将各物取归，渐货之，遂以致富。①

唐人李商隐《杂纂》卷上说到“恶行户”，其中第二种就是“世代劫墓”，可知职业盗墓者的行为和技术，往往世代相承。

商承祚《长沙古物闻见记·续记》中提到，“木冢，土人分为两种，曰水洞、火洞。火洞则入葬及今仍保持原状，启之有火，殉物取出仅微润；然此种墓千百难值其一也。遇火洞，不能见明火，否则一引即燃烧，启时见青气外泄有声、发火，即此气。曩日土人或被烧伤，日久始得此经验。”

吴铭生《长沙“土夫子”》中说，盗墓者“根据古墓的封土和墓坑的回填土的成色、夯层、含水湿度来判断”其位置和年代，随后“在古墓适当的部位开成竖井式的盗洞，为了节省工时，盗洞长宽大小以容纳两个畚箕为限”。盗洞笔直向下，“当挖到一人高的深度，就在盗洞的两壁挖成两个马蹄形的足穴来踏足，双手将洞内装土的畚箕举上来”，再向下挖时，就采用搭人梯的方式。当接近棺椁部位时，就由有经验的“师傅”亲自探索，如果棺椁保存尚完好，“就用斧子砍，凿子凿，爬进棺室去摸文物”。如果棺椁已经腐坏，“师傅就用竹签子在泥土中去仔细探查，就是很小的印章也能找到”。

“据说有个别师傅下洞子取‘货’时，贪财忘义，见到值钱的小玉器，偷偷地埋在地里，等洞子清完之后，又下洞去取。有时见到零碎金箔（漆器上镶嵌的金箔），就冒着生命危险吞进肚里，第二天又从自己的大便里找出。”②

陕西省文管会整理的《唐永泰公主墓发掘简报》中说，发现早期盗洞情况：盗洞是从第六、第五天井之东壁开凿下来的，范围颇大，在距券顶上部东南（即第六天井内）50厘米的地方，发现一付直立人骨架，骨架之北有一铁斧，人头骨在甬道的淤土中，其位置恰和甬道券顶盗洞口上下相对。于头骨之北1.19米处有金、玉、鎏金饰品。在第六天井内接甬道的砖券顶部东、西、南三壁有盗墓人挖的掘痕。

商承祚先生《长沙古物闻见记·续记》一书中附录《金陵大学中国文化研究所长沙古器物展览目录》的分析，里面说长沙有经验的盗

①徐珂编撰：《清稗类钞》第11册，中华书局2010年版。

②吴铭生：《长沙“土夫子”》，《文物天地》1998年第5期，第43页。

墓者“因日久之经验，辨土色与山地即知其下之所有”[①]，能够通过对土色的辨别和地形的考察，推定地下的埋藏情形。

明代万历年间，历史地理学者王士性在他的《广志绎》一书中有这样的说法，“洛阳水土深厚，葬者至四五丈而不及泉。”说洛阳地方土层深厚，地下水位较低，墓室到四五丈的深度还不会渗出地下水。然而埋葬虽然如此之深，盗墓者仍然能够以特殊的技术，探知地下的宝物，“以铁锥入而嗅之，有金、银、铜、铁之气则发”。

这种“能以铁锥入而嗅之”的技术，体现了“盗者”探测“葬者”时特殊工具的使用。我们现在已经不能明确知晓明代盗墓者这种“能以铁锥入而嗅之”的技术的具体形式。现今我们能够看到的或许与“铁锥”类似的盗墓工具，则是著名的“洛阳铲”。

“洛阳铲”原本是旧时洛阳盗墓者所创制使用，因此得名。盗墓者利用这种制作简单、携带方便、可以探知较深地层的工具，能够经济便捷地发现墓葬的准确位置，甚至能够大略了解随葬器物的埋藏情况。据许自然《中国黄土地区历代墓葬及考古基建钻探》一书中的分析，“洛阳铲最初出现于洛阳地区的这种探察古代墓葬的工具，曾经有长条铣、瓦形铣、连箍铲等多种形制。”[②]

宋代学者洪迈的《夷坚志》乙卷九“徐千三官人”条记录了一个和“钻”有关的神异故事。湖州城北徐朝奉之子称徐千三官人，每遇附近“有妖鬼作祟”，危害乡人者，辄无偿“为人治拯”，据说总是“灵验绝异”。淳熙年间，市民张翁的女儿遭妖物附身，“讪骂极口，无术可制”。这位“徐千三官人”以方术察知作祟者是“铁钻精”，于是让张翁在住所“掘土”，果然“掘得一钻”，于是炽火焚之，又用醋浇激，终于制服妖鬼，女儿遂得痊愈。

陕西省考古研究院院长焦南峰教授曾经告诉我们，陕西考古工作者使用“洛阳铲”钻探深度的最高纪录，已经达63米。

当然，钻探较深地层的时候，如果提系的绳索中断，“洛阳铲”就会遗落在钻孔之中。这种情形，会使人联想到《夷坚志》“徐千三官人”故事中“掘土”“掘得一钻”的情节。

①商承祚：《长沙古物闻见记·续记》，中华书局1996年版，第4—5页。

②许自然：《中国黄土地区历代墓葬及考古基建钻探》，地质出版社1988年版，第191页。

三、发墓动机的心理分析

（一）物利

破坏墓葬的动机，就我分析大致有三种情形，首先来说说第一种，就是物利，即取得墓葬里面高价值的随葬品。

晋代皇甫谧《笃终》："丰财厚葬以启奸心，或剖破棺椁，或牵曳形骸，或剥臂捋金环，或扪肠求珠玉。"

《晋书·石季龙载记下》："（石）勒及（石）季龙并贪而无礼，既王有十州之地，金帛珠玉及外国珍奇异货不可胜纪，而犹以为不足，曩代帝王及先贤陵墓靡不发掘，而取其宝货焉。"

《宋史·哲宗纪一》记载，宋哲宗元祐七年（1092）春正月，"乙巳，张诚一以穿父墓取犀带，责授左武卫将军，提举亳州明道宫"。

《宋史·奸臣列传四·贾似道》："（贾似道）酷嗜宝玩，建多宝阁，日一登玩。闻余玠有玉带，求之，已徇葬矣，发其冢取之。"

吴有如《点石斋画报》有"群贼盗骨"的故事，"松郡西门外白龙潭后，地本幽僻，白杨衰草间，不知多少贤愚长眠于此，而无力之家，且有以浮厝为牛眠吉地者。六月中旬夜，有匪徒将棺木撬开七八具，盗窃枯骨，有谓以之为闷香，有谓以之合药饵。事虽出于拟议，然非专盗衣饰可比矣"。

凡此种种记载皆能说明盗墓者在物利的驱使下挖掘墓葬，夺取里面的财产。

（二）怨仇

第二个心理动机就是怨仇，发掘仇人的墓葬，破坏他的尸骨来发泄自己的仇恨。这种在《左传》里面就可以看到很多起。

《左传·文公十八年》："齐懿公之为公子也，与邴歜之父争田，弗胜。及即位，乃掘而刖之。"

《左传·哀公二十六年》："夏五月，叔孙舒帅师会越皋如、后庸、宋乐茷，纳卫侯。……师侵外州，大获。出御之，大败。掘褚师定子之墓，焚之于平庄之上。"

《史记·伍子胥列传》："及吴兵入郢，伍子胥求昭王。既不得，乃掘楚平王墓，出其尸，鞭之三百，然后已。申包胥亡于山中，使人谓子胥曰：'子之报雠，其以甚乎！吾闻之，人众者胜天，天定亦能破人。今子故平王之臣，亲北面而事之，今至于僇死人，此岂其无天道之极乎！"伍子胥曰："为我谢申包胥曰，吾日莫途远，吾故倒行而逆施之。'于是申包胥走秦告急，求救于秦。"

汉平帝元始五年，王莽又认为傅太后、丁太后陵墓不合制度，建议发掘其冢墓，改葬以应礼。

《汉书·五行志下之上》记载："谒者护既发傅太后冢，崩压杀数百人。开丁姬椁户，火出炎四五丈，吏卒以水沃灭乃得入，烧燔椁中器物。""既开傅太后棺，臭闻数里。公卿在位皆阿（王）莽指，入钱帛，遣子弟及诸生四夷，凡十余万人，操持作具，助将作掘平共王母、丁姬故冢，二旬间皆平。"

《汉书·王莽传下》记载："更始将军史谌将度渭桥，皆散走。（史）谌空还。众兵发掘（王）莽妻子父祖冢，烧其棺椁及九庙、明堂、辟雍，火照城中。"

董卓专政，曾经发掘车骑将军何苗的墓葬以发泄政治仇恨。

《三国志》卷六《魏书·董卓传》裴松之注引《英雄记》："（董卓）发何苗棺，出其尸，枝解节弃于道边。"

十六国时期前燕烈祖景昭帝慕容俊发后赵太祖武帝石虎墓的情形，也具有典型意义。

《晋书·慕容俊载记》："（慕容）俊夜梦石季龙啮其骨，寤而恶之，命发其墓，剖棺出尸，蹋而骂之曰：'死胡安敢梦生天子！'遣其御史中尉阳约数其残酷之罪，鞭之，弃于漳水。"

武则天专政时，徐敬业起兵反，武则天下令追削其祖、父官爵，"剖坟斫棺"，以为惩罚。

《旧唐书·李勣传》还记载，唐中宗诏书，也有"故司空（李）勣，往因（徐）敬业，毁废坟茔"语。

（三）象征

破坏墓葬的动机还有一个，那就是出于一种神秘主义意识，出于一种文化象征的这种理念。这里也有一些具体的情节，我们今天还不能完全予以说明和理解。我给大家介绍一些，我们一起来思考。

我们都知道风水，风水是古人的意识里面的东西。在秦汉时期，有一种官职就叫做望气者。传说荆州有王气，于是孙皓就迁都到武昌，把荆州地界里面的一些名人的墓葬破坏掉了，以压王气。

《三国志·吴书·三嗣主传·孙皓》裴松之注引《汉晋春秋》："初望气者云荆州有王气破扬州而建业宫不利，故（孙）皓徙武昌，遣使者发民掘荆州界大臣名家冢与山冈连者以厌之。"

蒙元帝国的当权者破坏南宋帝陵也是同样的心理，有如下记载——

元代陶宗仪《南村辍耕录》卷四"发宋帝陵"条："岁戊寅，有总江南浮屠者杨琏真珈，怙恩横肆，势焰烁人，穷骄极淫，不可具状。十二月十有二日，帅徒役顿萧山，发赵氏诸陵寝，至断残肢体，攫珠襦玉柙，焚其胔，弃骨草莽间。总浮屠下令裒陵骨，杂置牛马枯骼中，筑一塔压之，名曰'镇南'。"

但是我们注意到文化人类学大师弗雷泽《金枝：巫术与宗教之研究》这本书里就说道，很多民族都有这种相同的风气，"有时，求雨巫术是用死尸来进行的。比如，在新喀里多尼亚，求雨者把自己全身涂黑，挖出一具尸体，把它的骨头带到一个洞穴里，再按人体形状连接起来，然后把骨架悬挂在一些芋叶上，用水浇洒骨架，让水流到叶子上。他们相信死者的灵魂将会把这些水取走并转化为雨水再次淋湿它。"①

在俄罗斯不久以前还有这类巫术：有些地区的农民一旦陷入旱灾的痛苦之中，便常去挖出喝酒醉死的人的尸体，把它沉入最近的沼泽或湖水之中，他们完全相信这将保证甘雨降临。

这些是怎样的一种心理，大家可以思考一下，我是怎么也想不通了。

他还说道："1868年，因长期干旱，出现了欠收预兆，塔拉申斯克乡的一个村子的居民挖出一具死尸……人群中一些人一面鞭打那具尸体或尸体残剩部分，一面在它的头部附近高喊'给我们雨水'……"

在奥里诺科流域的一些印第安人部落中，死者的亲属经常在一年之后把他的骨头挖出来烧化，并把骨灰撒向空中。因为他们相信死者将把骨灰化为雨水作为他对葬礼的回报。

明代杨循吉《蓬轩别记》记载："河南、山东愚民，遭亢旱，辄指

①[英]詹姆斯·乔治·弗雷泽：《金枝：巫术与宗教之研究》，徐育新、汪培基、张泽石译，大众文艺出版社1998年版，第107页。

新葬尸骸为旱魃，必聚众发掘，磔烂以祷，名曰‘打旱骨桩’。沿习已久。奸诈往往藉以报私仇，孝子慈孙莫能御。以禳旱为名，愚民相煽而起，蚁集瓦合，固难禁也。”

《大清律例》中说：“凡指称旱魃刨坟毁尸，为首者，照发冢开棺见尸律拟绞监候。如讯明实无嫌隙，秋审入缓决。若审有挟仇泄忿情事，秋审入于情实。为从帮同刨毁者，改发近边充军。年在五十以上仍发附近充军。其仅止同行并未动手者，杖一百，徒三年。”

四、盗墓的法律制裁与舆论谴责

我们之前讲过《吕氏春秋·节丧》里的话，“奸人闻之，传以相告。上虽以严威重罪禁之，犹不可止”，这个盗墓行为告诉我们战国时期的行政机关就有严威重罪禁之。

《淮南子·氾论》里面也说道：“今人所以犯囹圄之罪，而陷于刑戮之患者，由嗜欲无厌，不循度量之故也。何以知其然？天下县官法曰：“发墓者诛，窃盗者刑。”此执政之所司也。夫法令者网其奸邪，勒率随其踪迹，无愚夫惷妇，皆知为奸之无脱也，犯禁之不得免也。然而不材子不胜其欲，蒙死亡之罪，而被刑戮之羞。然而立秋之后，司寇之徒继踵于门，而死市之人血流于路。何则？惑于财利之得，而蔽于死亡之患也。”

《晋书·刘曜载记》：“上洛男子张卢死二十七日，有盗发其冢者，（张）卢得苏。”

同一事又见于《太平御览》卷五五九引《汉赵记》：“上洛男子张卢死二十七日，人有盗发其冢者，（张）卢得苏，起且问盗人姓名。郡县以虽元意奸轨，（张）卢复由之而生，不能决。豫州牧呼延谟以闻，诏曰：‘以其意恶功善，论笞三百，不齿终身。’”

《魏书·高宗纪》记载：“北魏文成帝拓跋濬太安四年（458）冬十月，北巡，至阴山，有故冢毁废，诏曰：‘昔姬文葬枯骨，天下归仁。自今有穿毁坟陇者斩之。’”

《唐律疏议》卷一九：“诸发冢者，加役流；发彻即坐。招魂而葬，亦是。已开棺椁者，绞；发而未彻者，徒三年。其冢先穿及未殡，而盗尸柩者，徒二年半；盗衣服者，减一等；器物、砖、版者，以凡盗论。”

《旧唐书·懿宗纪》，咸通十四年（873）四月制诏："京畿及天下州府见禁囚徒，除十恶忤逆、故意杀人、官典犯赃、合造毒药、放火持仗、开劫坟墓外，余罪轻重节纪递减一等。"

此外，还有一些盗墓恶报传说，例如：

《异苑》卷七："苍梧王士燮，汉末死于交趾，遂葬南境，而墓常蒙雾，灵异不恒。屡经离乱，不复发掘。晋兴宁中，太原温放之为刺史，躬乘骑往开之，还即坠马而卒。"

《酉阳杂俎》前集卷一三《尸穸》："近有盗发蜀先主墓，墓穴，盗数人齐见两人张灯对弈，侍卫十余，盗惊惧拜谢。一人顾曰：'尔饮乎？'乃各饮以一杯，兼乞与玉腰带数条，命速出。盗至外，口已漆矣，带乃巨蛇也，视其穴，已如旧矣。"

明代朱国桢《涌幢小品》卷六"古墓"条："宋张十五者，园中有古墓。张因贫，发取其物。夜闻语云：'有少物，几被劫去。'张次日又毕取铜镜诸物。遂病瘇毒，日号呼曰：'杀人'，竟以死。万历乙未，乌镇夏司寇建宅，傍有旧墓，发而弃之。子女殒者七人。"

《涌幢小品》卷六"谯周墓"条："四川南充县署，有谯周墓，自晋以来，无敢动者。嘉靖中，太守袁光翰徙之。尔后，县中频见绯衣贵人出入，县尹至者辄不利，往往迁他处避之。隆庆戊辰，南城吴鉴以进士任县令，独不避。下车之日，妻张暴卒。未几，母张又为姪所杀，疑是其子，笞而毙之，遂被劾去。"

五、镇墓形式与传统反盗墓技术

（一）诅咒

1980年发现于山东济宁金乡的一块汉墓墓门压槛石残件，石刻文字为语义十分明确的对盗墓者的咒詈：

诸敢发我丘
者令绝毋户
后疾设不详
者使绝毋户
后毋谏卖入
毋……

1990年，在当地又发现了这一刻石的另一部分以及原石石刻文字初出土时的全文抄件，得59字又约10个残字下文又有“毋效狸人”。所谓“毋谏卖人，毋效狸人”，是警告不得从墓门侵入，也不得穿穴侵入。

《水经注》卷二九《湍水》说到魏征南军司张詹墓，墓有碑。碑背刊有文字云：

白楸之棺，易朽之裳。

铜铁不入，丹器不藏。

嗟矣后人，幸勿我伤。

西安西郊葬于隋炀帝大业四年（608）的贵族少女李静训墓石棺刻辞：“开者即死！”

（二）虚葬

《涌幢小品》卷六“古墓”条：“越王赵佗墓山在海南，南自鸡笼冈，北至天井，连冈接岭。（赵）佗葬，輀车四出，棺塴无定处。吴黄武中，交州从事吴瑜访（赵）佗墓，未能得。”

《晋书·石勒载记上》记载，石勒母王氏去世，曾经秘密安葬，又以“虚葬”方式伪饰：“（石）勒母王氏死，潜窆山谷，莫详其所，既而备九命之礼，虚葬于襄国城南。”

石勒本人逝世，据说又采用了“虚葬”方式，《晋书·石勒载记下》：“夜瘗山谷，莫知其所，备文物虚葬，号高平陵。”

（三）石椁铁壁

《吕氏春秋·节丧》：“题凑之室，棺椁数袭，积石积炭，以环其外。”

汉代学者高诱解释说：“石以其坚。炭以御湿。环，绕也。”

汉代还有以石材在墓室外构筑石墙的墓葬，如河北定县北庄汉墓，以砖砌筑墓室，四周加围石块作墙，顶部也覆盖石块，甬道以石块封堵，仅砖室外侧的石墙，就使用青砂岩4000余块。

更充分地利用石质坚固条件以求确保免于盗掘的墓葬形式，是崖墓。崖墓利用在山崖开凿洞穴作为墓室的形式，使安全得到更有效的保障。

广州南越王墓、河北满城汉墓等陵墓使用了顶门器，使石门关闭之后，即自动将门顶死，使外力无法开启。现在发现的顶门器有石质和铜质两种。推想当时墓主身份较低的墓葬可能也一使用木质顶门器的。

满城汉墓还以熔化的铁水铸成铁壁，使墓道严密封闭。

据《旧唐书·方伎列传·严善思》，唐高宗与武则天合葬乾陵："乾陵玄关，其门以石闭塞，其石缝隙，铸铁以固其中。"如若开陵，必须镌凿。

《新唐书·方伎列传·严善思》也说："玄关石门，冶金锢隙，非攻凿不能开。"

（四）储水积沙

唐人牛僧孺撰《玄怪录》卷三有题为"卢公涣"的故事："……盗又诵咒，数日不已，门开，一青衣又出传语。盗不听。两扇欻辟，大水漂荡，盗皆溺死。一盗解泅而出，自缚诣官，具说本末。黄门令覆视其墓，其中门内，有一石床，骸枕之类，水漂已半垂于下。"

墓中有大量储沙，以流沙预防盗墓者凿洞侵犯墓藏，很可能是较为多见的反盗墓的形式。

（五）机弩、伏火、毒烟

《史记·秦始皇本纪》："令匠作机弩矢，有所穿近者辄射之。以水银为百川江河大海，机相灌输。"

秦始皇陵地宫中大量储注水银，或许也有以剧毒汞蒸气杀死盗掘者的动机。以当时人对于水银化学特性的认识而言，不会不注意到汞中毒的现象，而利用水银的这一特性于防盗设计，是很自然的。

司马迁关于秦始皇陵地宫储有大量水银的记载，已经为考古学者和地质学者用新的地球化学探矿方法——汞量测量技术测定地下汞含量的结论所证实。

南北朝时期的文献记录中，也可见掘墓者曾经发现墓中水银池的情形。

据《南史·齐高帝诸子列传下·始兴简王鉴》记载，益州曾发现古冢，其中"以朱沙为阜，水银为池"。

1933年4月10日的北平《晨报》报道，彰德城西北三十五里东灰营村有古墓二座，一为袁天罡墓，一为赵简王墓，袁墓在该村后岗岭最高处，周约五十九尺，墓垣以砖砌成，……内为清水一池，深无底，水内有锋利钢锥，相传有李家坡李某将墓掘开，由其中取出金冠金剑，并金具二十余件，更有一剑悬于墓顶，有二人因以利刃击砍剑之绳，落水而死，后将尸捞出，尸身均被锥尖穿烂，从此虽人皆知墓中有宝物，然无敢往取者。

六、盗墓对科学考古的干扰与破坏

盗墓行为，往往导致古墓葬、古器物等诸多文化现象的破坏，从而使科学考古工作本来能够获得的重要文化信息严重减损，甚至大部或者完全丧失。

商承祚先生记述长沙“土夫子”盗墓情形时说，“以非科学之发掘，古物多被毁坏，亦楚代文化之一大损失也。”如长沙楚墓出土精致木俑，“四男四女，各具手足，臂可上下移动。男作戎装，执弓箭矛盾。女执椭圆篾篮，颜色如新。八俑皆衣彩衣，出穴后，愚者以为身上有绘画，为之一一撕毁，遂成裸体，篾篮则抛弃水中，惜哉！”①

盗墓者以及古董商又有“行动诡秘”的习性，“所告古器出土地，每有不实不尽不相符者，如物出东门而曰南，苟家冲而谓侯家塘，一墓所出，分为数处，或数墓合二为一”，“出于自私之心，而与科学研究态度相违背者。不宁唯是，凡每得稀见之品，必秘而不宣，韫椟而藏，以待善价而沽……”

20世纪20年代军阀党玉琨对宝鸡凤翔戴家沟古墓的盗掘，据说只取金、玉、铜器，陶器等其他器物均抛弃不取，随手破坏，“不仅如此，后来还发展到铜器中也只取周秦时代的器物，连秦汉以后的器物也不再收取”，可以想见，当时必然有诸多珍贵文物遭到惨重的破坏。

盗墓对考古工作的干扰与破坏，不仅表现在使墓葬中大量文物遭到洗劫，还在于无知的盗墓者往往只根据市场价值尺度进行选择，将大量虽然未必为文物商人看重，却具有极重要的科学价值和文化价值的文物归于毁弃。

此外，墓葬对于考古工作的意义，并不只是在于墓中的随葬品，墓葬形制、葬式等看来并不直接具有市场价值的遗迹现象，其实都包含有非常重要的历史文化信息，而野蛮的盗掘，往往使这些现象遭到

①商承祚：《长沙古物闻见记·续记》，中华书局1996年版，第276页。

不可挽救的破坏。

李学勤先生曾经就20世纪80年代新发现于英国伦敦的一组十分华丽的鎏金错银青铜器发表论述。这组器物包括甗、盆和蒜头壶各一件。据介绍，不仅装饰形式“前所未见，有很高的美术价值”，“同时，其制造工艺已由英美学者作了科学鉴定，颇有特点，对我国科技史的研究有所帮助。器物的时代，由其形制，特别是蒜头壶来推断，大致属于西汉初年，不会晚于文帝前期。特别值得注意的是，如此重要的文物，是因盗掘而出土，并且其发现地点至今仍不能明朗，其考古学的价值于是无法实现。

李学勤先生写道：“像这里讨论的这一组鎏金错银器物，穷极华贵，不是一般墓葬所能涵有。差可比拟的，只能是满城中山王墓或茂陵从葬坑出土的一些器物，而后者的主人乃是中山靖王、阳信长公主这样尊贵的统治者。因此，这组器物的来源，也必然是汉初非常高级的贵族墓葬。在考古工作中，我们还没有发掘到这个时期这样级别的大墓。”①

这座重要的大型墓葬遭到盗掘，使本来可能为认识汉代社会历史表现出重要意义的资料宝库不能够发挥作用。可以推想，盗掘行为已经使这一墓葬中其他许多宝贵的历史文化信息都丧失殆尽。

近年来盗墓活动的猖獗，主要原因之一是文物走私的嚣张。当然，由于求富心理的急切，道德约束的隳弛，也使得破墓以直接追逐财富，往往成为发掘墓葬的动机。稍有价值的随葬品即可以刺激盗掘者进入亢奋心态。

于是，入葬年代并不长久的墓葬往往也成为盗墓者的目标，有些近代名人的墓葬也被发掘。这种情形之严重，甚至达到惊人的地步。

①李学勤:《一组珍奇的鎏金错银青铜器》,《文博》1990年第3期,第14页。

安徽师范大学政治学院　王习胜

第34讲

思想分析：让生活更美好

讲演时间　二〇一三年十二月五日

今天我要汇报的分六个方面：第一，为什么要做思想分析；第二，思想咨询或分析是做什么的；第三，思想分析是怎么做的；第四，思想分析有什么用处；第五，关于思想分析，我们现在做到了什么程度；第六，怎么看待思想分析。

一、为什么要做思想分析

现在新名词很多，那么为什么搞一个思想咨询、思想分析呢？因为有这样一些考虑，现在做人文社会工作的人过去有个基本的取向就是为社会服务，人活在这个世界首先要想到集体想到社会，因此也想到奉献和服从，但是我们自己的苦恼和纠结找谁去倾诉呢？第一，现在很多理念从以社会为本位向以人为本转变。第二，那到底怎么转呢？我觉得现在的重点就是要向疏导拓展。第三，过去的教育方式是灌输的，听不听都得跟你说，今天我们更倾向于渗透，慢慢说才能被理解被接受。第四，基本的取向是由教化向服务转化。过去我们总是要为某一个方面服务，教化实际上就是约束教导你的意思，别说老师了，有些孩子连父母的话都不听。父母与孩子之间既是父子（女）关系，也应该是朋友关系，朋友关系就要有服务意识。我们现在学科也由泛意识性向科学性转化，过去我们讲政治很多，今天我们讲它的规律、理性，这让我想到思想分析、思想咨商，之所以想到这个问题就是为实现人文关怀。

二、思想咨询或分析是做什么的

我给大家讲三个例子。第一个例子是说，有一个大学毕业生，毕业找不到工作，一次和同学聚会，他就发现有的同学信教，于是他就和同学一起做了决志祷告，昨晚祷告同学就叫他一起做礼拜，但是他本身并不打算信什么教，但是不去的话同学又说他会受到上帝的惩罚，所以他心里纠结得很痛苦，甚至自杀的念头都有。第二个案例，有一个漂亮伶俐的女硕士，父母一起打拼多年，现在父亲是一个成功人士了，但偶然中她看到她爸爸的短信，发现爸爸在外面有了外遇，她觉得这对妈妈非常不公平，于是她告诉了妈妈，母亲随即和父亲大吵一架，之后女硕士又去小三家大闹一场，使得她爸爸很没面子，女硕士自己的男朋友家里穷，结婚买不起房，她的父母十分不满，于是这一家三口弄得很不快乐，面临解体。第三个案例，北京有一个海归，海归的父母都是北京市户口，父母省吃俭用供她在国外读完了高中、大学及研究生，海归回国后找工作，干不了几天就不干了，因为她觉得国内的环境远远不是她想的，对国内的男生她也觉得不够爷们，所以她也不谈对象，三十多岁就天天在家抽烟上网喝酒，她的父母就很着急。

这三个案例中的人，我们不会认为他们是有心理问题的人，但是这些问题都需要有思想的人去做咨商或者分析，到底做什么呢？我有一个假设，我们人活在这个世上的时候，人是精神和物质的统一体，肉体是人，吃穿喝都要物质的消费，除此还有一个精神世界。如果物质上匮乏，我们可以慢慢解决补足，而精神上出现问题，可能就要走入另一个治疗的时代，从生理、心理和思想上分别治疗。生理上的治疗是指养生，心理上的治疗是指抚慰，思想上的治疗就是我们说的思想打结了需要解开。那么我前面说到的三个案例就是他们思想打结了，思想解不开。这种结形成有四个方面，一个是无路可走，感觉到失望、绝望；一个是路多了无法走，会有冲突，冲突也会导致我们纠结；一个是无所谓路的，他不想走路，这种人无依消沉；还有一个就是观念的陷阱，有很多观念也会导致我们痛苦，让我们走不出路。思想分析就是以这个症结为对象，只要思想打结了，就是他的工作对象，而他的工作指向就是要解除这个困惑再去掉这个痛苦。所以解惑去苦是咨询和开结的工作指向。思想分析只是出入口，它只是给思想症结开结，让人的思想愉快、精神快乐，能够感知幸福。开解思想症结，驱散精神世界的雾霾。

三、思想分析是怎么做的

思想分析的根本路径就是对话。不对话，就无法了解一个症结人思想里面的问题到底在哪个地方，对话是解决这个问题最根本的途径。在对话的过程中发现症结、分析症结，进行碰撞、进行指导，使他认识到成因，实现观念的格式塔转换，使他能够领悟到问题开解的出路。认知是一个认识问题，从心理学说，它是一个机制一个过程；从哲学的角度说，认识是对事物的一个把握、一个看法，是个观点和观念，就是思想的问题。

那么思想分析，从过程的角度来看要有这样几个环节，首先是解释，即对案主的情况有一个整体的了解，第二个是分析，要发现问题，接着在这个基础上做一个综合，在综合之后，做一个思辨，即重新换一种认识，再次就是进行规范，即我们的认识应该采用什么样的方式，最后是一个评估。

马利诺夫提出了一种宁静法。首先，辨析案主的问题所在；其次，要反思；再次，要评估解决问题的选择性方案；最后，总体性思考由问题到解决方案之间的一致性，为付出行动做好准备。加拿大有个学者叫拉姆，他在国内接受了很多人的咨询，他提出来四阶段方法。首先，营造适合于无压力的对话和分析的环境，其次，分析问题的性质寻求解决问题的方法，再次，形成解决问题的意向性，最后，不再沉溺于过去的痛苦之中，从当下思想的困苦之中解脱出来。台湾辅仁大学的前校长用了一个叫CISA的方法，通过察觉自我、他人以及相互关系而发现问题背后的问题，然后理清头绪，看透问题的根本性质，再通过思维的活泼化实现观念的转换，最后是自我超越和自我实现，达到困难的消解。

从技术上来说，可以分为两个方面。第一个是哲学的方法，主要是把事情、事理、事态讲清楚，特别要注意的是要用逻辑的方法和技术把概念讲清楚，把层次讲清楚，主要的步骤是成形概念→分清层次→清理矛盾→分析预设→合理追问→合情推理。哲学的方法能帮我们化解很多思想认识的问题。第二个是经验的内部方法，这些方法虽然不那么抽象，但好多东西我们就不能化解开。可是经验又具有类比的作用，这也是一个路径。

前面所讲的是从过程、技术上来看，其实从内容上来看也有很多径路。科恩是美国的一个学者，他认为从内容上来看可以叫分离式认知径路，即在逻辑的分析下找到它外在的和符定分离性原则所控制的情绪和行为，这就是分开来看问题；也可以采取关联式通过同理和共知的知识克服世界以我为中心，通过关心他人来获得困境的消解，这也是一种很好的方式，就从认知上，从分离和关联两个角度去做。台湾有一个学者叫潘小慧，她提出一个叫生态学进路，即把当事人作为分析的取向，试探一个完整的人，不能把他的问题看成一个思想症结，而是把他看成一个完整的人，看他作为一个生命整体的态度，帮助他检查并发展他们在世界当中的整体位置或态度，这也是帮助人们解决问题的一个方法。南京大学潘天群教授在做哲学践行，他也是最早提出思想分析这个概念的人，他提出的模式有四个方面，叫对话成员都是理性的，不要把他作为非理性的人，只会感情用事，要采取合作非对抗的方式，采用贴近生活和社会的方式去化解，最后的结论就是没有最终的正确答案和标准答案。潘先生的观点是我只做分析，至于如何去做那是你自己的事。

我自己的就是七步法，这也成功应用在我的很多案例中。第一步，倾听。只有倾听才能发现问题，因为思想分析不是主动的，而是被动的；第二步，叫停自动思维。很多人讲问题总是一连串的，是一个自动思维，就像意识流，所以我们就需要让案主稳定情绪，叫停他的思绪；第三步，问题化。要从案主讲的情景中提取关键信息，从中找到问题；第四步，逻辑呈现。即把矛盾的信念或者是偏狭的观念找出来；第五步，用形式逻辑清理矛盾、用辩证思维纠正偏狭的观念；第六步，借助经验和思想资源；第七步，开解思想症结的问题，如果案主来了多次也没有解决问题，只有两种可能，要么就是我们的水平问题，要么就是没有真正做到这七步。

我曾经看了弗兰卡尔写的一本书，有一个案例很重要，我和很多人说过。一个老先生，自己就是医生，自从他的妻子去世之后，因为过度思念，在八十多岁的时候他患上了忧郁症，于是他找了很多医生，吃了很多药也不管用，最后他找到弗兰卡尔。弗兰卡尔只说了一句，“如果你死了，你的妻子活着，她会怎样？”老先生说“那她该多痛苦啊”，弗兰卡尔接着说“所以你活在这个世界上就是代你的妻子忍受这份痛苦呢”，老先生之后的心里都很舒畅了。弗兰卡尔临终前问他的学生：我这一辈子在做什么呢？学生回答他：您这一辈子就是在把别人的快乐找出来，让别人享受快乐。

最后，我想说一下做的方法，怎么去解决这个问题。一般来说有三种进路：第一，是以当事人为中心，你遇到什么困难，我就围绕你转；第二，是通过交流碰撞达成共识，叫主体间型；第三，就是主客型，你在这里出现了问题，我就教育你，把我全部的思想灌输给你。我个人比较喜欢第二种进路主体间型，我觉得既然是咨商、是分析，那么我们就是一个平等的交流，我在和你交流的过程中对你有没有启发，思想有没有碰撞。

四、思想分析有什么用处

思想分析的用处，从实践的意义上来说，我们人都要有一个安顿心灵、消愁去苦的心灵家园。就算我们有很多钱、很多房子，但是我们心不静，那是很痛苦的，物质上的富足并不能解决精神上的纠结。所以我认为思想分析是很重要的，能够帮助人们找到体悟幸福的路径，提供一个消愁去苦的精神家园，就是让精神世界不出现雾霾。现实的环境我们很难改变，但我们希望心里的天空能够有一方灿烂和光明。我们都知道尼泊尔在物质上并不富足，但是这是世界上幸福指数最高的国家，就是因为它有一个丰富的精神世界。我觉得悲莫大于心死，这个心不是heart，而是mind，就是我们的思想，若是思想上没劲了，即使拥有万贯家财也可能撒手人寰，所以心就是一种思想、一种精神。

思想分析对学科发展有什么用呢？第一，从哲学上来说，哲学就是要为人服务，为生活服务；第二，就是思想政治教育，它可以帮助人们思想渗透，解决思想问题；第三，我觉得对心理学科也很有意义，心理咨询就是在心理学科的基础上发展起来的，思想分析就是要从思想上找到根源，心理上顺畅了，对我们的工作、学习、身体都会带来很多益处。我觉得思想咨询，就是让人文学科真正人文起来。这个“人”，是指活生生的人。

五、关于思想分析，我们现在做到了什么程度

那么我们现在做到什么程度了呢？我想给大家介绍两个方面，一方面是我们合作交流的东西，另外一个方面就是我们现在正在做的一些东西。去年，我们请了南京大学潘天群教授来讲学，是关于逻辑对思想分析的作用。“思想分析”这个词，我就是从他那里听来的，但是我在做的时候很多路子都和他不一样。法国有位学者叫奥斯卡，在南京大学做思想分析，做得很活泼。他把人分成两圈，里面一圈是被分析的人，外面是观看的人。他要求每个人写一句自认为是真的话，他再把这个作为切入点一步一步进行分析。结束后，圈里的人都觉得很有收获。11月9日，南京大学潘天群教授组织了一个“workshop”（工作坊），我参加的时候做了一场报告，提出了自己想做一个中国式的思想分析的想法，因为中国有自己的国情，有自己的文化和自己的价值观。我们在《安徽师范大学学报》开了一个栏目，叫“思想分析研究专栏”，在第五期，已经发了四篇文章了。此外，我们也准备自己出一本书，我和我团队中的一些青年老师，对那些思想问题一个一个进行专门分析。我认为中国的思想分析虽然目前大多汲取的国外经验教训，但是我们还需要更多的结合国内国情来丰富我们的经验和知识。

六、怎么看待思想分析

怎么去看思想咨询的功能呢？思想分析当然是有用的，因为我分析了好几个人，也真正帮他们找到了生活的阳光。思想分析也不是绝

对有用的，因为做思想分析和做外科医生不一样，我们分析的对象，他有自己的知识背景，有些人知识丰富到让我们都觉得很难去分析。此外，我们每个人都有个信念网。有的人信念网很简单，这样的人就比较好分析，也好解决；有的人信念网很复杂，思考问题时也很复杂，这样的人就很难分析，实际上问题并没有他想得那样繁琐。思想问题容易反复，可能会一个接着一个，未必解决当下就一劳永逸。做思想分析，不是解决一个问题就解决了一辈子，人的纠结和痛苦是会随着事情、时间的不断发展而产生变化的。还有就是要看咨询师水平了，我建议讲思想分析应该更加专业化，例如高校辅导员，应该要有三个资格证，学生事务管理师资格证、心理咨询师资格证和思想分析师资格证。现在我想想，这个要求太高了，因为辅导员一般都比较年轻，他的经验阅历和知识背景都很有限，如果遇到一个学生知识比他丰富，想问题比他还复杂，那辅导员就没有什么办法了。

结 语

人只有思想通达，才能体悟到生活的幸福，只有体悟到生活的幸福，才能够感受到世界的美好，只有感受到世界的美好，才能活得有精神。所以思想咨询或思想分析主要是蓬勃精神，让人们的精神世界更灿烂。

同济大学图书馆　慎金花

第35讲

大数据时代下的图书资料服务

讲演时间　二〇一三年十二月二十五日

我今天跟大家交流的题目叫做《大数据时代下的图书资料服务》，其实这是一个比较新的课题，这个领域的很多内容我自己也是在摸索和探索的阶段，所以我今天把自己的一些思考与经验和大家分享一下。我要和大家交流的东西主要有六部分，而前面四部分其实相当于引子，为我们讲大数据时代下的图书馆服务做铺垫，所以就不得不讲了。

一、大数据时代，我们所处的位置

很多学者都知道大数据时代的一个很经典的案例，Google利用读者在网络的搜索记录来预测美国流感的流行趋势以及流行的具体位置。大家应该能感受到大数据和我们的图书馆情报领域息息相关，通过网络用户的检索记录，Google得到美国哪个州、哪个城市甚至哪个小镇有可能或者正在发生流感，它得到的这个数据比美国政府有关部门的统计数据要早一到两个星期且更精确，这也就告诉我们大数据分析的价值和意义。欧美国家在这几年是大数据热，不论国家还是企业社会机构，对大数据都很重视，投入也很多。比如最早的麦肯锡咨询公司提出来说大数据时代已经到来，后来美国投资2亿美元来发展大数据并且把大数据的技术提高到和当时信息高速公路一样重要的地位。另外，日本也发布了新的信息通讯技术的计划，重点发展这个领域，发展大数据的分析和管理的业务。次年，英国政府对大数据和节能计算技术投入巨资来发展大数据技术。当然，我们中国也在2012年12月份由国家发改委把数据分析软件和开发服务列入专项的指南中，2013年科技部把大数据列入973基础研究的计划，国家自然科学基金几个学部都把大数据的相关题目作为重点支持项目，7月份的时候上海市政府发布了推进大数据研究和发展的三年行动计划。大家可以看出，我们国家的有关部门和政府对大数据的重视程度和欧美发达国家差不多是一致的。

（一）大数据的定义

我比较认同麦肯锡的定义，大数据用通俗的话来讲就是指无法在一段时间里面用传统方法来进行管理的数据集合。

（二）大数据的特征

大数据数量大，且具有多样性，除了传统的结构化数据以外还有非结构化的数据、文本数据和多媒体数据，数据的流动性非常快，精确度却不是很高。

业内的学术专家把大数据的特征总结为四个V：数据巨大（volume）、种类繁多（variety）、流动速度快（velocity）、价值密度低（value）。

（三）大数据和传统数据分析的区别

（1）我们现在所说的大数据，它是面向全部的数据集合，而传统的数据分析是一种抽样的概念，即根据一定的规则，从总体当中抽取一定的样本来分析，得到的结果再归纳为整体数据集合的一些特征，大数据是对所有可以获得的数据的整体集合进行分析。

（2）传统的数据分析往往要探求因果关系，大数据分析不追求因果关系，它只是做相关关系的分析。

（3）大数据的实时性特别明显。因为数据量巨大，数据也随时随地在流失，所以其实时性十分明显。

（4）大数据的分析更加注重可视化。大数据可视化分析系统使人们不再局限于使用传统数据表来分析数据信息，而是以更直观的方式呈现和推导数据间的逻辑关系。

我们可能会觉得自己离大数据比较远，而且大数据的技术成分比较多。我们图书馆除了系统管理和数字化这些岗位的员工以外，大多数馆员可能觉得自己的IT技术和IT界没法比。现在我们从研究的角度来看看我们到底处于怎样的位置。首先是平台层。平台层是指购入大数据的资源平台，涉及的技术有云计算、资源的支撑平台等，这似乎更属于IT界的领地和范畴。其次是系统层，同样是IT界的优势。而从算法层开始，我们可以看一下社会网络分析、排名和商业智能，这和我们就比较相关了。再是应用层，更是我们图书馆的同行们可以有所作为的一个领域。

二、大数据的行业应用以及相关的案例

在国内外，尤其是从国外的大数据应用情况来看，大数据更多的是用在商业领域，像百度、淘宝、亚马逊等这样的一些商业平台，这些商业平台的应用后台搜集到一些用户的信息，对其进行分析，并进行一些商业的推广活动，这个是典型的大数据的应用。此外，大数据在医疗、教育等方面也有很广泛的应用。

三、国内外高校在大数据时代的应对举措

大学永远是走在社会发展的前列的，无论是国内的大学，还是国外的大学，都敏锐地捕捉到了大数据技术可能会对社会的经济以及其他各方面的发展带来影响，所以这些大学都会有一些举措。

（一）成立专门的研究机构

像清华大学、西安交大、厦门大学、华东师范大学等这样一些高校，都成立了大数据的研究中心或实验室，其重要特点就是和企业结合。因为在大数据时代有三个比较重要的要素，第一个是数据，有专家认为大数据时代，数据为王，谁掌握了数据谁就更优，将来的竞争力也就更大。第二个是方法和工具，第三个就是理念，就是说有了数据和方法之后，怎样把这些数据的价值进行最大化的发挥和利用，这主要还是靠人的理念。国外的大学也都在成立以数据分析、数据管理为目的的机构，他们的研究方向实际上一方面是对分析工具的开发，另一方面也是结合商业领域做一些数据分析。

（二）成立联盟

国内有很多大学和企业或科学院的联盟，比如大数据的共享联盟、大数据的产业联盟以及大数据技术和应用的联盟等，其实是利用产学研的结合来开展大数据的研究和分析。

（三）开设课程

我们可以见到国内一些大学在有关的专业方向开设一些硕士学位，以及和大数据分析相关的一系列课程。在国外，哈佛大学就开设了跟大数据相关的一些专业课程，比如Hadoop File、Unstructured data等，哥伦比亚大学也是如此，通过相应课程提升学生在大数据时代的能力。

四、高校大数据的研究现状

国内外对大数据的应用和实践情况，我们可以从期刊论文或者公开出版的书籍杂志了解。我们在中国知网CNKI搜索相关主题词，能找到66篇论文，对这66篇的主题词的词频分析进行一些人工归类后，我们可以看到大数据在高校的应用领域，主要是医疗机构、教育管理、教学方式、图书馆财务管理、财务分析、关联规则、智力分析等。这66篇论文所运用的方法和算法，跟传统的数据分析数据挖掘的方法是一样，没有什么不同。那么在这其中关于图书馆的文章就更少了，主要的研究角度有个性化服务、知识服务、学科服务、数据服务等方面。

图书馆的同仁们写的关于大数据的论文有70多篇，有两项是关于大数据的，相对来说理念性和观点性的文章多一些。图书馆和数据挖掘的结合，主要的研究方向或者说领域和大数据图书馆是差不多的，和传统的数据分析方法相比较也是差不多的。国外的情况，从SCI的数据库检索结果来看，大数据的前几个研究领域分别是计算机科学，还有工程、科学技术等，有21篇是information science和library science，也就是我们这个领域。如此看来，大数据和图书馆的结合还是比较新的领域，值得我们去探索的。

美国的北卡罗兰达州立大学有一个虚拟计算实验室，它把所有的软件都放在云端，通过特定的分析工具（其实是一个软件网络管理的工具）来分析各种应用平台的使用情况，由此来挖掘在大学的科研和学术活动中，教师和学生对这些应用工具的使用情况，各种特点和趋势。哈佛有个IQSS，它是基于科研数据的管理、发布和存储检索应用分析。北卡的那个软件比较偏技术性，而哈佛的IQSS则对技术的要求没那么高，我们图书馆就完全可以做。

我们再来看看国内的例子。复旦大学有一个和企业联合的数据分析新工具，叫做“社交媒体”，通过存储和分析网络用户的评价、留言方面的数据，来挖掘公众对品牌的喜爱程度以及对产品质量的评价等，从而将这些信息个性化地提供给相关企业。此外，华东师范大学有一个餐饮消费和提供助学系统，网上评论不一，有好有坏。它是这样的，假如一个学生在连续的两周出现过低消费，那么系统就会预计他可能是经济上有困难，需要我们主动去关心他，考虑是不是需要资助或者申请补助。这系统本来应该算是数据挖掘的一个很好的应用，但是大家会想到大数据和隐私、个人信息的保护是相随而来的，学生们会觉得自己的隐私被侵犯了，我吃多少是我自己的事情。网上对此系统正反两面的评价其实很正常，因为大数据就是伴随着隐私保护、个人信息防护、信息安全这样一些问题而来的。

五、关于国内外图书馆的大数据应用的相关案例

在美国，位于新泽西州的Rutgers大学有一个很好的媒体和数据图书馆服务的项目，这个项目的方法就是馆员带领数据服务馆员，这里

有一个新的图书馆岗位叫做data-liber，即数据馆员，招了一些研究生志愿者做好数据管理的服务工作。另外像卡内基梅隆大学图书馆也有类似的服务。华沙大学计算机科学和技术学院有这样一个项目，是基于大数据的高校图书馆推荐系统仿生研究，这个项目的原理就是它认为同一种专业的读者，其阅读兴趣应该是相类似的，所以根据对借阅数据的一些历史数据的分析来进行推荐。清华大学图书馆的水木搜索也是个很好的案例，它是建立在primore这样一个知识搭设平台上面的一些应用，主要做数据及整理集，通过对关键词的聚类和词频分析来得到关于学科趋势的一些分析，另外比较有特色的就是researchID，即研究者的身份认证，通过这个来建立知识关联的网络。

六、图书馆在大数据时代该做什么

我先要引用清华邓馆长一个观点“从目前情况看，图书馆的数据跟对数据处理的时效性虽远未达到大数据处理的需求，但是基于大数据挖掘数据价值、汲取知识的理念，却深深影响了图书馆的服务模式。”[①]我觉得邓馆长的这句话非常准确地诠释了我今天在这和大家交流的这个题目。虽然我们好像离大数据很远，但是大数据这样一种理念，一种数据挖掘的方法是会深深影响到我们的服务的。基于这样的一种理念，我们来进行一些思考。

（一）数据是无处不在的

就像商业领域的大数据应用一样，在图书馆也是一样的，数据无处不在，我们需要做的就是重视多元数据的搜集整理和长期保存。

数据无所不在，图书馆每天都在产生什么样的数据呢？首先是进馆的刷卡机的数据，这个数据非常准确，因为每个读者一进来刷卡，它就把他所有的个人信息和他每天进出馆的时间、频次等记录下来了。其次还有网上的参考咨询台，我们有馆员的热线、有Email咨询、有MSN、有实时资讯、有微博微信等。再次就是场所，比如reference space，参考咨询台的咨询如果能够把每一次咨询的题目、步骤等记录下来的话，长年累月，这就是非常丰富的数据资源。然后，我们有主

①邓景康：《大数据环境下清华大学图书馆的实践》，《中国新闻出版报》2013年8月29日。

页，有书目检索系统，我们有举办的各种活动的读者记录，所有这些都是我们可以利用的，且应该保存的数据。当然我们还有短信服务平台、百事通、手机图书馆，所有这些东西都是会产生数据的。

（二）用数据说话

用数据说话，这也是大数据的一种非常基本的理念。这些数据是死的，但是我们可以通过技术方法，以及我们的思维，让这些死的数据说话，来告诉我们在这些死的数据中隐含了什么样的知识、结论。这里要用到数据挖掘统计分析，还有就是数据可视化。那么基于这样的两种认识，我们图书馆界的所有同事们就应该知道要怎么做，就是从身边最小的事情做起。

我们说要让数据说话，让数据告诉我们它究竟包含了什么样的信息和知识，这就要用到数据挖掘。我这里列出来一些数据挖掘的算法、用途，还有相关的我们同行所做的研究以及所从事的一些实践的案例，有用于图书评价的、模型建立的，也有用于学生阅读行为分析的，也有对专利质量以及大学的专利申请的意愿等的一些模型分析。所有的这些都是让数据说话的一些非常好的案例和研究。

这里还有一些挖掘工具，如果是从事计算机和系统管理的一些同事对这些工具的挖掘对象以及它所用的一些语言是非常熟悉的。比如说像 Matlab，它是工程领域数据分析的一个非常通用非常强大的工具，它通过对一些普通数据的分析来发现一些模型及算法。

让数据说话，我们还做了一些分析，也有统计分析的方法及其用途，比如说用于聚类分析的、用于回归分析的、用于成分分析的、用于相关关系分析的，那么也有一些对应的同行已经做了研究和实践的案例。

（三）可视化

因为让数据说话包括三个方面，一个是挖掘，一个是分析，还有一个就是可视化。可视化也有一些可以用的工具，如果同行们想要学习的话，通过网上的公开资源就可以获知。我们对一些应用要考虑以下这些：

1. 注意信息的收集

比如说我们已有的信息，像流通借阅数据、进馆数据、电子阅览室使用数据等，但是我们可能忽视了一些信息，例如图书馆活动的记录数据等。我相信安师大也做了很多读者推广的活动，比如阅读的推广和读者的互动等，这些活动的数据可能很多学校是疏忽掉的，不注意去收集的，但是往往这些数据可能是很有价值的。

2. 关于综合利用的考虑

因为我们通过分析座位管理系统、借阅数据及网上主页等数据以后，就可以来改善我们的服务。说实话，大数据的技术带给我们的理念就是提升创新我们的服务。

（四）我们目前在尝试做的一些课题

1. 基于网络高速数据的分析

我们有三五个人的小组在使用复旦大学网络高速数据的分析系统的软件，这个软件安装在某服务器上后，可以截获通过这个服务器检索的记录。我们在使用过程中，不可能把所有和图书馆相关的使用数据都截留下来，所以我们找一个点，我们对电子阅览室读者上网的行为做一个截获，做一些分析。我们希望未来把这个系统装载在学校计算中心的服务器上面，通过我们配置非常重要的数据库检索，来了解我们学校的读者的检索行为、科研习惯、学习特点，从中发现一些知识和规律来提升我们的服务。

2. 基于网络日记的应用行为分析

这一块的研究也很多，我们希望通过利用图书馆网站的访问日志的数据分析，对图书馆用户的网络信息行为进行科学的揭示和分析，目的是希望真正地做到以用户为中心来进行图书馆网站建设。

了解学校学者对学术期刊的检索行为有哪些特点，从几个方向来说：

第一个是通过CNKI数据的挖掘来了解我们需要的学校读者对CNKI使用的规律、习惯、行为特点等。

第二个方向是对网页的网络例子的分析，主要关注的是介绍的宣传、对于资源或者活动的推广作用。我们经常会在图书馆大厅或者学校的一些物理媒体上做一些活动的推广和资源的宣传，那么我们就想知道这样的一些推广和宣传对我们的活动和资源是否有用，以什么样的方式达到的效果会好，以这样的方式来指导我们今后服务方式的调整。

第三个方向是微博数据挖掘。这个方向上，我们希望是一方面可以指导图书馆的读者服务，从读者的留言和信息挖掘出什么样的服务是读者关注度最高的；另一方面就是分析图书馆读者粉丝的活跃度。

3. 基于人工数据的读者行为分析

这种人工数据每个图书馆都有，关键就是看从哪个角度去分析。我们在做的就是一个非常普通的人均借阅情况的分析，我们发现近两年的人均借阅情况下降较快。我们也在做电子阅览室的借阅情况，我们还可以分析整个图书馆读者的借书平均值等来寻找一些规律。

4. 基于文献计量的学科发展态势分析和科研绩效评价

我们在近三年承担了很多学校委托的或者我们主动做的课题分析，主要是为了给学校有关部门的决策做参考。撇开学校，这些课题分为两大部分，一部分是类似的软课题这样的一些分析，主要是基于资料的收集与整理做一些相关的分析，一部分比较硬的，通过软件计量、统计分析的方法来对学校的学科的发展态势和科研的绩效做一些分析，这个项目全国很多大学的图书馆都在做。

5. 基于专业数据分析的创新实力和竞争力分析

关于这一课题，我们所做的分析报告，有面向政府决策的，有面向技术预测的，也有面向学校的。我们曾经对上海市高校的专利应用能力做过一个研究，这也是上海市教委的一个课题，我们对上海市二十多个有专利申请的学校做了非常深入细致地分析和挖掘，得到很多有意思的结论。

我想我们在图书馆工作的同事们，可以用来分析的数据无处不在，可以应用的领域也是很多的，我们既可以用数据分析来提升我们的服务品质，也可以用数据分析来服务于经济、政府决策、技术研发、国家的技术规划和技术预测等。所有这些所要用到的方法和工具并不神秘，无非就是数据分析的工具、数据挖掘的工具、统计分析的工具、文献计量的工具等。因此我觉得大数据还是个很新的课题，从目前的研究现状来看，它还是一个值得花时间去探索的领域。我也希望我们自己在图书馆这个领域有更多的探索和摸索，同时我也希望今后能和安徽师范大学的同事们在这样的一些领域加强交流和合作、互相贡献智慧来共同推动各自服务的提升、各自地位的提升。我想如果我们在这个领域不断探索，挖掘我们的应用，那么我们一定会在学校甚至在社会赢得我们应该有的地位和发展空间。

南京大学历史学院　胡阿祥
（中央电视台“百家讲坛”主讲人之一）

第36讲

胡阿祥讲国学

讲演时间　二〇一三年十二月二十八日

一、“国学”的概念

国学是中国固有的全部学术的专名与总称，国学不等于国学知识，不等于儒学，也不等于汉学。

卞孝萱先生说：“国学的内涵是什么？有广、狭两义。狭义指儒学，广义指中国全部的学术文化，季羡林先生称之为‘大国学’。”如此，国学之“国”是指“中国”，这是没有疑义的。季羡林、任继愈、饶宗颐和卞孝萱等人都是赫赫有名的国学大师。

“国学”不等于“汉学”，这就仿佛“中文”不等于“汉字”，“中国话”不等于“汉语”。但汉族的、农耕的、传统的学问，是国学的主流与核心，还是可以成立的。“中国”、“国学”的概念都是重大的命题。

二、国学的基本内容

（一）立足于继承的立场

立足于继承的立场，国学的基本内容有天地人神鬼、经史子集丛，真正是博大精深！

《四库全书》经史子集四部四十四类六十六目，近八万卷，三万六千多册，约十亿字。

经部十类：易、书、诗、礼、春秋、孝经、五经总义、四书、乐、小学（训诂、字书、韵书）。

史部十五类：正史、编年、纪事本末、别史、杂史、诏令奏议、传记、史钞、载记、时令、地理（总志、都会郡县、河渠、边防、山川、古迹、杂记、游记、外纪）、职官、政书、目录、史评。

子部十四类：儒家、兵家、法家、农家、医家、天文算法、术数、艺术、谱录、杂家、类书、小说家、释家、道家。

集部五类：楚辞、别集、总集、诗文评、词曲。

经部。“经”本指织布时的竖线，人们只有先把竖线排好，才能用横着的纬线织出布来。古人由此引申认为，儒家思想及其有关著作是社会秩序得以维持的根本保证，故称之为经。作为重要经典的儒家著作，最初只有诗、书、礼、乐、易、春秋六经。现在最普遍的“十三经”（易、书、诗、三礼、三传、论语、孝经、尔雅、孟子）与“四书”（朱熹将礼记中的大学、中庸两篇加上论语、孟子）说法起自宋代。经部书除儒家诸经外，还包含“小学”（即今语言文字学）类的书。

史部。“史”字本义是记事。《说文》“从又持中，中，正也”，即“史”要不偏不倚。史部之“史”与今天所说历史书籍不尽相同，除了纪传、编年、纪事本末各体裁之外，典章制度、地理、目录、金石等书亦入此。

子部。“子”字在古代有很多意思，一般说，“子”是古代男子有德者之称。子部书产生于春秋战国时代，最初指思想家的著作和记录思想家言行的著作，如《老子》、《墨子》等，它们多属哲学著作。随着学术的发展，子部书范围不断扩大，科技、术数、艺术、宗教之书亦入此。

集部。“集（雧）”，按《说文》的解释是“群鸟在木上也”，引申为汇集、聚集等意。集部书大都带有汇集、综合性质。个人作品集称为别集，诸家作品集称为总集。集部除包括历代诗、文、赋等各种体裁的作品外，也包括对各种作品进行评论及文学理论方面的著作。总之，诗文词曲等文学作品集入此，文学理论之书亦入此。

丛书。所谓“丛书”，即将原属单行流传的书籍，汇编为一部大书，再题以概括的总名，以便成套保存。张之洞编《书目答问》认为：“丛书最便学者，为其一部之中可该群籍，搜残存佚，为功尤巨，欲多读古书，非买丛书不可。”丛书收书多者，可达数千种，如《丛书集成初编》为百种丛书之丛书，共收书4107种；《四库全书》堪称中国古代丛书之最。《四库全书》没有刻印，全书缮写七部（文渊、文源、文溯、文津“北四阁”与文宗、文汇、文澜“南三阁”），分藏各处（北京、沈阳、承德、镇江、扬州、杭州）。今最常见者为文渊阁藏本。检索丛书的工具书有《中国丛书综录》，注明了七万多种图书在2797种古籍丛书中的收录情况。

（二）立足于研究的现状

立足于研究的现状，被认可的国学又有哪些？

以《国学四十讲》为例，被认可的国学有：版本学、本草学、避讳学、辨伪学、博物学、谶纬学、敦煌学、方志学、风水学、佛学、红学、辑佚学、校勘学、金石学、经学、老学、郦学、龙学、律学、名辨学、墨学、目录学、农学、谱牒学、尚书学、格律学、书画学、术数学、数学、通鉴学、文选学、文字学、物候学、姓氏学、训诂学、音韵学、舆地学、职官学、诸子学、传注学。

《新国学三十讲》则认为被认可的国学包括：长城学、春秋学、词学、典藏学、杜诗学、赋学、汉文大藏经学、徽学、回鹘学、甲骨学、简牍学、考据学、年代学、龟兹学、三礼学、三通学、诗学、石窟学、丝路学、四史学、唐诗学、吐鲁番学、西北史地学、西夏学与黑城学、戏曲学、小说学、徐学、运河学、藏学、中医学。

其他诸如雅学、考工学、历法学、泉学、刑幕学、禹贡学、曹学、名称学等。

我们对国学的印象通常是“汇百川而成大海，垒土石而成泰山，此中华国学如海之深，如山之高也。”

国学有多种对象，如一篇文章，一部书，一类书，一种现象，一种治学方法，一位人物……

国学的分类：按内容分，是经、史、子、集、丛；按指向分，是义理、考据、辞章、经济；按时间分，是传统与新兴（观念，材料，民族）。

义理之学即经学、哲学等，指的是文以载道，要有思想；考据之学包括文字、训诂、校勘等，是关于学问基础的；辞章之学则是文学、艺术等，是义理、考据传播的条件；而经济之学指自然、社会、人生等，关于读书治学的目的，即格物、致知、诚意、正心、修身、齐家、治国、平天下。

三、国学三阶段与中国模式

19世纪中叶鸦片战争后：国学有一段悠久的“变夷为夏”的记忆，国人有“器可变、道不可变”的坚持。器者，物质、制度甚至精神层面；道者，中国人特有的行为与心态。国学是晚清特殊的弱势政治与军事背景下，学术文化求地位、求存续、求独立、求主权的产物——“我”虽弱，但是“我”很好！

20世纪末：经过很长时间的摸索、折腾、沉寂后，总结、弘扬国学成为一股潮流。现代国际关系（政治、文化、宗教）与现代中国的状况，也决定了文化的自觉性、自主权、主权感、话语意识的亟待明确与极度重要。国学是民族之魂，文化之源，学术之根，立国之本——“我”很强，但是“我”是谁？

现在与未来：四大文明古国惟我延续，五千年文明惟我传承，万里江山仍旧巩固，曾经先进、然后落后、再次崛起的中国奇迹，十三亿人口的超级体量，不走殖民与扩张的西方崛起之路，这一切的一切，说明我很好、我很强。所以现在与未来，亟待明确的问题——“我”是我，“我”该怎么做？这就是所谓的“中国模式”。

何谓“中国模式”？瑞士日内瓦外交与国际关系学院张维为著《中国震撼——一个“文明型国家”的崛起》提出四超、四特：超大型的人口规模、超广阔的疆域国土、超悠久的历史传统、超深厚的文化积淀，独特的语言（和而不同）、独特的政治（选贤任能）、独特的社会

(社会与政府互动)、独特的经济(计划经济与市场经济)。中国模式下，这是“百国之和”的优势；而在西方模式下，这可能成为“百国之异”的灾难。

何谓“百国之异”的灾难？超大型的人口规模，成为混乱动荡的温床；超广阔的疆域国土，成为四分五裂的沃土；超悠久的历史传统，成为不同传统对抗的借口；超深厚的文化积淀，成为不同族群冲突的根源。

“中国模式”的根本，是传统文化与政治思维(道)，而非表层的经济问题(器)。理解中国的过去、现在与未来，离不开对以汉族、农耕为主体的中华文化与中华国学的把握。中国尤其汉族的物质文化、制度文化、精神文化、行为文化甚至心态文化，无疑都是以农耕经济为基础为原则的，所以中国传统文化讲究天命观念、天人和谐、中庸之道、安土重迁、家长地位、四世同堂，讲究国家统一、领袖权威、重视经验、尊崇传统、托古改制、正统传承。

认同、践行“中国模式”，那是“各具其道”；理解“中华文化”并为之自豪，那是“各得其适”。中华文化的核心，是区别于西方文化个体意识的群体意识。

个体意识讲究契约关系，群体意识讲究血缘关系。西方社会，经济上重契约，社会上重法律，道德上重上帝，科学上重真理，法律、上帝、真理，也是人与不同对象订立的“契约”，在这些面前，西方社会讲究“人人平等”。中华文化讲究群体意识、血缘关系、家族观念、家国荣誉、人伦亲情、人际交往、面子观念，如生活中的种种习语，光宗耀祖、报效祖国、国家、公家、大家、人家、自家、四海之内皆兄弟、兄弟如手足等，无不体现出这一点。

中华文化讲究天命观念、中庸之道、天人合一，西方文化讲究民主传统、激进主义、征服自然。中华讲综合、大成、辩证、学问，西方讲分析、科目、实验、科学。中国人求善重情，西方人求真重理。

西方文化注重人与物的关系胜过人与人的关系，中华文化注重人与人的关系，并通过人与人的关系处理人与物的关系。所以西方自然科学特别发达，中国人文社会学问较为丰富。西学硬而琐碎，国学软而统合。

中华文化的这些内核，对于今天的以及今后的世界，具有重要的实用意义，因为相对于人与物的关系，随着物质文明的高度发达，人与人的关系显得更加重要。

2007年评选“国人不可不知”的五句《论语》经典：有朋自远方来，不亦乐乎；四海之内皆兄弟也；己所不欲，勿施于人；德不孤，必有邻；礼之用，和为贵。

1988年75位诺贝尔奖科学家在巴黎聚会，达成的共识是：“21世纪人类要过和平幸福的生活，要到中国孔子那里去寻找智慧。”

四、国学与人生

（一）国学的核心

中华文化是国学产生的基础与孕育的土壤。综合、大成、辩证、学问、求善重情、软而统合的国学，表现在诸如太极、阴阳、四象、五行、八卦、看相、摸骨、算命、拆字、风水、中医等学问中，它们作为中华国学与中华文化的独特象征符号，贯穿其中的主线其实就是天地人神鬼的协调合一。

（二）国学的体验

比如关于身体调养、住居环境、名实关系的中医学、风水学、名称学，就是理解甚至体验国学以及国学与西学差异的最佳途径。否认中医学、风水学、名称学，就是否认国学。

1. 中医学

相对于现代西医学，中医学具有某种程度的神秘色彩。

13世纪中叶法国人吉尧姆·卢白鲁克《纪行书》：“身躯短小……精于各种工艺，医士深知本草性质，余亲见治病以按脉诊断，妙不可言。从不检验病人之尿，亦绝不知有其事。”

《中庸》：“中也者，天下之大本也，和也者，天下之达道也。致中和，天地位焉，万物育焉”；《淮南子》：“天地之气，莫大于和，和者，阴阳调。”

中医讲究整体观念、辨证施治、阴阳学说、五行生克，是因时、因地、因人而异的经验医学，具有经得起实践检验的临床疗效，疗效是中医赖以生存与得到发展的根本。

2．风水学

从中国人的理想住居风水与欧洲人的理想城堡景观对照中，我们可以一窥中国风水的特点。中国人是使人文隐迹、依恋于自然之中，重防守，性格内向；欧洲人是使人文突出、凌驾于自然之上，重进攻，性格外向。中国风水是人文的自然化，人是自然的组成部分，自然要在和谐；西方景观是自然的人文化，自然是人的组成部分，社会要在规矩中。

传统时代，从都邑、村镇、聚落、宫宅、园囿、寺观、陵墓，到道路、桥梁、池塘、亭塔、植树，几乎无不受到风水的深刻影响。建筑是物是体，风水是魂是美。

理想的风水宝地应该是气旺、龙真、砂秀、水抱、穴准、向吉，负阴抱阳、依山面水、俯临平原，左右护山环抱，前有案山、朝山拱揖相迎，山上有茂盛的植被。在不同的尺度空间里，这样的“桃花源”一般的理想，被不同程度地贯彻着、追求着。

只要回想或者激活我们的记忆，应该都能建立起对理想风水的感知……

传统语境中，南京被誉为钟阜龙蟠、石头虎踞，真帝王之宅也；幕府为靠，聚宝为案，牛首为朝；秦淮、金川、燕雀、玄武、长江之水抱。山环水抱，中间为宽平洪衍之区。所以贵为六朝古都、十朝都会。

孙文在《建国方略》中称赞南京“为中国古都，在北京之前，而其位置乃在一美善之地区，其地有高山，有深水，有平原，此三种天工，钟毓一处，在世界中之大都市诚难觅此佳境也。而又恰居长江下游两岸最丰富区域之中心……南京将来之发达，未可限量也。”

3．名称学

人有姓名，国有国号，到处都是地名，天地万物都有名称。在国学中，名称学是门包罗万象、复杂奥秘的学问。刘熙《释名》：“名之于实，各有义类，百姓日称而不知其所以之义。”

我们不一定会起名称。例如章炳麟的四个女儿分别叫章㸚、章叕、章㠭、章㗊，都是非常生僻的字。另外，还有史珍香，胡丽晶，范健，张神根，龙阳大酒店，月月红小吃等，都不是很好。

我们不一定知道名称的意思。湖北简称是“鄂”还是“楚”，还有姑苏、无锡等。

我们不一定会正确使用名称。郑成功，本名郑森，后被赐国姓

"朱"，有叫其朱成功的。孙中山有高野长雄、中山平八郎、中山樵等日本名。章士钊，笔名黄中黄，友人王侃叔指责其"姓氏重叠，冠履倒错，子何不通乃尔"。蒋介石，名中正，字介石。武则天，名武曌。

汉字音形义纷繁复杂、变化不定，不仅可以"望文生义"、产生联想，若以缜密的功夫进行分析，有时简直就是莫穷究极。而在这样的背景下，殚精竭虑地取名定号，成为古往今来中国文化的一大特色，中国人有意识无意识地都具有浓厚的名号情结。

也许，诸位对名称的来源取义发生兴趣后，接着就会对怎么起名感兴趣，因此四柱、五格、五行、生肖，音、形、义、位、类，象形、指事、会意、形声、转注、假借，民俗、心理、忌讳，如此等等，就进入了中国传统而且实用的名称学领域，然后给儿女孙辈起名，给公司企业起名，起名不求人……

（三）芜湖政务新区道路名称命名方案

遵照芜湖相关政府部门科学、特色、大众的三条命名原则，综合考虑到突出该区域的功能定位与环境风水，彰显芜湖历史文化资源与地域经济亮点，纵横区别、指位明确、方便寻找，自然与人文兼备、显性与隐性配合，符合芜湖总体道路名称的横山纵水格局，具体道路名称成双或配套等因素，提出以下命名方案：

1. 云从路、天池路

芜湖最为世人所知的传统工艺、非遗项目、创新追求为铁画，而铁画追根寻源，是画家萧云从、铁匠汤天池的雅与俗结合、精神与技艺结合的产物。这样的资源值得彰显，这样的精神值得提倡。巧合的是，"云从"、"天池"都属自然词汇，并且天池路正好贯通了水域。

2. 清风路、时雨路

"清风"、"时雨"在传统词汇中含义极为丰富。与政务相联系，"清风"有官员应当"两袖清风"之美意，"时雨"有政务应当"及时甘霖"之美意；再者"清风"、"时雨"还与"云从"、"天池"取义近似，都属自然词汇，配合成为"天"之序列"云天风雨"。如此，将这两条道路置于政务大楼的左右，非常合适，具有恰当的隐喻作用。

3. 河清路、海晏路、安澜路

这三条道路的取义，一则属于"地"之序列，可配合"天"之序列的"云天风雨"；二则在以"天地人神"和谐为核心原则的风水中，有天之瑞风的同时，不可缺乏地之丽水，本区域西有神山为镇，南、北、东三面有水环绕，风水格局甚佳，故此巧妙点出风水之意；三则芜湖作为沿江城市，历史上也曾频受水患，河清、海晏、安澜，借以寄托美好的愿望；四则河清海晏是形容国泰民安、政通人和的成语，符合本区的功能定位；五则戴安澜将军是与芜湖有关、值得纪念的抗日名将。

纵向道路7条，分属历史文化（云从、天池）、为官之道（清风、时雨）、政务追求（河清、海晏、安澜）三组，又都以自然词汇表达，切合区域功能定位与横山纵水格局。

4. 涌金路、积玉路

芜湖为长江巨埠、传统时代四大米市之一，芜湖的繁荣建立在交通商贸、汇通四海的基础之上。考虑到本区除了作为政务中心之外，商务中心亦为重要功能，故以形容财富的“涌金”、“积玉”命名，即以“涌金”形容商城芜湖依傍着黄金水道长江，财源滚滚来，而以“积玉”寓含“米市”及其规模的巨大；再者，“涌金”取线状的动态，“积玉”取点状的静态，点线动静配合，“金”又可与赤铸山东路配合，“玉”又可与道路东南水域相映成趣。

5. 瑞祥路

此路在规划命名区域中，位置居中，为政务大楼之依靠，体量较小，而且稍显曲折，所以适合单独命名。“瑞祥”为表达天意的、对人生社会有益的自然现象，也体现了执政为民、构建和谐的理念。

6. 政通路、仁和路、国泰路、民安路

政通人和、国泰民安为习用成语，双双成对，但是考虑到地名尤其是道路名称中少用“人”字，所以“人和”微调为“仁和”，“仁”为勤政爱民的传统儒家政治理想的核心与灵魂。具体的道路布局按照地理上的由北而南习惯，政通然后仁和，仁和然后国泰，国泰然后民安。

横向的7条道路，分别属于经济财富（涌金、积玉）、吉祥愿望（瑞祥）、政治理念（政通、仁和、国泰、民安）三组，又都以人文词汇命名，字面意思比较明显直白，从而区别于纵向7条道路的以自然词汇命名、字面意思比较雅致隐约，还可以起到纵横区别的作用。

安徽省江北产业集中区起步区（沈巷片区）道路地名命名方案

（27条）：政区元素——永安、盛芜、皖江、美鸠、和阳、新沈；地方元素——南港河（长河）、黄山寺、海峰、成龙、来凤（起凤）；美愿元素——一帆、十全、百胜（百世）、千禧、万象（万福）、物华、天宝、志远、江花（映江）；道德元素——和谐、敬仁、尚义、崇礼、启智、立信。

（四）国学的智慧

1. 理解孔子，理解自己

“子曰：‘吾十有五而志于学，三十而立，四十而不惑，五十而知天命，六十而耳顺，七十而从心所欲，不逾矩。’”这段名言，用简单的几句话概括了孔子一生的经历和他为人、处世、治学的经验：十五岁开始立志学习；三十岁自立于世；四十岁已经成为知者；五十岁懂得了什么是天命；六十岁能够听进不同意见；七十岁可以随心所欲，但也不会打破常规。这反映了孔子志向专一、执着探索、不断完善自己的一生。

“子贡问曰：‘有一言而可以终身行之者乎？’子曰：‘其恕乎？己所不欲，勿施于人。’”自己不愿意承受的事情，也不要强加在别人的身上。凡事站在他人的角度，“换位”思考，多替别人想一想！这就要求我们做到以下三点：尊重他人，求同存异；适度忍让，体谅别人；坦诚相待，主动沟通。这就是君子吧！

2. 理解诸子百家，理解社会百态

假如遇见一群无赖挑衅，该怎么办？

孔子说：我仁；

孟子说：我义；

老子说：我以柔克刚；

庄子说：我顺其自然；

墨子说：我们一起干吧；

荀子说：人性如此；

韩非子说：把他们全抓了；

苏秦、张仪说：我们谈判吧；

孙子说：战场上见高低！

这就是子部的魅力，让我们见识诸子百家的各异风采。诸子学说，并没有“好不好”的区别，而是“合不合适”的问题。